CB000715

A REFORMA DO CÓDIGO DAS SOCIEDADES COMERCIAIS

JORNADAS EM HOMENAGEM AO PROFESSOR DOUTOR RAÚL VENTURA

Professor Doutor Raúl Ventura

A REFORMA DO CÓDIGO DAS SOCIEDADES COMERCIAIS

JORNADAS EM HOMENAGEM AO PROFESSOR DOUTOR RAÚL VENTURA

ALMEDINA

2007

A REFORMA DO CÓDIGO DAS SOCIEDADES COMERCIAIS

JORNADAS EM HOMENAGEM AO PROFESSOR DOUTOR RAÚL VENTURA

COORDENADORES
ANTÓNIO MENEZES CORDEIRO
E PAULO CÂMARA

EDITOR
EDIÇÕES ALMEDINA, SA
Av. Fernão de Magalhães, n.º 584, 5.º andar
3000-174 Coimbra
Tel.: 239 851 904
Fax: 239 851 901
www.almedina.net
editora@almedina.net

PRÉ-IMPRESSÃO • IMPRESSÃO • ACABAMENTO
G.C. – GRÁFICA DE COIMBRA, LDA.
Palheira – Assafarge
3001-453 Coimbra
producao@graficadecoimbra.pt

Novembro, 2007

DEPÓSITO LEGAL
264728/07

JORNADAS SOBRE A REFORMA DO CÓDIGO DAS SOCIEDADES COMERCIAIS

EM HOMENAGEM AO PROFESSOR DOUTOR RAÚL VENTURA

Organização: FACULDADE DE DIREITO DE LISBOA E COMISSÃO DO MERCADO DE VALORES MOBILIÁRIOS

Comissão Científica: PROFESSOR DOUTOR ANTÓNIO MENEZES CORDEIRO E MESTRE PAULO CÂMARA

23 e 24 de Junho de 2006

Sessão de abertura

Ministro das Finanças, Prof. Doutor TEIXEIRA DOS SANTOS
Presidente da Comissão do Mercado de Valores Mobiliários, Dr. CARLOS TAVARES, *A reforma do Código das Sociedades Comerciais*
Presidente do Conselho Directivo da Faculdade de Direito de Lisboa, Prof. Doutor MIGUEL TEIXEIRA DE SOUSA

1.ª Sessão – Administração de sociedades comerciais

Prof. Doutor ANTÓNIO MENEZES CORDEIRO, *Os deveres fundamentais dos administradores*
Prof. Doutor MANUEL CARNEIRO DA FRADA, *A* business judgment rule
Prof. Doutor PEDRO PAIS DE VASCONCELOS, *Seguro de responsabilidade de membros de órgãos sociais*

Prof. Doutor João Calvão da Silva, *Comissão executiva e responsabilidade civil dos administradores não executivos*
Prof. Doutor António Pereira de Almeida, *Administradores independentes*

Debate

2.ª Sessão – Governo das sociedades (corporate governance)

Prof. Doutor António Borges, *Reforma do Código das Sociedades Comerciais e* corporate governance*: balanço geral*
Prof. Doutor Carlos Alves, *Análise económica das novas regras*
Mestre Paulo Câmara, *Modelos típicos de governação*
Mestra Maria de Lurdes Pereira, *O regime societário do Estado enquanto accionista*
Prof. Doutor Menezes Leitão, *Voto por correspondência e realização telemática de reuniões de órgãos sociais*

Debate

3.ª Sessão – A revolução da forma dos actos societários

Prof. Doutor Carlos Ferreira de Almeida, *O registo comercial*
Prof.ª Doutora Paula Costa e Silva, *Dissolução e liquidação de sociedades comerciais*
Mestre Jorge Brito Pereira, *Formação, fusão e cisão de sociedades*

Debate

4.ª Sessão – O balanço da reforma

Mestre Paulo Câmara, *O Código depois da reforma: balanço e prospectiva*
Prof. Doutor António Menezes Cordeiro, *A aplicação da nova lei*

Debate

Sessão de encerramento

Secretário de Estado da Justiça, Mestre João Tiago Silveira
Presidente do Conselho Científico da Faculdade de Direito de Lisboa, Prof. Doutor Jorge Miranda

APRESENTAÇÃO

1. O Decreto-Lei n.º 76-A/2006, de 29 de Março, integra-se num largo movimento legislativo tendente à modernização do nosso Direito das sociedades. Sem preocupações de exaustividade, recordamos o Decreto--Lei n.º 35/2005, de 17 de Fevereiro, que previu, entre outros aspectos, a possibilidade de certas sociedades optarem pelas NIC (normas internacionais de contabilidade), o Decreto-Lei n.º 111/2005, de 8 de Julho, que instituiu um regime de constituição imediata de sociedades, o Decreto-Lei n.º 125/2006, de 29 de Junho, que estabeleceu um regime especial de constituição *on line* de sociedades, o Decreto-Lei n.º 8/2007, de 17 de Janeiro, que veio facilitar a redução do capital social e permitiu a informação empresarial simplificada e o Decreto-Lei n.º 318/2007, de 26 de Setembro, que introduziu um regime especial de aquisição imediata e de aquisição *on line* de marca registada.

2. Mau grado a importância do conjunto, é indubitável o papel fulcral do Decreto-Lei n.º 76-A/2006, que ficará conhecido como a grande reforma do Direito das sociedades. Foram alterados trinta e um diplomas, com especial relevo para o próprio Código das Sociedades Comerciais e para o Código do Registo Comercial, republicado em anexo. No essencial, a reforma procurou aligeirar as formalidades que rodeiam a vida das sociedades, aproveitando os meios informáticos hoje disponíveis. Além disso, procurou aperfeiçoar as regras relativas à administração e à fiscalização das sociedades, introduzindo, ao lado dos já existentes, o modelo anglo-saxónico, agora à disposição dos interessados.

3. Cabe, agora, à doutrina e à jurisprudência, aprofundar e concretizar a mensagem legislativa. Não é sempre fácil. Há muitos elementos novos, enxertados num sistema já em funcionamento. Surgirão novos

equilíbrios dogmáticos. E, sobretudo: cabe ponderar seriamente a complexidade que tudo isto acarreta e que poderá, se não for adequadamente compreendida e controlada, pôr em causa os objectivos do legislador.

4. As jornadas realizadas na Faculdade de Direito de Lisboa, em homenagem à figura incontornável do Prof. Doutor Raul Ventura, e com a participação dos mais destacados nomes da grande reforma de 2006 pretendeu, justamente, estudar e divulgar a nova lei. Os textos ora publicados documentam os resultados obtidos.

Lisboa, Outubro de 2007

António Menezes Cordeiro
Paulo Câmara

DISCURSO DO MINISTRO DE ESTADO E DAS FINANÇAS, PROF. DOUTOR FERNANDO TEIXEIRA DOS SANTOS

Senhor Presidente do Conselho Directivo da Faculdade de Direito de Lisboa,
Senhor Presidente da Comissão do Mercado de Valores Mobiliários,
Minhas Senhoras e meus Senhores:

As minhas primeiras palavras são para felicitar a Faculdade de Direito de Lisboa e a Comissão do Mercado de Valores Mobiliários pela organização destas Jornadas sobre a Reforma do Código das Sociedades Comerciais e para partilhar convosco o gosto e o interesse com que aceitei o convite para abrir este encontro, que hoje aqui nos reúne.

Esta reforma legislativa inclui-se no esforço que o XVII Governo constitucional tem concretizado no sentido de desburocratizar e simplificar a vida dos cidadãos e das empresas e que é visível em iniciativas várias, como seja a "Empresa na hora"[1] ou o "Documento único automóvel" (DUA)[2].

Neste contexto, o Decreto-Lei n.º 76-A/2006, de 29 de Março, corporiza a reforma do Código das Sociedades Comerciais e visa concretizar uma parte fundamental do Programa do Governo na área da Justiça, colocando este sector ao serviço de cidadãos e de empresas, incentivando o uso de meios mais eficientes de comunicação e publicitação e, no âmbito

---

[1] Consulte-se, sobre esta iniciativa, o site www.empresanahora.pt.

[2] Iniciativa de modernização administrativa dos serviços relativos ao automóvel que se traduz na criação de balcões e serviços únicos de atendimento ao público e na fusão da informação do livrete e do título de registo de propriedade num só documento: o Certificado de Matrícula. O «Documento Único Automóvel» foi aprovado pelo Decreto-Lei n.º 178-A/2005, de 28 de Outubro.

notarial e registral, libertando-os de ónus e de imposições burocráticas, que nada acrescentam à qualidade do serviço.

Estou certo que estas mudanças contribuirão para um ambiente de negócios mais propício ao desenvolvimento económico e à promoção do investimento em Portugal.

Um outro tema que justificou esta reforma do Código das Sociedades Comerciais foi o do afinamento das práticas de *Governo das Sociedades* o qual também serve, de modo directo, o objectivo primordial de criar condições para que as empresas sejam mais competitivas, promovendo a maior transparência e eficiência das sociedades.

Estou, por isso, convicto que o debate de ideias que aqui se travará ao longo dos dias de hoje e de amanhã contribuirá, certamente, para uma mais ampla e profunda compreensão e interpretação das novidades normativas introduzidas nesta reforma do Código das Sociedades Comerciais.

Mas o meu interesse em aqui estar decorre também do facto de, ao longo do exercício do meu mandato como Presidente da Comissão do Mercado de Valores Mobiliários, ter tido a possibilidade, muito enriquecedora, de me bater pelo, e assistir ao, desenvolvimento de um conjunto de Recomendações sobre estas matérias que, na altura, pareciam exclusivas das empresas cotadas em bolsa.

O tempo que, desde então, decorreu permitiu verificar dois aspectos que considero plenos de significado, e que aqui partilho convosco.

Em primeiro lugar, constato que vivemos um período em que a matéria do *Governo das Sociedades* reclama outras respostas das fontes de Direito, capazes de uma tutela jurídica mais efectiva, que não se basta com simples iniciativas e princípios de cariz recomendatório, mas precisa de ficar expressa em normas jurídicas injuntivas, com maior eficácia do que as meras recomendações.

Em segundo lugar, o tempo demonstrou que, embora o tema tenha nascido com as sociedades cotadas em bolsa, ele não pode – nem deve – circunscrever-se a esse domínio, devendo também ser ponderado e abordado na perspectiva das demais estruturas empresariais, sejam sociedades familiares ou corporativas. E isto sempre com a preocupação de fundo de tornar mais eficientes as formas de governação.

O grande desafio que se apresentava – e que o legislador nacional não evitou – foi o da aplicação daqueles princípios e regras a outras formas societárias.

Reconhece-se, assim, que a grande riqueza empresarial não está só nas sociedades cotadas em mercado.

O tema do *Governo das Sociedades* não deve ser, em definitivo, uma questão exclusiva e encerrada no mercado bolsista.

Considero fundamental, neste domínio, seguir um princípio de proporcionalidade que, de forma clara, garanta que a exigência a adoptar não implique custos demasiadamente elevados, que afastem do mercado outro tipo de empresas, incluindo as Pequenas e Médias Empresas (PME).

E disto o Governo já deu sinais ao manifestar, em algumas medidas adoptadas recentemente, a preocupação com a adopção de princípios rigorosos e exigentes de *Governação Pública*.

De facto, a melhoria dos sistemas de governação societária é uma prioridade fundamental para uma economia que se quer moderna, assente na inovação e no dinamismo e capaz de ser competitiva, no actual contexto de globalização.

A promoção de uma cultura empresarial, baseada em critérios de maior rigor e transparência, é uma condição decisiva para o reforço da fiabilidade, na dupla vertente dos modelos de gestão das empresas e da informação que elas prestam sobre a sua situação financeira.

É por isso que este Governo tem também valorizado iniciativas legislativas que conduzam à melhoria da qualidade da informação financeira, através da aplicação de melhores normas contabilísticas.

A par disso, são também de salientar as reflexões e iniciativas em curso no sentido de reforçar a independência dos auditores e de sujeitar esta actividade a um sistema público de supervisão e controlo da qualidade.

Por outro lado, e de forma a garantir uma representação equilibrada dos interesses envolvidos, é importante definir processos mais rigorosos de nomeação e composição dos órgãos de gestão societária.

O Estado, que tem uma participação no capital de várias empresas importantes, deve ser um exemplo catalisador da adopção de boas práticas neste domínio, visando um quadro de gestão assente no rigor, na responsabilização dos gestores pelos resultados em termos de prossecução de objectivos, e na maior transparência da sua acção.

Deste ponto de vista não há – nem deve haver – qualquer diferença entre os accionistas de empresas privadas e o Estado enquanto accionista.

O Governo está empenhado em garantir estas regras que acabo de enunciar e, em breve, estará em condições de anunciar medidas que dêem corpo a estes princípios fundamentais.

Minhas Senhoras e meus Senhores:

Num período em que a racionalização dos bens escassos é um tema candente, representa também um grande desafio para as organizações societárias – sejam elas pertencentes ao Estado ou de iniciativa privada – tudo fazer para que o bom uso dos recursos a todos beneficie.

O facto de Portugal não ter experimentado alguns dos escândalos financeiros graves que, em países estrangeiros, todos presenciámos, e que fizeram virar os holofotes, de forma mais intensa, para a temática do *Governo das Sociedades*, não significa nem o fim da história, nem a perfeição do nosso sistema de regras, nesta matéria.

Não esqueçamos que o *Governo das Sociedades* não é apenas uma questão de regras e princípios; ele é também, e principalmente, uma exigência de procedimentos e condutas.

Coube-me tomar a palavra na sessão de abertura deste Colóquio, e a isso me limitarei.

Perante uma audiência tão distinta e especializada, estou certo que os contributos que hoje e amanhã aqui serão trazidos irão permitir um entendimento mais claro sobre as normas do Código das Sociedades Comerciais, que constituem a sua reforma.

Louvo, uma vez mais, esta iniciativa e desejo a todos a participação numa Jornada enriquecedora e geradora de um debate profícuo.

Muito obrigado.

A REFORMA
DO CÓDIGO DAS SOCIEDADES COMERCIAIS

CARLOS TAVARES*

1. O ano em que se cumprem 20 anos sobre a aprovação do Código das Sociedades Comerciais está já marcado por uma importante reforma que, não mexendo com a sua estrutura, introduz modificações profundas que o modernizam e o colocam num patamar de inegável qualidade comparada.

Tais modificações abrangeram três aspectos cruciais para a vida das sociedades comerciais modernas:

- A organização e o governo societário;
- A simplificação dos actos que caracterizam o ciclo de vida das sociedades;
- A consagração legal do papel da sociedade de informação na vida das sociedades.

2. Em particular, a reforma da parte relativa à organização e governo das sociedades constitui hoje uma base legal de excelência para a aplicação dos mais evoluídos princípios de "corporate governance" que por todo o lado têm vindo a ganhar terreno.

Permitam-me que saliente:

- A flexibilidade que resulta da possibilidade de escolha de um entre três modelos legais, conjugada com a proibição de adopção de modelos atípicos;

* Presidente da Comissão do Mercado de Valores Mobiliários.

- A eliminação de incentivos perversos à escolha de um dos modelos, através da equivalência da qualidade da supervisão e do controlo da gestão executiva;
- A imposição legal – para as sociedades cotadas – de uma maioria de membros independentes nos órgãos com funções de controlo financeiro (Conselho Fiscal, Comissão de Auditoria ou Comissão para as Matérias Financeiras);
- A clarificação das condições de acesso de concorrentes aos órgãos sociais;
- A clarificação do regime de responsabilidade dos administradores, através da maior explicitação dos deveres que lhes competem;
- A exigência da qualidade de independência aos membros da mesa da Assembleia Geral;
- A exigência de competências adequadas aos membros dos órgãos de fiscalização das sociedades;
- Enfim, a profunda modificação do modelo dualista, tornando-o um modelo moderno, viável e aceite internacionalmente (depois de muitos anos de quase ausência de aplicação, vigorará já a partir do dia 30 de Junho de 2006 em duas das maiores empresas cotadas).

Outras mudanças essenciais terão um impacto inestimável na simplificação da vida das empresas. A título de exemplo:

- A dispensa de escritura pública na constituição das sociedades, na alteração dos estatutos, no aumento de capital e na alteração da sede;
- A eliminação dos livros de escrituração mercantil, mantendo-se apenas os livros de actas;
- A prática de actos de registo "on-line";
- A eliminação das publicações obrigatórias em papel no Diário da República.

A complementar estas medidas, a CMVM tomou a iniciativa pioneira de preparar uma tradução do Código das Sociedades Comerciais para inglês, para disponibilização pública através da Internet – tarefa que estará concluída ainda este ano. Desta forma se pretende contribuir para ampliar a visibilidade externa das soluções normativas nacionais, o que favorece uma melhor compreensão do quadro normativo português no estrangeiro e permite que esta reforma possa servir de possível inspiração para sistemas jurídicos próximos.

3. O que foi feito em 2006 é, porventura, a melhor forma de celebrar os 20 anos do Código das Sociedades Comerciais. Mas falta, em meu entender, um outro passo essencial: a reforma do regime sancionatório consagrado no Código. Aqui, há que reconhecer a debilidade e a desactualização do sistema vigente bem patente nos seguintes aspectos:

a) Contempla dezasseis tipos de penas e apenas quatro contra-ordenações, invertendo a lógica da subsidiariedade da intervenção penal;
b) Apesar da aparente dureza do regime referido, as sanções previstas são insignificantes: são penas e coimas irrisórias quer em função da gravidade que os factos podem adquirir, quer em função da capacidade económica dos destinatários;
c) Sendo todos os crimes públicos (pressupondo assim que os danos causados não são apenas individuais), as penas são muito baixas;
d) Nos últimos 20 anos não teve, de facto, aplicação prática, acabando por ser, na realidade uma aparência de tutela sancionatória.

Para além disso, este sistema aplica-se a um universo muito heterogéneo de sociedades, desde as grandes sociedades abertas às pequenas sociedades de carácter familiar.

Finalmente, a atribuição ao conservador do registo comercial territorialmente competente da aplicação das coimas correspondentes às quatro contra-ordenações previstas não será hoje certamente o sistema mais apropriado.

4. Como em tudo na vida, os tempos mudam, a realidade transforma-se permanentemente e as leis não podem ignorar essa dinâmica. Tornar a aplicação do Código das Sociedades Comerciais efectiva através de um regime sancionatório moderno, flexível e dissuasor seria uma forma feliz de completar a celebração dos 20 anos do diploma e de prestar a justa homenagem àqueles que há 20 anos tiveram a capacidade e a visão de elaborar o então novo Código das Sociedades Comerciais.

Esta revisão do regime sancionatório do Código das Sociedades Comerciais deverá também ser acompanhada de uma reflexão sobre o regime correspondente no Código de Valores Mobiliários, de molde a garantir a completa coerência dos dois.

Ter um regime societário moderno, caracterizado pelo rigor, pela exigência e pela fiabilidade, mas também pela simplificação da vida das empresas que escolham produzir em Portugal é muito mais do que um capricho legislativo. Hoje isso é um elemento central do ambiente de negócios de um país e, desse modo, um factor essencial à atracção de novas e boas empresas. Criar um ambiente fiável, exigente, mas amigo das empresas, fomentando também por esta via o seu acesso em condições competitivas aos mercados financeiros, é hoje certamente bem mais importante do que a lógica tradicional da subsidiação do investimento por dinheiros públicos. A excelente reforma corporizada no Decreto-Lei n.º 76-A/2006, de 29 de Março, é um grande passo nesse sentido. Mas tudo o que o Governo possa fazer para dar dimensão e eficiência ao mercado de capitais português será um factor precioso de competitividade das empresas e da economia portuguesas. Ainda sou do tempo em que a maioridade só se adquiria aos 21 anos. Estou certo de que os 20 anos do Código das Sociedades Comerciais será um prenúncio da maioridade próxima não só do Código, mas também do mercado de capitais em Portugal.

OS DEVERES FUNDAMENTAIS DOS ADMINISTRADORES DAS SOCIEDADES (ARTIGO 64.º/1 DO CSC)

António Menezes Cordeiro*

---

* Professor Catedrático da Faculdade de Direito de Lisboa.

I. Introdução

1. *O novo preceito*

I. O artigo 64.°/1 do Código das Sociedades Comerciais, na versão resultante do artigo 4.° do Decreto-Lei n.° 76-A/2006, de 29 de Março[1], vem dispor:

> 1. Os gerentes ou administradores da sociedade devem observar:
>
> *a*) Deveres de cuidado, revelando a disponibilidade, a competência técnica e o conhecimento da actividade da sociedade adequados às suas funções e empregando nesse âmbito a diligência de um gestor criterioso e ordenado; e
>
> *b*) Deveres de lealdade, no interesse da sociedade, atendendo aos interesses de longo prazo dos sócios e ponderando os interesses dos outros sujeitos relevantes para a sustentabilidade da sociedade, tais como os seus trabalhadores, clientes e credores.

A uma primeira leitura: temos um preceito pesado, que condensa, em duas alíneas, uma série complexa de mensagens normativas.

II. O artigo 64.°/1 teve um advento publicitado. Aquando da apresentação do anteprojecto, a CMVM – aliás perante um texto mais simples, a que iremos regressar – explicou a sua importância e revelou estar em causa, quanto aos titulares dos órgãos de administração[2]:

> (...) uma cuidadosa densificação dos deveres que devem ser acautelados no seu exercício profissional.

e

> (...) parece ser igualmente pacífico que a lei deve recordar um núcleo mínimo dos deveres dos administradores e dos titulares dos órgãos de fiscalização, não só para fornecer modelos de decisão claros mas também

[1] Daqui em diante, os preceitos sem indicação de fonte pertencem ao Código das Sociedades Comerciais, na versão resultante do Decreto-Lei n.° 76-A/2006, de 29 de Março. Usam-se as abreviaturas usuais. Os nossos *Manual de Direito das sociedades* 1 (2004) e 2 (2006) e *Direito europeu das sociedades* (2005) são citados apenas pelos títulos abreviados (*Manual* e *Direito europeu*, respectivamente), sem quaisquer outras indicações.

[2] CMVM/*Governo das sociedades anónimas: propostas de alteração ao Código das Sociedades Comerciais/Processo de consulta pública n.° 1/2006*, n.° 11.

para permitir a efectivação aplicativa de precisões normativas decorrentes do incumprimento dos deveres societários.

III. No preâmbulo do Decreto-Lei n.° 76-A/2006, o legislador foi mais comedido, evitando referir o artigo 64.°/1[3]. Todavia, para quem conheça a matéria e os seus antecedentes, é evidente que, nesse preâmbulo, o preceito ora em estudo é arvorado a[4]:

> (...) primeiro objectivo de fundo que este decreto-lei visa prosseguir, em prol de uma maior transparência e eficiência das sociedades anónimas portuguesas.

E compulsada a reforma, verifica-se que todo o conjunto das enunciadas medidas relativas ao governo das sociedades – que chega a dar o nome ao projecto – acaba, afinal, por desaguar no artigo 64.°/1, acima transcrito.

2. *A sua história*

I. O artigo 64.° tem uma história movimentada: diz muito sobre várias experiências europeias e sobre os *mores* legislativos nacionais. Vamos recordá-la.

Na origem, temos o artigo 17.°/1 do Decreto-Lei n.° 49 381, de 15 de Novembro de 1969. Este preceito, visando introduzir um capítulo sobre a responsabilidade dos administradores, veio dispor[5]:

> Os administradores da sociedade são obrigados a empregar a diligência de um gestor criterioso e ordenado[6].

Trata-se de uma regra inspirada por Raúl Ventura e que adveio do § 93/I do *Aktiengesetz* alemão, de 1965.

---

[3] Ao ponto de PAULO OLAVO CUNHA, *Direito das sociedades comerciais*, 1.ª ed. (2006), 679 e 684 e 2.ª ed. (2006), 684, afirmar que o preâmbulo não autonomiza, nas diversas medidas que enumera, "... aquela que porventura terá maior alcance dogmático-conceptual no âmbito do direito das sociedades comerciais". Pela nossa parte: a quietude, neste ponto, do preâmbulo do diploma releva alguma (tardia) contenção académica.

[4] DR I Série-A, n.° 63, de 29-Mar.-2006, 2328-(3)/II.

[5] *Vide* MANUEL DOS SANTOS MACHADO/JOÃO CARLOS GODINHO, *Novo regime de fiscalização das sociedades anotado* (1970), 41.

[6] DG I Série n.° 268, de 15-Nov.-1969, 1607-1613 (1610/I).

II. Esse mesmo preceito foi basicamente acolhido no artigo 64.°, versão original. Com um acrescento: a sua redacção surge completada, ficando com a seguinte composição, agora sob a epígrafe "dever de diligência":

> Os gerentes, administradores ou directores de uma sociedade devem actuar com a diligência de um gestor criterioso e ordenado, no interesse da sociedade, tendo em conta os interesses dos sócios e dos trabalhadores[7].

Desta feita, o aditivo após "ordenado" adveio, por indicação de Brito Correia, da proposta de 5.ª Directriz das sociedades comerciais, a qual, de resto, nunca foi adoptada.

III. No projecto da CMVM posto a discussão pública, o preceito surge desdobrado em dois números: o n.° 1, relativo aos administradores, e o n.° 2, quanto à fiscalização. Releva, aqui, apenas o primeiro, assim redigido, agora sob a epígrafe "dever de diligência e de lealdade":

> 1. Os gerentes ou administradores da sociedade devem actuar com a diligência de um gestor criterioso e ordenado e com lealdade, no interesse da sociedade, tendo em conta os interesses dos sócios e dos trabalhadores.

Por inspiração da CMVM foi acrescentado "com lealdade". Palavras simples mas com inúmeras implicações jurídico-científicas, como veremos. Estávamos na tradição alemã, ainda que com elementos heterogéneos.

IV. A concluir, o artigo 64.°/1, versão final proveniente da reforma e acima transcrito, desta feita epigrafado "deveres fundamentais", veio:

- articular, em alíneas separadas, os deveres de cuidado e de lealdade;
- explicitar o conteúdo dos deveres de cuidado e rematar com a diligência de um gestor criterioso e ordenado;
- desenvolver o teor dos deveres de lealdade, aí inserindo, entre os elementos a atender, a referência a diversos interesses.

Os "deveres de cuidado" são de origem anglo-saxónica. As concretizações de tais deveres, bem como os desenvolvimentos levados a

[7] DR I Série n.° 201, de 2-Set.-1986, 2307/II.

cabo a propósito da lealdade corresponderam a ideias da CMVM, tanto quanto veio a público. Mais precisamente: às ideias destinadas a dar forma ao denominado governo das sociedades ou *corporate governance*, de cepa norte-americana.

Também a contraposição entre deveres de cuidado e deveres de lealdade (Estados Unidos) ou fiduciários (Inglaterra) é típica dos manuais de Direito das sociedades de além-Atlântico ou de além-Mancha. Ao já colorido Direito português soma-se, assim, uma massa de língua inglesa. Cabe ao intérprete estudar o assunto, que se anuncia apaixonante e, naturalmente: problemático.

3. ***Método e sequência***

I. O artigo 64.°/1 não corresponde a quaisquer desenvolvimentos nacionais: nem doutrinários, nem jurisprudenciais. *Grosso modo* ele traduz uma série de aportações retiradas de fontes exteriores, desinseridas dos sistemas que as originaram. Parece-nos claro que, tal como se apresentam e a serem juridicamente operacionais, essas aportações irão encontrar um novo equilíbrio e um sentido conjunto e coerente. Pelo menos: será papel dos juristas nacionais trabalhar com esse objectivo.

II. De todo o modo, o primeiro passo para a reconstrução do artigo 64.°/1 terá de consistir no levantamento das parcelas que o compõem e no seu estudo, à luz dos sistemas dadores. Iremos, assim, considerar sucessivamente:

– a diligência de um gestor criterioso;
– os interesses da sociedade, dos sócios e dos trabalhadores;
– os deveres de lealdade;
– os deveres de cuidado;
– o governo das sociedades.

Veremos, na base dos elementos obtidos, até onde se poderá ir na composição de um preceito harmónico e funcional.

II. A diligência de um gestor criterioso

4. *A origem da bitola de diligência*

I. A denominada bitola de diligência de gestor criterioso remonta ao *Aktiengesetz* alemão de 1937. Mais precisamente, ao seu § 84 que, introduzindo a responsabilidade dos membros da direcção das sociedades anónimas, dispunha, no seu n.° 1[8]:

> Os membros da direcção devem aplicar, na sua condução da sociedade, o cuidado de um gestor ordenado e consciencioso. Devem manter sigilo sobre os dados confidenciais.

A doutrina da época explicava que uma responsabilização dos administradores independente de culpa levaria a resultados injustos. A regra legal conduziria, deste modo, à culpa e à sua necessidade[9]. Esclarecemos, no plano terminológico, que "cuidado" (*Sorgfalt*) sempre foi vertido, em português, por diligência; nada tem a ver com o novo "cuidado" (*care*), anglo-saxónico e com uma tradição distinta[10].

II. Na passagem para o *Aktiengesetz* de 1965[11], a primeira parte do preceito manteve-se íntegra: não se mudam normas deste tipo só pelo gosto de inovar. A doutrina foi aprofundando o sentido da bitola do dever de diligência explicando que, sendo objectiva, ela se afirmaria pelo tipo, pelo âmbito e pela dimensão da sociedade[12]. De todo o modo, a bitola

---

[8] Reinhard Frhr. von Godin/Hans Wilhelm, *Gesetz über Aktiengesellschaft und Kommanditgesellschaft auf Aktien (Aktiengesetz)* (1937), 280.

[9] Franz Schlegelberger/Leo Quassowski/Gustav Herbig/Ernst Gessler/ /Wolfgang Hefermehl, *Aktiengesetz*, 3.ª ed. (1939), 304.

[10] Por seu turno, o alemão *im Verkehr erforderliche Sorgfalt* deve ser vertido, em inglês por *Due Diligence* – cf. Lars Böttcher, *Verpflichtung des Vorstands einer AG zur Durchführung einer Due Diligence*, NZG 2005, 49-54 (49/I) – expressão depois usada para significar uma cuidada auditoria a uma sociedade. *Vide* Harm Peter Westermann, *Due Diligence beim Unternehmenskauf*, ZHR 169 (2005), 248-273 e Peter Hemeling, *Gesellschaftsrechtliche Fragen der Due Diligence beim Unternehmenskauf*, ZHR 169 (2005), 274-294.

[11] Hans-Martin Mertens, *Kölner Kommentar zum Aktiengesetz*, 2, 2.ª ed. (1996), § 93, Nr. 1 (287).

[12] Hefermehl, em Ernst Gessler/ Wolfgang Hefermehl/Ulrich Eckardt/ /Bruno Kroff, *Aktiengesetz*, II (1973), § 93, Nr. 12 (275).

seria mais exigente do que a relativa ao comum comerciante, uma vez que se gerem bens alheios[13].

III. Na actualidade, a bitola de diligência do gestor ordenado e consciencioso mantém-se firme no seu papel na responsabilidade civil[14]. Fundamentalmente em causa está a compatibilização entre a discricionariedade empresarial e as restrições impostas pelo ordenamento e pelas realidades da sociedade[15].

A doutrina mantém que, pelo seu teor, o § 93/I AktG reporta uma bitola de culpa[16], correspondendo ao § 276 do BGB[17] e ao § 347 do HGB[18]. Todavia, o preceito é levado a uma dupla função, assumindo ainda o papel de uma previsão geral de responsabilidade (de ilicitude)[19].

Trata-se de uma matéria de aprofundamento delicado; apenas se pode progredir com um perfeito conhecimento do sistema alemão da responsabilidade civil e na base da jurisprudência.

A regra geral do § 93/I do AktG vem, depois, concretizar-se em múltiplos e precisos deveres de conduta[20].

---

[13] *Idem*, loc. cit..

[14] KARSTEN SCHMIDT, *Gesellschaftsrecht*, 4.ª ed. (2002), 815.

[15] JAN WILHELM, *Kapitalgesellschaftsrecht*, 2.ª ed. (2005), 314 e UWE HÜFFER, *Der Leitungsermessen des Vorstands in der Aktiengesellschaft*, FS Raiser 2005, 163-180 (176 ss.).

[16] THOMAS RAISER/RÜDIGER VEIL, *Recht der Kapitalgesellschaften*, 4.ª ed. (2006), 159.

[17] Segundo cujo n.º 2: *Actua com negligência quem não observe o cuidado exigido no tráfego*; trata-se de uma bitola abstracta e objectiva; cf., com jurisprudência, HELMUT HEINRICHS, no *Palandt BGB*, 65.ª ed. (2006), § 276, Nr. 15 (342).

[18] N.º 1: quem gira um negócio comercial alheio *deve assumir o cuidado de um comerciante ordenado*; também aqui a bitola é objectiva e abstracta: HULF-HENNING ROTH, em KOLLER/ROTH/MORCK, *Handelsgesetzbuch*, 5.ª ed. (2005), § 347, Nr. 2 e 3 (986).

[19] RAISER/VEIL, *Kapitalgesellschaften*, 4.ª ed. cit., 160, MERTENS, *Kölner Kommentar* cit., § 93, Nr. 6 (289) e HUFFER, *Aktiengesetz*, 7.ª ed. (2006), § 93, Nr. 3 a (481).

[20] PETER KINDLER, *Unternehmerisches Ermessen und Pflichtenbindung/Voraussetzung und Geltendmachung der Vorstandshaftung in der Aktiengesellschaft*, ZHR 162 (1998), 101-119 (105) e UWE HUFFER, *Aktiengesetz*, 7.ª ed. cit., § 93, Nr. 3 a (481-482), com diversas indicações.

5. *O* business judgement rule

I. Interessa fazer aqui uma referência ao *business judgement rule*, introduzido no § 93/I, 2 AktG pelo UMAG de 22-Set.-2005[21]. Esse diploma, depois da consagração da bitola de diligência, que se mantém, veio acrescentar:

> Não há uma violação de dever quando o membro da direcção, na base de informação adequada, devesse razoavelmente aceitar que, aquando da decisão empresarial, agia em prol da sociedade.

Trata-se de uma regra de origem norte-americana. Resumindo[22]: na base de um enérgico sistema de responsabilidade civil, a responsabilidade dos administradores era transferida para as seguradoras; estas negociavam com os queixosos; todavia, o incremento das indemnizações levou as seguradoras a retrairem-se, excluindo numerosas hipóteses de responsabilidade. O sistema reagiu: através do *business judgement rule*, os administradores não seriam demandáveis quando mostrassem que agiram, com os elementos disponíveis, dentro das margens que lhes competiriam, em termos de negócios.

II. Apesar da inspiração norte-americana, a sua transposição para a Alemanha obedeceu a necessidades efectivas. Na verdade, no caso alemão, observava-se que as situações de responsabilização dos administradores, designadamente nas décadas do pós-guerra, eram relativamente escassas[23]: o § 93 chegou a ser comparado a um "tigre de papel". A partir de 1998, mercê das alterações introduzidas no § 147 pelo KonTraG[24], as situações de responsabilidade multiplicaram-se, sendo absorvidas pelos

---

[21] Ou *Gesetz zur Unternehmensintegrität und Modernisierung des Anfechtungsrechts*.

[22] Quanto às origens da regra, que remontam ao princípio do século XIX, cf. Franklin A. Gevurtz, *Corporation Law* (2000), 270 ss. e, quanto ao seu funcionamento, Dennis J. Block/Nancy E. Barton/Stephen A. Radin, *The Bussiness Judgement Rule/ /Fiduciary Duties of Corporate Directors* (2002), com quase 1200 páginas; cf. Stefanie Denzel, *Die Neutralitätspflicht im europäischen Übernehmerecht/ein Vergleich mit dem US-amerikanischen System der Modified Business Judgement Rule* (2005), 258 pp..

[23] Friedrich Kübler/Heinz-Dieter Assmann, *Gesellschaftrecht*, 6.ª ed. (2006), 207.

[24] Ou *Gesetz zur Verbessurung der Kontrolle und Transparenz im Unternehmensbereich*; cf. Hüffer, *Aktiengesetz* cit., 7.ª ed., § 148 (808-809, com indicações).

seguros D&O[25] [26]. Os *lobbies* dos seguros movimentaram-se, assim sendo introduzido, na lei alemã, o *business judgement rule*, tanto mais que o UMAG de 2005, atingindo o § 148, foi facilitar, de novo, a responsabilidade da direcção[27]. Com a seguinte consequência prática: em casos de negligência, a responsabilidade é excluída quando se mostre que o administrador agiu dentro da razoabilidade dos negócios. Digamos que se lhe reconhece, para além da esfera representada pelo cuidado do gestor ordenado e consciencioso, mais um campo de acção onde podem ocorrer actuações inovatórias. Trata-se de uma saída já antecipada pela jurisprudência nos casos ARAG[28] e Siemens/Nold[29].

III. No campo dos quadros jurídicos anglo-saxónicos, o *business judgement rule* opera como uma causa de isenção de responsabilidade, não cabendo discutir se enquanto causa de justificação ou causa de excusa. Feita a transposição para os Direitos continentais, há que reconduzi-lo aos quadros competentes. A mera leitura do § 93(1), 2[30], mostra que estamos perante uma específica exclusão da ilicitude: não de culpa. E num efeito de retorno: mais claro fica que a diligência equivale a uma bitola de conduta, fonte de ilicitude quando violada.

IV. Adiantamos, por fim, que o *business judgement rule* também foi transposto para o nosso Direito: artigo 72.°/2. É estranho: não logramos, no Direito português, nenhum surto de responsabilização dos administradores que pudesse justificar tal cautela.

De todo o modo, o tema transcende o presente escrito.

6. *A transposição para o Direito português*

I. A diligência do gestor criterioso foi, como vimos, transposta para o Direito português pelo artigo 17.°/1 do Decreto-Lei n.° 49 381, de 15 de

---

[25] *Directors and Officers*.

[26] KÜBLER/ASSMANN, *Gesellschaftrecht*, 6.ª ed. cit., 208.

[27] REINHARD BORK, *Prozessrechtliche Notiz zum UMAG*, ZIP 2005, 66-67 e, quanto ao fundo, CARSTEN SCHÄFER, *Die Binnenhaftung von Vorstand und Aufsichtsrat nach der Renovierung durch das UMAG*, ZIP 2005, 1253-1259 (1255 ss.).

[28] BGH 21-Abr.-1997, BGHZ 135 (1998), 244-257 (251 ss.). Cf. HÜFFER, *Der Leitungsermessen des Vorstands* cit., 177 ss..

[29] BGH 23-Jun.-1997, NJW 1997, 2815-2817 (2816/II).

[30] *Eine Pflichtverletzung liegt nicht vor ...* [não há violação de um dever ...].

Novembro de 1969. A análise dos seus vastos trabalhos preparatórios[31] bem como das subsequentes explicações dadas pelos ilustres Autores do anteprojecto[32], permite algumas conclusões interessantes:

- o legislador material conhecia bem os diversos sistemas europeus, tendo optado pela fórmula do *Aktiengesetz* alemão: tecnicamente mais apurada e consonante com a tradição nacional;
- além disso, apercebeu-se do dilema culpa/ilicitude, tendo acabado por aproximar a "diligência" de uma norma de conduta e, portanto: de fonte de ilicitude, quando violada, sujeita a subsequente e eventual juízo de culpa.

Cifra-se, logo aí, uma linha coerente, interrompida, segundo parece, em 2006.

II. Torna-se evidente que a mera transposição de 1969 nunca poderia assegurar a deslocação, para o nosso Direito, de todos os desenvolvimentos alemães de que acima demos conta. De resto: muitos deles são subsequentes a essa data.

Registamos, todavia, que o preceito manteve a lógica da origem, surgindo como uma regra de responsabilidade civil dos administradores. Mas a partir daí, como classificá-la? Regra de conduta ou bitola de culpa?

A resposta é complexa e exige uma prévia ponderação metodológica, que reduziremos ao mínimo. Perante a realidade jurídica nacional e considerando as comuns e elementares aspirações de coerência jurídico-científica, não vemos qualquer utilidade em duplicar (ou multiplicar) os sistemas de responsabilidade civil. Haverá assim que manter os quadros civis. E em qualquer caso: será um grave erro de método pretender, sem justificações e sem atentar no que se faz, reescrever, a propósito da responsabilidade dos administradores, todo o sistema da responsabilidade civil.

III. Isto dito: em sentido normativo, a diligência equivale ao grau de esforço exigível para determinar e executar a conduta que integra o

---

[31] Raúl Ventura/Luís Brito Correia, *Responsabilidade civil dos administradores de sociedades anónimas e dos gerentes de sociedades por quotas/Estudo comparativo dos direitos alemão, francês, italiano e português*, BMJ 192 (1970), 5-112, 193 (1970), 5-182 e 194 (1970), 5-113, n.° 49 e 50, BMJ 192, 95-101.

[32] Raúl Ventura/Luís Brito Correia, *Nota explicativa do Capítulo II do Decreto-Lei n.° 49.381, de 15 de Novembro de 1969*, BMJ 195 (1970), 21-90 (32).

cumprimento de um dever[33]. Trata-se de uma regra de conduta, ou melhor: de parte de uma regra de conduta, que deve ser determinada independentemente de qualquer responsabilidade e, logo: de culpa. A violação do dever de diligência dá azo a ilicitude: não a mera medida de culpa[34]. Aliás: a falta de diligência pode ser dolosa e não meramente negligente.

É certo que o § 93/I do AktG alemão começou por ser assimilado a uma medida de culpa (de negligência), mercê da sua ordenação sistemática pelos §§ 276 do BGB e 347 do HGB; mais tarde, evoluiu para uma regra de conduta, em termos hoje pacíficos. Não vemos, porém, para quê tais complicações, feita a transposição para o Direito português que, aliás, dispõe de quadros mais flexíveis e avançados do que o alemão, no campo da responsabilidade civil.

A bitola de diligência é, nos termos gerais, uma regra de conduta. Mas incompleta: apenas em conjunto com outras normas, ela poderá ter um conteúdo útil preciso. Com efeito, ninguém actua diligentemente, *tout court*: há que saber de que conduta se trata para, então, fixar o grau de esforço exigido na actuação em jogo[35].

7. *O Código das Sociedades Comerciais em 1986 e em 2006*

I. A orientação acima apontada – a do dever de diligência como *quantum* de esforço normativamente exigível, aos administradores, no cumprimento dos seus deveres – mais fortalecida fica quando se passa ao artigo 64.° do Código das Sociedades Comerciais, na sua versão original.

Esse preceito foi sistematicamente desligado da responsabilidade dos administradores, passando a integrar um capítulo próprio sobre a administração. Nenhum sentido faria ver, em sítio tão desgarrado, uma referência

---

[33] FERNANDO PESSOA JORGE, *Direito das obrigações* (1971-72, ed. dos Serviços Sociais da Universidade de Lisboa), 79. Podem, aí, ser confrontados os sentidos psicológico e objectivo, que não estão agora em causa.

[34] ANTUNES VARELA, em parecer inédito, já defendeu, no artigo 64.°, a presença de uma medida da culpa, ao sabor do artigo 487.°/2, do Código Civil. De facto, perante o elemento literal, a aproximação seria sedutora. Mas não podemos acompanhá-la, por razões sistemáticas e jurídico-científicas. Basta ver que o artigo 487.°/2 surge a propósito da responsabilidade civil, ao contrário do artigo 64.°. Além disso, este tem um posicionamento próprio.

[35] *Manual de Direito das sociedades* 1, 694.

a uma bitola de culpa, sem qualquer menção às condutas de onde ela emergia. Tínhamos, pois:

- uma bitola de esforço;
- reportada a um modelo objectivo e abstracto: o gestor criterioso e ordenado.

Tudo isso iria sendo concretizado pela jurisprudência, com referência aos diversos deveres a executar.

II. A referência aos interesses (da sociedade, dos sócios e dos trabalhadores) já surge como um corpo estranho. Todavia, poderíamos absorvê-la encontrando aí pontos de referência para a concretização de deveres incompletos de conduta e, portanto: carecidos de preenchimento com certas bitolas de esforço que, agora, apareceriam direccionadas.

III. Em 2006, tudo isso oscila. A diligência parece deixar de ser uma bitola geral de determinação do esforço requerido aos administradores para a execução dos seus deveres, ameaçando limitar-se a algo de bastante diverso, como a seu tempo veremos.

No mínimo: deveria ter havido a preocupação de ponderar, dogmaticamente, o que é a "diligência", no Direito português. Um diploma como o Código das Sociedades Comerciais não pode, *ad nutum*, ignorar a lógica intrínseca do ordenamento a que pertence.

III. **Os interesses da sociedade**

8. ***A origem da referência aos interesses***

I. No projecto do Código das Sociedades Comerciais, publicado em 1983, o artigo 64.° surgia com uma redacção muito semelhante à do artigo 17.°/1 do Decreto-Lei n.° 49 381, de 25 de Novembro de 1969. Dizia-se, aí, no artigo 92.°/1, que encimava um preceito sobre a responsabilidade dos administradores[36]:

> Os gerentes, administradores ou directores duma sociedade devem actuar com a diligência de um gestor criterioso e ordenado.

[36] *Código das Sociedades Comerciais (Projecto)*, BMJ 327 (1983), 107.

Todavia, na fase final da revisão do projecto, sem qualquer indicação justificativa, o preceito foi retirado da responsabilidade civil, sendo feito o acrescento:

> (...) no interesse da sociedade, tendo em conta os interesses dos accionistas e dos trabalhadores[37].

Sabe-se hoje que se tratou de uma iniciativa de Luís Brito Correia[38], a quem o então Ministro da Justiça terá pedido uma última revisão do Código.

II. Donde provém tal ideia e qual o seu sentido? O próprio Brito Correia veio dizer que se inspirara no § 76 do *Aktiengesetz* alemão de 1965[39]. Este preceito nada tem a ver com o tema. Mais tarde, o mesmo Autor surge a reportar, antes, o § 70 do Aktiengesetz de 1937[40]. Embora vagamente relacionado, esse preceito também não pode ter sido a fonte do acrescento[41]. Tal fonte – como também refere Brito Correia – adveio, sim, do projecto modificado de 5.ª Directriz do Direito das sociedades[42]. Mais precisamente: do seu artigo 10.°, *a*)/2, que dispõe:

> Todos os membros dos órgãos de direcção e de vigilância exercem as suas funções no interesse da sociedade[43], tendo em conta os interesses dos accionistas e dos trabalhadores. Eles devem observar a necessária discrição no que respeita às informações de natureza confidencial de que disponham, sobre a sociedade. Eles ficam adstritos a essa obrigação, mesmo após a cessação das suas funções.

---

37 DR I Série, n.° 201, de 2-Set.-1986, 2307/II. A referência a "accionistas", que bem ilustra a origem do preceito, foi substituída por "sócios" por ratificação levada a cabo pelo artigo 4.°, 11), do Decreto-Lei n.° 280/87, de 8 de Julho – DR I Série, n.° 154, de 8-Jul.-1987, 2666/II.

38 Di-lo o próprio: Luís Brito Correia, *Direito comercial*, 2.° vol., *Sociedades comerciais* (1989), 49.

39 *Idem*, ob. e loc. cit..

40 Luís Brito Correia, *Os administradores das sociedades anónimas* (1991), 602, nota 17.

41 Dispõe o § 70 do AktG de 1937:

> A direcção deve conduzir a sociedade sob a sua própria responsabilidade, tal como o requeiram o bem da empresa e do seu pessoal e a utilidade comum do povo e do *Reich*.

42 Brito Correia, *Os administradores* cit., 602, nota 17.

43 Na versão alemã: "... no interesse da empresa ...". Obviamente, não equivale ao que se lê no texto, que advém da versão francesa.

Foi usada a primeira parte do preceito. Qual o seu sentido e quais os seus objectivos? Cumpre fazer um breve excurso pela história da malograda 5.ª Directriz. Ela obriga a uma pesquisa algo complexa: o seu texto nem foi oficialmente publicado em língua portuguesa[44].

9. *A preparação e as vicissitudes da 5.ª Directriz*

I. A proposta de 5.ª Directriz visava coordenar as garantias exigidas aos Estados-membros, (...) *para proteger os interesses, tanto dos associados como dos terceiros, no que respeita à estrutura das sociedades anónimas assim como aos poderes e obrigações dos seus órgãos*. Esta fórmula encobre como veremos, um complexo programa de reforma das sociedades anónimas, acabando por surgir como um pequeno código.

A proposta da Comissão, de 9-Out.-1972, inseria a 5.ª Directriz na sequência das Directrizes (então em projecto) sobre a prestação de contas, sobre a constituição e o capital das sociedades anónimas e sobre a sua fusão. Isto posto: verificava que a concorrência exigia condições jurídicas equivalentes para as diversas sociedades[45]. Todavia[46]:

- existem, de momento, dois sistemas de organização das sociedades anónimas na comunidade: monista (com conselho de administração) e dualista (com direcção e conselho de vigilância), sendo este último preferível;
- nem todos os ordenamentos prevêem a participação dos trabalhadores na gestão das sociedades, numa situação que deve cessar.

Além disso:

- haveria que prever regras relativas à responsabilidade dos membros dos órgãos e às acções destinadas à sua efectivação;
- as assembleias gerais, nos diversos aspectos e os direitos dos accionistas, particularmente quanto à informação, deveriam ser regulados, incluindo o de impugnar certas deliberações;

---

[44] Existe uma tradução portuguesa, de nossa autoria, elaborada sobre o texto francês, confrontado com o alemão. Cf. *Direito europeu das sociedades*, 680-713.

[45] Cf. CHRISTIAN STRIEBECK, *Reform des Aktienrechts durch die Strukturrichtlinie der Europäischen Gemeinschaft* (1992), 18 ss..

[46] Trata-se de elementos que constam do preâmbulo da proposta: JOCE N.º C-131, 49-50, de 13-Dez.-1972.

– as minorias deveriam ser dotadas de capacidade de intervenção;
– as contas deveriam ser confiadas a revisores independentes.

II. O programa da 5.ª Directriz, versão inicial, era essencialmente alemão: basta ver a imposição do sistema dualista[47] e a obrigação de fazer participar os trabalhadores, logo que o seu número ultrapassasse os 500[48]. A estrutura dualista era, no fundo, tornada necessária para efeitos de co-gestão[49], num aspecto pudicamente calado no preâmbulo.

As críticas multiplicaram-se, potenciadas pelo parecer do Comité Económico e Social de 19-Set.-1974[50], quanto à proposta de 5.ª Directriz, de 10-Abr.-1979[51], quanto ao problema da co-gestão, e do Parlamento Europeu, de 11-Mai.-1982[52]. Este aprovou a proposta, sob reserva das seguintes modificações:

– a não-supressão do sistema monista;
– a igualdade de direitos e de deveres de todos os membros de cada órgão: devem agir no interesse da sociedade, dos accionistas e dos trabalhadores;
– uma representação dos trabalhadores, que reúna regularmente, deve ser informada da marcha da empresa;
– devem ser modificados preceitos relativos à acção social, à convocação da assembleia, à ordem do dia, ao direito de voto e ao controlo das contas;
– a designação, as qualidades, o mandato e os direitos dos membros não-executivos, num sistema monista, tal como as suas relações com os membros executivos devem ser definidos.

Estas sugestões tiveram peso na evolução subsequente.

---

47 Horst Kaminski, *Vorschlag einer 5. Richtlinie der Kommission der Europäischen Gemeinschaften*, WPg 1972, 633-638 (633/II).

48 Günther Christian Schwarz, *Europäisches Gesellschaftsrecht/Ein Handbuch für Wissenschaft* (2000), 444-445 e Stefan Grundmann, *Europäisches Gesellschaftsrecht* (2004), 165.

49 Hermann Niessen, *Zum Vorschlag einer "Europäischen" Regelung der Mitbestimmung für "nationale" Aktiengesellschaften*, ZGR 1973, 218-229 (220).

50 Parecer do Comité Económico e Social de 29 e 30-Mai.-1974, JOCE N.° C-109, 9-16, de 19-Set.-1974.

51 Parecer do Comité Económico e Social de 2-Fev.-1978, JOCE N.° C-94, 2-3, de 10-Abr.-1979.

52 JOCE N.° C-149, 17, de 14-Jun.-1982.

III. Surgiu, assim, a proposta alterada de 19-Ago.-1983. Logo no seu preâmbulo, sublinhou-se a possibilidade da manutenção dos sistemas monista e dualista, ainda que procedendo à sua aproximação. Também se refere, em moldes mais flexíveis, a participação dos trabalhadores[53].

Entre as novidades introduzidas na proposta de 1983, contam-se:

- a introdução do sistema monista: os Estados devem prever o sistema dualista, podendo todavia autorizar as sociedades a optar por este ou por um sistema monista;
- a intervenção dos trabalhadores só se torna obrigatória quando o seu número ultrapasse a cifra de 1000;
- as vias de intervenção dos trabalhadores são diversificadas;
- permite-se a não-aplicação desse esquema a certas sociedades.

As críticas mantiveram-se. Os estudiosos anglo-saxónicos lamentavam a obrigatoriedade da co-gestão[54], enquanto os alemães censuravam a não-correspondência entre os diversos modelos de intervenção dos trabalhadores nela previstos[55].

IV. Seguiu-se uma segunda proposta modificada, de 13-Dez.-1990[56]. Foram alterados os artigos 4.°/5, 21.°, *b*/5, 33.°, 36.° e 64.°/4. Particularmente visados: os direitos preferenciais de indicar a maioria do órgão de vigilância ou do órgão de administração, que foram vedados.

Sobre ela recaíram pareceres do Comité Económico e Social, de 3-Jul.-1991[57] e do Parlamento Europeu, de 10-Jul.-1991[58], este sob reserva de alguns pontos:

- o direito dos detentores de certas categorias de acções com o poder de indicar membros dos órgãos sociais não são sempre atendíveis;
- o direito de voto dos detentores de acções privilegiadas pode ser recuperado em certos casos;

---

[53] JOCE N.° C-240, 3-5, de 9-Set.-1983.

[54] Cf. Walter Kolvenbach, *Die Fünfte EG-Richtlinie über die Struktur der Aktiengesellschaft (Strukturrichtlinie)*, DB 1983, 2235-2241 (2235/II), bem como Gavalda/Parleani, *Droit des affaires de l'Union européenne*, 4.ª ed. (2002), 164.

[55] Schwarz, *Europäisches Gesellschaftsrecht* cit., 445 (n. 709).

[56] JOCE N.° C-7, 4-6, de 11-Jan.-1991.

[57] Parecer do Comité Económico e Social de 3-Jul.-1991, JOCE N.° C-269, 48-51, de 14-Out.-1991.

[58] Parecer do Parlamento Europeu de 10-Jul.-1991, JOCE N.° C-240, 104-105, de 16-Set.-1991.

– os estatutos não poderão exigir mais do que a maioria absoluta, para a designação das pessoas responsáveis pelo controlo das contas.

V. Finalmente, temos a *Terceira modificação à proposta de Quinta directiva do Conselho, baseada no artigo 54.° do Tratado CEE, relativa à estrutura das sociedades anónimas e aos poderes e obrigações dos órgãos*, de 20-Nov.-1991[59]. Foram atingidos pontos menores, designadamente no artigo 33.°/2, relativo à limitação ou exclusão do direito de voto a troco de vantagens patrimoniais e no artigo 36.°, quanto à aprovação de deliberações.

10. *Problemas e abandono*

I. A 5.ª Directriz incorreu, em boa parte, nas dificuldades que motivaram um atraso de décadas na aprovação do estatuto da sociedade europeia[60]. Essas dificuldades prendem-se com a co-gestão[61]. Na verdade, as diferentes condições laborais existentes no Norte e no Sul da Europa explicam a diversidade dos meios de enquadramento dos trabalhadores. Num ambiente de contestação generalizada, as empresas alemãs ganham terreno graças ao sistema de co-gestão, indutor de paz social. Já num período de acalmia e de expansão de tipo liberal, essa vantagem transforma-se em factor de regidificação e de custos acrescidos.

Compreende-se, do ponto de vista comunitário, o grande interesse que haveria em uniformizar os esquemas. Isso postularia, porém, um nivelamento de culturas e de tradições sindicais que não se alcança por leis, mesmo europeias.

II. Mau grado estas dificuldades, a Comissão ainda intentou retomar o processo pedindo parecer e encomendando estudos[62]. Ele foi reactivado

[59] JOCE N.° C-321, 9-12, de 12-Dez.-1991.

[60] Cf. HERMANN NIESSEN, *Zum Vorschlag einer "Europäischen" Regelung der Mitbestimmung* cit., 218.

[61] *Direito europeu*, 913 ss..

[62] SCHWARZ, *Europäisches Gesellschaftsrecht* cit., 445-446. Com diversos elementos, cf. MARCUS LUTTER, *Eine grössenabhängige und zwingende Unternehmensverfassung für Kapitalgesellschaften in Europa?*, AG 1997, 538-540 e HANS-WERNER NEYE, *Neue europäische Initiative im Gesellschaftsrecht*, GmbHR 1997, R-97–R-98 (R-98).

em 10-Nov.-1993. O Parlamento Europeu solicitou o *dossier*[63], acabando por reconfirmar o seu voto favorável, em 27-Out.-1999. Todavia, o processo manteve-se bloqueado. Aparentemente, a Comissão entendeu dar prioridade ao Regulamento relativo à sociedade europeia, cuja preparação exigiu estudos e negociações complicados.

Finalmente, a Comissão decidiu incluir a proposta de 5.ª Directriz na lista intitulada *Retirada de propostas da Comissão que já não podem ser consideradas actuais*[64].

11. *O sentido das referências comunitárias a "interesses"*

I. A problemática subjacente à proposta de 5.ª Directriz é, efectivamente, a da co-gestão[65]. Esta foi introduzida, no Direito alemão, depois da Segunda Guerra Mundial, tendo-se mantido até hoje[66]. A integração europeia obrigou a confrontar directamente as sociedades com e sem co-gestão. Do confronto, resultaram vantagens e desvantagens.

As vantagens cifram-se, naturalmente, na maior coesão empresarial das empresas "co-geridas" e na paz social que daí decorre. Isso, naturalmente, por confronto com o sindicalismo mais agressivo dos países do Sul, ainda apostado na revolução comunista e que, da luta de classes, fazia o motor da História. As desvantagens derivavam do "desvio social" das empresas. Num mundo dominado pelo lucro, as medidas puramente sociais encetadas pelas empresas, sob pressão dos representantes dos trabalhadores, seriam tomadas como meros custos. Além disso, pode-se imputar à co-gestão um alongamento do processo de decisão, com uma certa rigidez empresarial daí decorrente. Medidas como o encerramento de afiliadas, a abertura de sucursais com recrutamentos mais vocacionados para jovens ou as transferências de unidades produtivas originam, em regra, complicadas negociações nos órgãos onde se encontrem representantes dos trabalhadores.

---

[63] Em 2-Dez.-1993.

[64] JOCE N.º C-5, 2-33, de 9-Jan.-2004; cf., aí, 20/II.

[65] HANS JÜRGEN SONNENBERGER, *Die Organisation der Aktiengesellschaften im Gemeinsamen Markt/Kommissionsvorschlag einer fünfte Richtlinie zur Angleichung des Gesellschaftsrechts*, AG 1974, 1-8 e 33-41 (3/II); cf. MEINHARD HEINZE, *Probleme der Mitbestimmung und Betriebsverfassung bei einer grenzüberschreitenden Umstrukturierung von Unternehmen im Binnenmarkt*, ZHR 1994, 47-65.

[66] *Direito europeu*, 727 ss..

II. À medida que o sindicalismo do Sul foi perdendo a agressividade do início, o problema da co-gestão agudizou-se. O empresariado alemão teme a concorrência de empresas não co-geridas e, daí, supostamente mais ágeis e competitivas. Os trabalhadores alemães receiam a deslocação das próprias empresas, como meio de alijar os esquemas de participação há muito consignados. As leis comunitárias teriam de salvaguardar tudo isto.

III. Como ponto complementar de complicação temos o facto de outros países europeus preverem esquemas de participação dos trabalhadores diversos dos alemães. Sem preocupações de exaustão, podemos apontar os seguintes modelos[67]:

– a co-gestão propriamente dita ou presença de representantes dos trabalhadores nos órgãos de cúpula da sociedade; ainda aí ela pode ser conseguida directamente por eleição (Alemanha) ou através de um esquema de cooptação (Holanda);
– a criação de um órgão distinto, representativo dos trabalhadores, tipo comité de empresa (França, Bélgica) ou comissão de trabalhadores (Portugal); esse órgão receberia, depois, poderes variados, podendo ir até à intervenção, em certos termos e aspectos, na gestão da empresa;
– outros esquemas concretizados por convenções colectivas (Reino Unido, Irlanda e Itália).

Como enfrentar esta diversidade? No fundo, ela pode mesmo pôr em causa a liberdade de estabelecimento, não devendo ser minimizada[68].

IV. Movendo-se neste terreno muito difícil, a Proposta de 5.ª Directriz foi tentando consensos. E aí devemos situar o seu artigo 10.°, *a*)/2, já transcrito. Uma vez que nos órgãos de vigilância das sociedades em co-gestão surgem membros eleitos pelos accionistas e membros eleitos pelos trabalhadores, pergunta-se: teremos lutas sindicais no seio da

---

[67] Para uma análise mais circunstanciada cf. GUNTHER MÄVERS, *Die Mitbestimmung der Arbeitnehmer in der Europäischen Aktiengesellschaft* (2002), 33-77. Perante a 5.ª Directriz em estudo: STRIEBECK, *Reform des Aktienrechts durch die Strukturrichtlinie* cit., 35 ss. e 43 ss., quanto aos modelos, bem como SCHWARZ, *Europäisches Gesellschaftsrecht* cit., 460-461.

[68] Cf. GREGOR THÜSING, *Deutsche Unternehmensmitbestimmung und europäische Niederlassungsfreiheit*, ZIP 2004, 381-388.

empresa? Quem representa quem? Responderia a lei: uma vez eleitos, todos os membros dos órgãos de vigilância devem adoptar uma conduta uniforme cabendo, *a todos eles*, agir no interesse da sociedade, tendo em conta os interesses dos accionistas e dos trabalhadores.

12. *A transposição para o Código, em 1986*

I. O inopinado acolhimento do texto do artigo 10.°, *a*)/2, 1.ª parte, da proposta de 5.ª Directriz, no Código das Sociedades Comerciais, versão original, coloca problemas curiosos. Não há, no nosso País, qualquer co-gestão. Logo, a norma perde o sentido que tivera na Proposta de 5.ª Directriz. Ficam-nos o seu teor e a sua inserção sistemática. Como avançar?

II. Temos de fixar conceitos. Não há nenhuma definição constitucional ou meramente legal de "interesse". Quem utilize esse termo e o defenda como operacional tem, como elementar manifestação de seriedade intelectual e científica, o ónus de o explicitar.

Em sentido subjectivo, o interesse traduz uma relação de apetência entre o sujeito considerado e as realidades que ele entenda aptas para satisfazer as suas necessidades ou os seus desejos. Em sentido objectivo, o interesse traduz a relação entre o sujeito com necessidades e os bens aptos a satisfazê-las. Parece evidente que os conceitos são diferentes. Para um jogador compulsivo, o interesse (subjectivo) será o de encontrar um casino onde passar a noite; em termos objectivos, o seu interesse seria ir para casa descansar, com vista ao trabalho do dia seguinte.

Eis o problema: se releva o interesse subjectivo, caberá ao próprio "interessado" defini-lo; o Direito apenas fixará limites às actuações resultantes das opções que ele faça. Se predominar o interesse objectivo, terá de haver alguém exterior que o defina. Tal definição não poderá ser arbitrária – ou saímos do Direito. Quer isso dizer que a explicitação do interesse objectivo deverá ser feita por normas de conduta, dirigidas ao sujeito. No exemplo do jogador: é proibida a permanência de jogadores compulsivos nos casinos, depois da meia-noite.

III. Temos de nos recordar que o "interesse" não foi descoberta recente, assim como recentes não são as considerações que, dando-lhe todo um papel, não o aceitam como categoria dogmática. Com raízes em

Jhering, o interesse foi aprofundado por Heck[69], para superar os meros jogos de conceitos praticados pela metodologia anterior. Mas Heck usou-os, ainda e sobretudo, para combater a "Filosofia do Direito", enquanto fonte de menções extrapositivas na decisão jurídica. Perante isso, e à pergunta: quem define os interesses?, Heck só poderia responder: ou o próprio, se estivermos em área de permissão ou o Direito, se assim não suceder.

A partir daqui, os "interesses" heckianos facultam uma interpretação melhorada de algumas fontes, obrigando a, para além dos conceitos, indagar a teleologia das normas e as valorações subjacentes. Agora o "interesse", só por si e sem regras que o definam e mandem prosseguir, não é bitola de coisa nenhuma. Antes surge como arrimo linguístico nada inovador e, sobretudo: juridicamente inoperacional[70].

IV. Isto dito: o administrador serve a sociedade ou os sócios? Se regressarmos à técnica anterior, perguntaríamos se o administrador serve os "interesses" da sociedade ou os dos sócios. Admitamos que sejam os da sociedade:

- em sentido subjectivo: esses interesses terão de ser seleccionados dentro dos órgãos sociais, o que acabará por descambar na decisão dos sócios;
- em sentido objectivo: tais interesses seriam escalonados pelo tribunal, de acordo com regras jurídicas; tais regras teriam de ser claras, estritas e constitucionais, já que elas viriam cercear a livre iniciativa dos sócios.

Admitindo agora que o administrador sirva os "interesses" dos sócios: em sentido subjectivo, a sua definição caber-lhes-ia; em sentido objectivo, surgem as tais regras injuntivas que se fundirão com as que definam o "interesse objectivo" da própria sociedade.

---

[69] Recordamos, de PHILIPP HECK, os escritos clássicos: *Begriffsbildung und Interessenjurisprudenz* (1932), 72 ss. e 91 ss. e *Interessenjurisprudenz* (1933), 10 ss.. Outros elementos podem ser confrontados na nossa *Ciência do Direito e metodologia jurídica nos finais do século XX*, separata da ROA (1989), 8 ss..

[70] Nesse sentido: CHRISTIAN SCHMDIT-LEITHOFF, *Die Verantwortung der Unternehmensleitung* (1989), 45 ss. e FRITZ RITTNER, *Zur Verantwortung der Unternehmensleitung*, JZ 1988, 113-118 (118).

Confirma-se, assim, o círculo: no que a lei permita, cabe aos sócios definir os "interesses" da sociedade e os seus próprios; fora isso, funcionará o Direito objectivo.

V. A referência (infeliz) aos "interesses" da sociedade encobre, todavia, uma outra questão e da maior importância: deve o administrador atender, em cada momento, às indicações dos sócios ou, pelo contrário, caber-lhe-á decidir com vista ao médio e ao longo prazo, de tal modo que o interesse objectivo da sociedade e dos sócios, definido na base do lucro, do crescimento ou do êxito empresariais, prevaleça sobre quaisquer outras bitolas?

A lei dá grande margem aos administradores, particularmente no campo das sociedades anónimas: veja-se o artigo 373.º/3, que veda à assembleia geral a interferência na gestão da sociedade, salvo se por iniciativa dos próprios administradores. Tal margem destina-se, justamente, a permitir aos administradores pensarem no tal médio e no longo prazo.

VI. Isto dito, recoloca-se o tema: médio e longo prazo tendo em vista as vantagens sociais ou as dos sócios? A sociedade é sempre um regime jurídico. Ela não sofre nem ri: apenas o ser humano o pode fazer. Separar a sociedade dos sócios é má escolha: despersonaliza um instituto que uma longa experiência mostrou melhor estar no Direito privado. O administrador servirá, pois, os sócios. Mas não enquanto pessoas singulares: antes enquanto partes que puseram a gestão dos seus valores num *modo colectivo* de tutela e de protecção. Nesse *modo colectivo* interferem normas que recordarão, entre outros aspectos:

- que a boa saúde das sociedades é vantajosa para o mercado;
- que há sectores sensíveis onde regras técnicas e prudenciais devem ser seguidas: banca e seguros;
- que as sociedades a que se acolhem empresas dão emprego e criam riqueza para o País.

Tudo isto tem de ser acatado. Poderemos exprimi-lo dizendo que os administradores servem a sociedade, na qual os sócios têm um papel importante, mas não exclusivo. E as vantagens dos sócios são prosseguidas em modo colectivo, o que é dizer: de acordo com as regras societárias aplicáveis.

VII. Resta emprestar um sentido útil aos "interesses" dos trabalhadores, aparentemente colocados no mesmo plano dos sócios. Tal colocação só faria sentido em cenários de co-gestão, aqui inexistentes. Podemos, todavia, aproveitar a regra: na concretização do esforço exigível – portanto: da diligência – haverá que ter em conta as dimensões sociais da sociedade. Temos um campo que poderia ser aproveitado por uma jurisprudência empenhada, numa ligação às regras laborais. Ou seja: o universo dos administradores deveria atender, para além da dimensão societária pura, também ao Direito do trabalho.

13. *O sentido, em 2006; crítica*

I. A interpretação acima indicada era uma tentativa frutuosa de dar saída útil ao desgarrado troço retirado da naufragada proposta de 5.ª Directriz[71]. E no pós-reforma de 2006?

A actual alínea *b*) do artigo 64.°/1, aparentemente imaginada *ex novo* pelo legislador de 2006, não parece corresponder a conexões coerentes perante qualquer Direito societário. Antecipemos alguns pontos.

II. O legislador começou por subordinar o tema aos deveres de lealdade. Ora tais deveres são "puros", devendo ter o ordenamento como horizonte. Exigir "lealdade" no interesse da sociedade e, ainda, atentando aos interesses (a longo prazo) dos sócios, e ponderando os de outros sujeitos, entre os quais os trabalhadores, os clientes e os credores, é permitir deslealdades sucessivas. Quem é "leal" a todos, particularmente havendo sujeitos em conflito, acaba desleal perante toda a gente. Uma técnica legislativa elementar ensina que não se devem construir normas com um aditamento ilimitado de novos termos, sob pena de se lhes esvaziar os conteúdos.

III. Prosseguindo: mantém-se uma referência aos "interesses da sociedade". Ora estes, segundo a doutrina portuguesa largamente dominante, já haviam sido reconduzidos aos interesses dos sócios[72]. Estra-

---

[71] *Manual de Direito das sociedades*, 1, 688 ss..

[72] P. ex., além de nós próprios: VASCO DA GAMA LOBO XAVIER, *Anulação de deliberação social e deliberações conexas* (1976), 242, nota 116, LUÍS BRITO CORREIA, *Direito comercial* cit., 2, 50, LUÍS MENEZES LEITÃO, *Pressupostos da exclusão de sócio nas sociedades comerciais* (1989), 39, nota 37, ELISEU FIGUEIRA, *Disciplina jurídica dos grupos de sociedades*, CJ XV (1990) 4, 35-59 (54) e JORGE COUTINHO DE ABREU, *Da empresarialidade* (1994), 230-231; estes dois últimos Autores dão um relevo especial aos interesses dos trabalhadores.

nhamos o pouco (ou nenhum) relevo dado pelo legislador à doutrina da sua própria Terra.

Acresce, *in casu*, que os interesses da sociedade (dos sócios!) surgem ainda complementados:

- atendendo aos interesses de longo prazo dos sócios;
- ponderando os interesses dos outros sujeitos relevantes para a sustentabilidade da sociedade, tais como os seus trabalhadores, clientes e credores.

Mesmo formalmente, a sucessão de gerúndios devia ter sido evitada. "Interesses de longo prazo dos sócios"? E quanto aos interesses de médio e de curto prazo? Seria absurdo, *a contrario*, defender a irrelevância destes. Fica-nos a ideia de que tais interesses mais imediatos (ou menos longínquos) surgem como interesses da sociedade, na linha tradicional já sedimentada: das poucas que se conseguiram ao abrigo do "velho" artigo 64.°. Quanto à referência aos "interesses de longo prazo": será uma chamada para aquilo a que chamamos "o modo colectivo de defesa dos sócios" e que implica, naturalmente, que não se sacrifique a sociedade – por hipótese – a uma apetência imediata de lucros.

IV. No tocante aos "outros sujeitos relevantes para a sustentabilidade da sociedade" – fórmula que, por mais própria de um texto de gestão, deveria ter sido evitada: estão em causa os *stakeholders*, exemplificados com trabalhadores, clientes e credores. Um sentido útil? Os administradores devem observar as regras atinentes à globalidade do ordenamento. Tudo isto deve ser autonomizado, uma vez que nada tem a ver com a lealdade. Quando muito, com a diligência. Mas o legislador inverteu tudo, confundindo noções. Quanto aos *stakeholders*: uma noção sem tradições entre nós e que, deste modo, não terá sido introduzida da melhor maneira.

IV. **Os deveres de lealdade**

14. ***A origem da referência; Direito civil e do trabalho***

I. A CMVM apresentou – assim foi visto – a "explicitação dos deveres de lealdade" como um dos pontos altos da reforma. Donde vem essa noção e qual o seu alcance na origem? É evidente que não se trata de uma recente descoberta anglo-saxónica: antes de um experimentado conceito continental, com tradições milenárias, aperfeiçoado, no campo das sociedades, ao longo de todo o século XX.

Nos primórdios, a lealdade leva-nos à deusa *fides* e à necessidade ético-jurídica de respeitar a palavra dada[73]. A carga significativa subjacente permitiu o seu aproveitamento pelo pretor, para legitimar os *bonae fidei iudicia*, base de todos os contratos modernos[74]. Mais tarde, a ideia da lealdade, ligada à confiança, foi acolhida pelo antigo Direito alemão[75]. Muito relevante foi o desenvolvimento dado, por Grotius, à lealdade, na "recentemente" descoberta obra *Parallelon*[76]. Finalmente, o conceito ficaria inserido no princípio da boa fé, através da sua vertente "tutela da confiança".

II. Actualmente, a ideia de lealdade conhece, para além de um tronco comum, três particulares áreas de especialização: nos campos civil, laboral e das sociedades. No Direito civil temos[77]:

- a lealdade como dever acessório: acompanha as diversas obrigações, adstringindo as partes a, por acção, preservar os valores em jogo[78]; no Direito português, ela apoia-se no artigo 762.°/2, do Código Civil;
- a lealdade como dever próprio de uma obrigação sem dever de prestação principal: lembremos a boa fé *in contrahendo* e o artigo 227.°/1, do mesmo Código;
- a lealdade como especial coloração das actuações de quem gira um negócio alheio; aproxima-se, aqui, dos deveres do gestor ou do mandatário – 465.°, *a*), 1161.° e 1162.°, todos do Código Civil; nesta vertente, a lealdade tem um conteúdo fiduciário.

---

[73] Com indicações *vide* a nossa *Da boa fé no Direito civil* (1984, 2.ª reimp., 2001), 54 ss..

[74] *Idem*, 71 ss..

[75] *Idem*, 162 ss.. Recordamos que lealdade diz-se, em alemão actual, *Treue* e crença, *Glaube*; *Treu und Glauben* corresponde, precisamente, a boa fé.

[76] Publicada por WOLFGANG FIKENTSCHER sob o título sugestivo: *De fide et perfidia/Der Treuegedanke in den "Staatsparallelen" des Hugo Grotius aus heutiger Sicht* (1979); para a sua análise, *vide* o nosso *Da boa fé* cit., 212 ss..

[77] Mantemos uma ordenação tradicional; uma certa especialização de conceitos levará a reservar "lealdade" para as sociedades civis.

[78] Com elementos, *vide* os nossos *Da boa fé* cit., 551 ss., 606 ss., 648 ss. e *passim*, *Direito das obrigações* 2 (1980, reimp. 1994), 18 ss. e *Tratado de Direito civil* I/4 (2005), 65 ss..

Distinção importante é a que isola a lealdade como fonte de meros deveres de abstenção e a lealdade enquanto dever de actuação positiva[79].

III. No Direito do trabalho, a lealdade surge como um elemento clássico da relação laboral: ela adstringiria o trabalhador a zelar, por acção ou por omissão, pelos interesses da entidade empregadora ou da empresa[80]. Contrapor-se-ia, aí, aos deveres de assistência, a cargo da entidade empregadora[81] e que a obrigariam a zelar pela integridade física, económica e moral do trabalhador. A doutrina actual critica a concepção comunitário-pessoal que viu surgir os clássicos deveres de lealdade e de assistência[82].

O dever de lealdade mantém-se, porém, como dever acessório legal, a cargo do trabalhador, tendo recebido, no artigo 121.°/1, *e*), do Código do Trabalho, a seguinte redacção[83]:

> Guardar lealdade ao empregador, nomeadamente não negociando por conta própria ou alheia em concorrência com ele, nem divulgando informações referentes à sua organização, métodos de produção ou negócios.

Este preceito vinha já da velha LCT, correspondendo a um desenvolvimento civilístico da matéria.

Cumpre examinar a lealdade no campo societário: em rubrica própria.

15. *Direito das sociedades*

I. No Direito das sociedades, a ideia de lealdade toma diversas configurações: dos accionistas entre si, designadamente da maioria quanto

---

[79] GÜNTER FREESE, *Die positive Treuepflicht/Ein Beitrag zur Konkretisierung von Treu und Glauben* (1970), 3 ss..

[80] HUECK/NIPPERDEY, *Lehrbuch des Arbeitsrechts*, 7.ª ed. (1963), 242-243.

[81] *Vide* o nosso *Manual de Direito do trabalho* (1999, reimp.), 89 ss.. Cf., com indicações, GÜNTER SCHAUB/ULRICH KOHL/RÜDIGER LINK, *Arbeitsrechts-Handbuch*, 11.ª ed. (2005), § 53 (449 ss.).

[82] O nosso *Manual de Direito do trabalho* cit., 95 ss..

[83] PEDRO ROMANO MARTINEZ e outros, *Código do Trabalho anotado*, 4.ª ed. (2005), 264-265.

à minoria – mas também inversamente –, dos accionistas para com a sociedade e dos administradores para com a mesma sociedade[84].

Os inícios foram difíceis. Os tribunais começaram por entender que a maioria, enquanto dona da sociedade, podia decidir livremente como entendesse, dentro da lei (caso *Hibernia*)[85]. Mais tarde, vieram intervir em casos mais escandalosos – como o da exclusão da preferência dos accionistas fora de qualquer interesse social – ao abrigo da cláusula dos bons costumes[86]. Estes, numa fórmula depois repetidamente usada, seriam atingidos "quando a maioria, na sua actuação, prossiga, sem consideração pelo bem da sociedade, escopos próprios às custas da minoria"[87].

Finalmente, foi reportado o dever de lealdade: os accionistas, enquanto membros da comunidade dos sócios, estariam adstritos à sua observância[88]. Trata-se de uma orientação depois mantida pelo BGH, alargando-a às sociedades por quotas[89].

II. A lealdade exigível aos accionistas começou por se apoiar numa ideia de justiça concreta, consonante com o sistema. Havia, porém, que lhe dar uma base mais elaborada. Tal foi a tarefa levada a cabo por Fechner, num estudo hoje clássico[90].

Na leitura de Fechner, a lealdade nasceria directamente do povo, sendo, então, objecto da Moral e da Filosofia e, ainda, da clarificação jurídica[91]. A lealdade está enraizada na consciência de cada um, dirigindo-se ao outro[92]. Sem ela, aliás, a vida em comunidade nem seria possível: ela dá firmeza às relações jurídicas[93]. Estas considerações teriam

---

[84] Ulrich Wastl, *Aktienrechtliche Treupflicht und Kapitalmarkt/Ein Plädoyer für eine juristisch-interdisziplinäre Betrachtungsweise* (2004), 18-19, com indicações.

[85] RG 8-Abr.-1908, RGZ 68 (1908), 235-247 (246). Quanto à solução subsequente, com outros elementos: Thomas Jilg, *Die Treuepflicht des Aktionärs* (1996), 13 ss..

[86] RG 20-Out.-1923, RGZ 107 (1924), 202-207 (206).

[87] RG 23-Out.-1925, RGZ 112 (1926), 14-19 (19) e RG 30-Mar.-1926, RGZ 113 (1926), 188-197 (193).

[88] RG 22-Jan.-1935, RGZ 146 (1935), 385-397 (395); há uma certa influência da linguagem da época.

[89] BGH 1-Abr.-1953, BGHZ 9 (1953), 157-179 (163), a propósito da exclusão de um sócio gerente e BGH 9-Jun.-1954, BGHZ 14 (1954), 25-39 (38).

[90] Erich Fechner, *Die Treubindungen des Aktionärs/Zugleich eine Untersuchung über das Verhältnis von Sittlichkeit, Recht und Treue* (1942).

[91] *Idem*, 12.

[92] *Idem*, 21 e 22.

[93] *Idem*, 24 a 28.

aplicação no Direito das sociedades anónimas, tendo para mais em conta o pensamento comunitário[94].

O tema foi, depois, muito glosado, originando vasta literatura, que se expandiu nos finais do século XX[95].

Já se entendeu que, da mera relação de participação numa sociedade anónima, não seria possível derivar deveres de lealdade: faltariam, aí, as relações pessoais exigíveis para o efeito[96], ao contrário do que ocorreria nas sociedades em nome colectivo[97]. De todo o modo, a lealdade radicou-se na dogmática das sociedades anónimas, sendo de sublinhar o seu papel na tutela das minorias[98], com jurisprudência significativa[99]. Verificou-se, como dissemos, que também as minorias poderiam proceder de modo desleal, bloqueando, por exemplo, medidas de saneamento necessárias, para procurar obter vantagens laterais[100].

---

[94] *Idem*, 34 ss.: a segunda parte da obra de FECHNER.

[95] MARCUS LUTTER, *Zur Treupflicht des Grossaktionärs*, JZ 1976, 225-233 e *Treupflichten und ihre Anwendungsprobleme*, ZHR 162 (1998), 164-185 (168 ss., com casos típicos e os limites), MEINRAD DREHER, *Treupflichten zwischen Aktionärs und Verhaltenspflichten bei Stimmrechtsbündelung*, ZHR 157 (1993), 150-171, JOACHIM HENNRICHS, *Treupflichten im Aktienrecht/zugleich Überlegungen zur Konkretisierung der Generalklausel des § 1242 BGB sowie zur Eigenhaftung des Stimmrechtsvertreters*, AcP 195 (1995), 221-273 (271 ss., as teses), HARTWIG HENZE, *Die Treupflicht im Aktienrecht*, BB 1996, 489-499 e *Treupflichten der Gesellschafter im Kapitalgesellschaftrecht*, ZHR 162 (1998), 186-196, THOMAS JILG, *Die Treupflichten des Aktionärs* cit., 21 ss., MICHAEL KORT, *Zur Treupflicht des Aktionärs*, ZIP 1990, 294-297, WOLFGANG ZÖLLNER, *Treupflichtge-steuertes Aktienkonzernrecht*, ZHR 162 (1998), 235-248 e VOLKER RÖHRICHT, *Treupflichten der Aktionäre, insbesondere des Mehrheitsgesellschafters*, em PETER HOMMELHOFF/KLAUS J. HOPT/AXEL VON WERDER (org.), *Handbuch Corporate Governance* (2003), 513-547, com bibliografia extensa.

[96] ALFRED HUECK, *Der Treugedanke im modernen Privatrecht* (1947), 14.

[97] ALFRED HUECK, *Der Treugedanke im Recht der offenen Handelsgesellschaft*, FS Hübner (1935), 72-91 (80), acentuando, todavia, estar em causa, antes de mais, a lealdade ao contrato.

[98] HERBERT WIEDEMANN, *Minderheitenschutz und Aktienhandel* (1968), 73 ss., com elementos comparatísticos norte-americanos e *Gesellschaftsrecht/Ein Lehrbuch des Unternehmens- und Verbandsrechts* 1 – *Grundlagen* (1980), § 8 (412 ss. e *passim*) e FRANK ROITZSCH, *Der Minderheitenschutz im Verbandsrecht* (1981), 36 ss..

[99] BGH 1-Fev.-1988, BGHZ 103 (1988), 184-193 (o caso Linotype); cf. outros elementos no nosso *O levantamento da personalidade colectiva* (2004), 131 ss. (134 ss.). Nas origens deste entendimento: BGH 9-Jun.-1954, NJW 1954, 1401-1402, num caso relativo, aliás, a uma GmbH.

[100] Assim sucedeu no caso *Girmes*, através de um jogo de representações de minoritários: BGH 20-Mar.-1995, NJW 1995, 1739-1749 (1741/II ss., uma decisão muito documentada), anot. HOLGER ALTMEPPEN, *idem*, 1749-1750.

A doutrina generalizou, assim, o dever de lealdade também às minorias[101].

Na doutrina alemã, toda esta matéria vem sendo cinzelada, com particular atenção aos valores comunicados através da boa fé, falando-se hoje em Direito consuetudinário[102]. Também no domínio dos grupos de sociedades a lealdade tem um papel de relevo[103].

III. A lealdade dos administradores – ou, no Direito alemão: dos membros da direcção – foi surgindo por via jurisprudencial, numa derivação dos deveres do mandatário. Tais deveres vieram a ser complementados pela boa fé[104], alargando-se à administração de bens alheios[105]. No campo societário, foram sancionados administradores que recebiam corretagens: primeiro com recurso à cláusula dos bons costumes[106] e, depois, à lealdade[107]. Ulteriormente, situações desse tipo foram sindicadas em termos óbvios[108].

A lealdade dos administradores veio absorver constelações de casos típicos[109]. Podemos referir as seguintes:

– o dever de neutralidade perante os diversos accionistas[110];
– os direitos preferenciais como parte da remuneração[111];

---

101 MARCUS LUTTER, *Das Girmes-Urteil*, JZ 1995, 1053-1056 (1054 ss.).

102 WIESNER, *Münchener Handbuch des Gesellschaftsrechts*, 2.ª ed., 3 (2003), § 17, III, Nr. 14 (150).

103 TOBIAS TRÄGER, *Treupflicht im Konzernrecht* (2000), 378 pp..

104 RG 23-Mai.-1919, RGZ 92 (1919), 53-57 (54).

105 BGH 11-Jul.-1953, BGHZ 10 (1953), 187-196 (192).

106 BGH 26-Mar.-1962, WM 1962, 578-579 (579/I).

107 BGH 9-Nov.-1967, BGHZ 49 (1968), 30-33 (31).

107 BGH 21-Dez.-1979, NJW 1980, 1629-1630 (1629-1630) e BGH 21-Fev.-1983, WM 1983, 498-500.

109 Em especial: THOMAS M. J. MÖLLERS, *Treuepflichten und Interessenkonflikte bei Vorstands- und Aufsichtsratsmitgliedern*, em HOMMEL-HOFF/HOPT/VON WERDER, *Handbuch Corporate Governance* (2003), 405-427 (414 ss.).

110 KLAUS J. HOPT, *Aktionärskreis und Vorstandsneutralität*, ZGR 1993, 534-566 (ainda que sem referir expressamente a lealdade).

111 UWE HÜFFER, *Aktienbezugsrechte als Bestandteil der Vergütung von Vorstandsmitgliedern und Mitarbeitern/gesellschaftsrechtliche Analyse*, ZHR 161 (1997), 214-245.

– as atitudes a tomar perante ofertas públicas de aquisição de que as respectivas sociedades sejam alvo[112];
– situações de conflitos de interesses com a sociedade[113];
– proibição de concorrência[114];
– apropriação das oportunidades de negócio da sociedade[115]: trata-se das *corporate opportunities*, enfatizadas pela CMVM, nas suas explicações relativas à reforma[116].

IV. Na derivação dogmática do dever de lealdade dos administradores surgem duas posições:

– uma, de tipo mais tradicional, que deriva a lealdade em causa da regra geral da boa fé, que, por essa via, seria concretizada[117];
– outra, mais societária, segundo a qual, na actuação dos administradores, estaria em causa uma gestão de bens alheios[118], a qual pressupõe uma específica lealdade[119].

Não vemos qualquer oposição. Precisamente por estarmos perante uma gestão de bens alheios, a boa fé – cuja acção, contra Möllers, não se limita aos contratos de troca – impõe uma actuação que transcenda os valores do próprio.

---

[112] MICHAEL KURT, *Rechte und Pflichten des Vorstands der Zielgesellschaft bei Übernahmeversuchen*, FS Marcus Letter 2000, 1421-1447 e KLAUS J. HOPT, *Verhaltenspflichten des Vorstands der Zielgesellschaft bei feindlichen Übernahmen*, *idem*, 1361-1400.

[113] MÖLLERS, *Treuepflichten und Interessenkonflikte* cit., 414 ss..

[114] *Idem*, 417.

[115] *Idem*, 419.

[116] Matéria, todavia, há muito divulgada no Continente; recordamos FRIEDRICH KÜBLER, *Erwerbschancen und Organpflichte/Überlegungen zur Entwicklung der Lehre von den "corporate opportunities"*, FS W. Werner (1984), 437-448 e, em termos comparatísticos: JOHANNES WEISSER, *Corporate opprtunities/zum Schutz der Geschäftschancen des Unternehmens im deutschen und im US-amerikanische Recht* (1991), 293 pp.. Cf., ainda, RAISER/VEIL, *Recht der Kapitalgesellschaften*, 4.ª ed. cit., § 14, Nr. 81 (167).

[117] HÜFFER, *Aktiengesetz* cit., 7.ª ed., § 93, Nr. 5 (485).

[118] Recorde-se o § 675 do BGB (*Geschäftsbesorgung*), a cujo propósito ocorre, de resto, um específico dever de lealdade: HARTWIG SPRAU, no *Palandt BGB* 65.ª ed. cit., § 675, Nr. 5 (1047).

[119] MÖLLERS, *Treuepflichten und Interessenkonflikte* cit., 409-410 e RAISER/VEIL, *Recht der Kapitalgesellschaften*, 4.ª ed. cit., § 14, Nr. 81 (167).

16. *A transposição para o Direito português*

I. A transposição dos deveres de lealdade para o Código das Sociedades Comerciais foi feita pelo Decreto-Lei n.° 76-A/2006, de 29 de Março. Recordamos os precisos termos em que isso ocorreu:

> 1. Os gerentes ou administradores da sociedade devem observar:
>
> (...)
>
> *b*) Deveres de lealdade, no interesse da sociedade, atendendo aos interesses de longo prazo dos sócios e ponderando os interesses dos outros sujeitos relevantes para a sustentabilidade da sociedade, tais como os seus trabalhadores, clientes e credores.

Já acima criticámos esta aproximação entre a lealdade e os numerosos interesses depois articulados: tomados à letra, eles retiram qualquer sentido útil ao preceito.

II. Por via doutrinária, poderemos fazer decorrer, dos deveres de lealdade aí prescritos, as concretizações há muito conhecidas: o dever de neutralidade; o dever de moderação na recolha de vantagens remuneratórias; a lisura perante OPAs; a não-actuação em conflitos de interesses; a proibição de concorrência; a não-apropriação das oportunidades de negócio da sociedade.

A sua base: a exigência do sistema (boa fé) perante o facto de estarmos em face de uma gestão de bens alheios. Um ponto é evidente: a lealdade é-o para com a sociedade: não para accionistas ou para *stakeholders*[120]. Quanto a estes, talvez pudesse valer o dever de cuidado. O legislador, todavia, inverteu os termos do problema.

V. **Os deveres de cuidado**

17. *A origem*

I. Os deveres de cuidado fizeram a sua aparição no Direito português das sociedades à última hora, através da reforma de 2006. Efectiva-

[120] Figuras que, de resto, se opõem: HOLGER FLEISCHER, *Shareholders v. Stakeholders: Aktien- und übernahmerechtliche Fragen*, em HOMMELHOFF/HOPT/VON WERDER, *Handbuch Corporate Governance* (2003), 129-155.

mente, eles não constavam do anteprojecto posto à discussão pública. E no competente texto, a CMVM chegou mesmo a adiantar[121]:

> Merece, neste contexto, proceder a uma explicitação dos deveres de lealdade dos administradores, dado que o regime nacional apenas refere, em termos gerais, a subordinação a critérios de diligência (art. 64.°). Com efeito, os deveres de diligência (*duties of care*) – que se reportam, genericamente, ao desenvolvimento de um esforço adequado (designadamente informativo) e a uma correcção técnica da actuação dos administradores, segundo critérios de racionalidade económica – devem ser complementados pela explícita alusão aos deveres de lealdade dos administradores.

Portanto, se bem se entende: a CMVM julgava, então, bastante a referência a deveres de lealdade, além do já existente critério de diligência. Todavia: o peculiar estilo de, entre parênteses, ir escrevendo em inglês o que vai dizendo em vernáculo, leva a pensar que, já então, a CMVM tinha em vista não propriamente a diligência mas antes os *duties of care* ou deveres de cuidado. Uma melhor meditação explicará a actual alínea *a*) do artigo 64.°/1, com a sua referência aos deveres de cuidado.

II. No Direito inglês, o dever de cuidado ocorre no domínio da responsabilidade civil por negligência: ninguém incorre, aí, em condenação se não ficar estabelecido que violou tal dever. Todavia, o dever de cuidado assume, depois, diversas especializações. Assim sucede no domínio do Direito do trabalho, onde o dever de cuidado, a cargo do empregador, se aproxima do dever patronal de assistência[122] e no Direito da família, onde pode abranger os nossos alimentos[123].

No tocante aos administradores, o dever de cuidado inglês apresenta-se como uma medida de diligência requerida para o exercício regular das suas funções[124]. Contudo, é no Direito norte-americano que ele dá azo a maiores desenvolvimentos[125]. O dever de cuidado, também próprio da responsabilidade por negligência, abrange:

---

[121] CMVM, *Governo das sociedades anónimas* cit., 16.

[122] RICHARD W. PAINTER/ANN E. M. HOLMES, *Cases and Materials of Employment Law*, 4.ª ed. (2002), 157 ss..

[123] Mais latamente: o dever de assistência dentro da Família.

[124] TERENCE PRIDE/GARY SCANLAN/RICHARD MARTINDALE, *The Law of Private Limited Companies* (1996), 113-116, com indicação dos casos mais relevantes.

[125] FRANKLIN A. GEVURTZ, *Corporation Law* (2000), 274-320, com muitas indicações.

– a desatenção: é responsável o administrador que não siga os negócios da sociedade, desacompanhando-a;
– a condenação perante o *business judgement rule*: este estabelece um estalão de grave negligência.

III. O porquê de uma regra de cuidado especial para os administradores leva a uma clássica discussão. Efectivamente, o cuidado que lhes é exigido fica aquém do requerido aos cidadãos comuns. Entre os argumentos referidos surge a necessidade de não suprimir o risco do negócio, base de qualquer progresso[126].

Em suma: sob a especial técnica anglo-saxónica – que não separa a ilicitude da culpa – o dever de cuidado exprime as regras de conduta e a carga de não-censura necessárias no exercício das funções de administrador para que ele não incorra em responsabilidade negligente.

Para além dos casos judiciais concretos em que ele se exprima, não encontramos fórmulas precisas para o dever de cuidado, no Direito das sociedades.

18. *A transposição para a lei portuguesa*

I. A existência da especial categoria anglo-saxónica dos deveres de cuidado era há muito conhecida, tendo originado interessantes estudos de Direito comparado[127]. Mais recentemente, ela aparece contraposta aos deveres de lealdade, em termos que também ocuparam os comparatistas[128]. Torna-se evidente que não é de todo possível transpor a técnica anglo-saxónica de decisão para um Direito continental. Uma mera tradução de locuções não potencia, pois, qualquer transposição.

---

[126] *Idem*, 289.

[127] Recordemos: ROLF LANG, *Normzweck und duty of care/eine Untersuchung über die Grenzen der Zurechnung im deutschen und anglo-amerikanischen Deliktsrecht* (1983), 320 pp..

[128] Em especial: THOMAS E. ABELTSHAUSER, *Leitungshaftung im Kapitalgesellschaftsrecht/Zu den Sorgfalts- und Loyalitätspflichten von Unternehmensleitern im deutschen und im US-amerikanischen Kapitalgesellschaftsrecht* (1998), 49 ss., 111 ss., 271 ss. e 334 ss..

II. O legislador de 2006, ao referir os deveres de cuidado, especificou:

- a disponibilidade;
- a competência técnica;
- o conhecimento da actividade da sociedade.

Realmente, alguns destes elementos surgem nas exposições britânicas, a propósito dos deveres de cuidado[129]. Trata-se, nos termos apontados, de deveres que acompanham a actuação do administrador, prevenindo situações de negligência. Apresentam um grau de abstracção muito elevado, a concretizar nos meandros da *case Law*: estranha ao nosso Direito.

III. Não parece fácil a ligação feita entre os deveres de cuidado, típicos do *Negligence Law* e a bitola do gestor criterioso e ordenado, constante do final do artigo 64.°/1, *a*). Aparentemente, esses dois elementos dizem o mesmo: um em linguagem "anglo-saxónica" e outro em termos continentais.

Também não se entende porque inserir, no artigo 64.°, um claro elemento de responsabilidade civil: seria lógico colocar tal norma – a ser necessária! – no artigo 72.°. Aliás: no n.° 2 deste último surge-nos, agora, o *business judgement rule*.

Finalmente: a bitola da diligência, que antes acompanhava *todos* os deveres dos administradores, parece agora confinada aos deveres de cuidado: não é brilhante.

Como saída interpretativa: teremos de esquecer as origens bizarras do artigo 64.°/1, *a*), úteis apenas para fins expositivos, de clarificação e de crítica ao procedimento legislativo. Essa alínea deverá ser interpretada no seu conjunto, exprimindo a boa velha (e sempre útil) bitola de diligência, acompanhada por algumas precisões.

VI. **O governo das sociedades**

19. *Aspectos gerais*

I. A concluir as análises sectoriais convenientes para o conhecimento da matéria, cumpre referir o tema da *corporate governance*.

---

[129] No Direito norte-americano, ABELTSHAUSER, *Leitungshaftung* cit., 111 ss..

À letra, *corporate governance* traduzir-se-ia por governo societário. Em português do Brasil, usa-se o termo governança corporativa[130]. Os puristas franceses recorrem a *governement d'entreprise* ou *governement des sociétés*, explicando tratar-se de *corporate governance*[131]. Esta última expressão, no anglo-americano de origem, é utilizada, sem problemas, pelos comercialistas alemães[132]. Se pretendermos introduzir uma locução correcta em vernáculo, deveria ser "regras sobre a gestão das sociedades" ou "das empresas", uma vez que a *corporate governance* não se aplica, apenas, a sociedades. Dado que a *corporate governance* não equivale, como veremos, a uma noção do mundo do Direito, abdicaremos da sua correcta tradução em português: ficamo-nos por "governo das sociedades".

II. A *corporate governance* não é definível em termos jurídicos: abrange um conjunto de máximas válidas para uma gestão de empresas responsável e criadora de riqueza a longo prazo, para um controlo de empresas e para a transparência[133]. Podemos dizer que ficam abrangidas:

- verdadeiras regras jurídicas societárias, como sucede com o artigo 64.° e com os preceitos relativos à prestação de contas;
- regras gerais de ordem civil e deveres acessórios, também de base jurídica;
- princípios e normas de gestão, de tipo económico e para as quais, eventualmente, poderão remeter normas jurídicas;
- postulados morais e de bom senso, sempre susceptíveis de interferir na concretização de conceitos indeterminados.

---

130 Cf. Herbert Steinberg e outros, *A dimensão humana da governança corporativa* (2003), 225 pp., onde podem ser confrontadas outras obras com títulos similares. Entre nós, introduziu-se "governo das sociedades"; cf. Paulo Câmara, *O governo das sociedades em Portugal: uma introdução*, CadMVM 12 (2001), 45-55.

131 Philippe Merle, *Droit commercial/Sociétés commerciales*, 9.ª ed. (2003), 274-275.

132 Kuno Rechkemmer, *Corporate Governance* (2003), 175 pp. e a obra maciça de Peter Hommelhoff/Kraus J. Hopt/Axel von Weder, *Handbuch Corporate Governance* (2003), 950 pp., com múltiplas indicações.

133 Karsten Schmidt, *Gesellschaftsrecht*, 4.ª ed. cit., 767. Veja-se o preâmbulo do *Deutscher Kodex*, AG 2002, 236, bem como a pré-notação de Axel von Weder, no *Kodex-Kommentar* de Henrik-Michael Ringleb e outros (2003), 11 ss..

III. A ideia de *corporate governance* veio dos Estados Unidos[134] visando, por um lado, dar corpo à agressiva actuação dos gestores locais e, por outro, moralizar essa actuação, tornando-a mais responsável. Nos Estados Unidos – muito mais do que na Europa – recorre-se ao financiamento do mercado mobiliário. A imagem das empresas e a forma por que elas sejam geridas têm, assim, uma grande importância.

Os resultados mobiliários relativamente modestos que se vêm obtendo na Europa levaram os estudiosos a olhar além-Atlântico, procurando novas regras de gestão.

IV. A *corporate governance* tem vindo a ser acolhida nos diversos países, dando corpo a regras adoptadas por instituições empresariais representativas ou a recomendações de entidades públicas ou de supervisão[135]. Impõe-se, já hoje, um trabalho comparativo[136], com referências europeias[137]. Surgem estudos de *Corporate Governance* por sectores, com relevo para o campo mobiliário[138]. Ocorrem novos problemas[139].

---

[134] Trata-se de uma ideia que remonta aos anos 30 do séc. XX, tendo sido exposta por BERLE e MEANS; inicialmente, ela pretendeu enfrentar o facto da dissociação entre o capital e os gestores profissionais: como garantir que estes se mantivessem ao serviço dos interesses dos titulares das empresas? Cf. CHRISTOPH TEICHMANN, *Corporate Governance in Europa*, ZGR 2001, 645-679 (646). Mais tarde, houve preocupações juridificadoras mais intensas, sendo de salientar os *Principles of Corporate Governance* publicados, em 1994, pelo *American Law Institut*. Hoje há mais de 10.000 títulos disponíveis, nos Estados Unidos, sobre *corporate governance* e temas conexos.

[135] Retenham-se os *princípios* aprovados pela OCDE em 1988; cf. ULRICH SEIBERT, *OECD Principles of Corporate Governance – Grundsätze der Unternehmensführung und Kontrolle für die Welt*, AG 1999, 337-350 (340 ss.), com uma ideia sobre o seu conteúdo.

[136] Cf. GIOVANNI FIORI, *Corporate Governance e qualità dell'informazione esterna d'impresa* (2003), 77 ss., confrontando os mecanismos dos EEUU, do Reino Unido, da França e da Alemanha.

[137] STEFAN GRUNDMANN/PETER O. MÜLBERT, *Corporate Governance/Europäische Perspektiven*, ZGR 2000, 215-223, KLAUS J. HOPT, *Gemeinsame Grundsätze der Corporate Governance in Europa?*, ZGR 2000, 779-818, que referindo uma certa aproximação entre o *Common Law* e o *Civil Law*, acaba por responder mais pela positiva à questão que coloca (ob. cit., 780 e 818) e MARCUS LUTTER, *Das Europäische Unternehmensrecht im 21. Jahrhundert*, ZGR 2000, 1-18 (17).

[138] HANNO MERKT, *Zum Verhältnis von Kapitalmarktrecht und Gesellschaftsrecht in der Diskussion um die Corporate Governance*, AG 2003, 126-136, referenciando diferenças com os EEUU. Cf. SIEGFRIED UTZIG, *Corporate Governance, Shareholder Value und Aktienoptionen – die Lehre aus Enron, WorldCom und Co*, Die Bank 2002,

A publicação, na Alemanha, do *Deutsche Corporate Governance Kodex*, de 26-Fev.-2002[140] deu um alento especial à matéria, multiplicando-se as publicações especializadas[141]. As disposições do *Kodex* não são, por si, Direito vigente, embora por vezes retomem (ou fiquem aquém) de normas jurídicas. Após o escândalo ENRON[142], nos Estados Unidos, assistiu-se a um novo surto na matéria[143]. Perguntam os Autores se estaremos perante uma permanente reforma do Direito das sociedades, particularmente das anónimas[144].

20. ***O papel na reforma***

I. A grande vantagem do governo das sociedades é a sua natureza não legalista. Lidamos com regras flexíveis, de densidade variável, adaptáveis a situações profundamente distintas e que não vemos como inserir num Código de Sociedades Comerciais. De resto: não temos conhecimento de, em qualquer País, se ter seguido tal via.

594-597 e, entre nós, CARLOS ALVES/VICTOR MENDES, *As recomendações da CMVM relativas ao Corporate Governance e a Performance das sociedades*, CMVM 12 (2001), 57-88.

139 P. ex.: GERALD SPINDLER, *Internet und Corporate Governance – ein neuer virtueller (T) Raum? Zum Entwurf des NaStraG*, ZGR 2000, 420-455.

140 Publicado pelo *Kodex-Kommission*; o texto pode ser visto em AG 2002, 236-239. Uma especial referência: HENRIK-MICHAEL RINGLEB/THOMAS KREMER/MARCUS LUTTER/AXEL VON WERDER, *Kommentar zum Deutschen Corporate Governance Kodex* (2003), 308 pp..

141 MARTIN PELTZER, *Deutsche Corporate Governance/Ein Leitfaden* (2003), 143 pp., rec. THOMAS KREMER, AG 2003, 280, HANS FRIEDRICH GELHAUSEN/HENNING HÖNSCH, *Deutscher Corporate Governance Kodex*, AG 2002, 529-535, OLAF EHRHARDT/ERIC NOWAK, *Die Durchsetzung von Corporate Governance*, AG 2002, 336-345, CHRISTOPH H. SEIBT, *Deutscher Corporate Governance Kodex und Entsprechens-Erklärung (§ 161 AktG-E)*, AG 2002, 249-259.

142 A ENRON era um conglomerado norte-americano que, subitamente, declarou bancarrota; verificou-se que os números haviam sido manipulados, por forma a disfarçar somas astronómicas de prejuízos; rebentaram, ainda, outros escândalos: WorldCom, Global Crossing, Adelphia e Tyco, como exemplos.

143 MAXIMILIEN SCHIESSL, *Deutsche Corporate Governance post Enron*, AG 2002, 593-604.

144 ULRICH SEIBERT, *Aktienrechtsreform in Permanenz?*, AG 2002, 417-420 (419-420).

II. De todo o modo, o governo das sociedades é um tema do nosso tempo[145]. Fortemente impressivo, pela nota norte-americana de modernidade que comporta, o governo das sociedades não podia deixar de ser arvorado, pelo legislador, em bandeira de reforma. O seu papel acabou, todavia, por ser modesto: quedou-se pela reforma do artigo 64.°, com todos os óbices e desafios que temos vindo a assinalar.

VII. **A reconstrução do preceito**

21. ***Síntese dos seus elementos***

I. Cabe, agora e ainda que a título de ensaio, empreender a reconstrução do artigo 64.°: à luz do Direito português ao qual – bem ou mal – ele passa a pertencer e de acordo com os cânones interpretativos que mandam atender à lei, mesmo quando obscura (8.°/1 do Código Civil). Aliás, o legislador goza de presunções de acerto e de adequação (9.°/3), às quais nos submetemos.

II. Em sede de síntese, diremos que o artigo 64.°/1, tal como saiu da pena do legislador de 2006, é uma justaposição de massas jurídicas de origens e tempos diversos. Assim, temos:

- uma massa portuguesa tradicional: a diligência do gestor criterioso e ordenado;
- uma massa alemã: os deveres de lealdade;
- uma massa europeia: o interesse da sociedade e a referência aos interesses dos sócios e dos trabalhadores;
- uma massa anglo-saxónica: a contraposição cuidado/lealdade; os deveres de cuidado com algumas especificações e a referência aos *stakeholders*.

III. A epígrafe do artigo 64.° é enigmática: os deveres fundamentais dos administradores prendem-se com os de gestão e de representação; não com as subtilezas desse preceito.

Todavia, tentaremos emprestar-lhe um sentido útil.

---

[145] Cf. o importante *Livro Branco sobre Corporate Governance em Portugal* (2006), 192 pp., org. ARTUR SANTOS SILVA e outros.

22. *Normas de conduta*; a) *Deveres de cuidado*

I. O primeiro ponto a esclarecer será o seguinte: o artigo 64.°/1 compreende regras de responsabilidade civil ou normas de conduta? Directamente, pretende reger a actuação dos administradores ou fixar consequências no caso de violação de (outras) normas?

Esquecendo o *negligence law*, estamos perante normas de conduta. Sistematicamente, o artigo 64.° está desligado dos preceitos relativos à responsabilidade dos administradores. A própria epígrafe, conquanto que exagerada, aponta, também, no mesmo sentido. Finalmente: tal como estão articulados, os deveres de cuidado – melhor seria: de procedimento – e de lealdade são mesmo normas de conduta. Quando violadas, teremos de fazer apelo a outras regras – culpa, ilicitude, dano e causalidade, entre outras – para determinar uma eventual responsabilidade civil.

II. Esclarecido esse ponto, passemos aos deveres de cuidado. Tais deveres parecem reportar à disponibilidade, à competência técnica e ao conhecimento da sociedade. Na realidade, estes três elementos constituem outros tantos deveres, que explicitam, em moldes não taxativos, o teor do tal "cuidado". Se procurarmos generalizar encontramos o conteúdo positivo da gestão. Ou seja: os administradores devem gerir com cuidado, o que implica, designadamente, a disponibilidade, a competência e o conhecimento.

Trata-se de matéria a clarificar caso a caso. Donde a referência: "adequados às suas funções". A partir daqui jogaram os códigos de governo das sociedades.

23. *Segue*; b) *Deveres de lealdade e interesses a atender*

I. Seguem-se os deveres de lealdade. Abreviando, podemos considerar que se trata de deveres fiduciários, que recordam estar em causa a gestão de bens alheios. Os administradores são leais na medida em que honrarem a confiança neles depositada. Ficam envolvidas as clássicas proibições já examinadas: de concorrência, de aproveitamento dos negócios, de utilização de informações, de parcialidade e outros. Ainda a mesma lealdade exige condutas materialmente conformes com o pretendido: não meras conformações formais.

II. A lealdade que se impõe é-o, naturalmente: à sociedade o que é dizer, aos sócios, mas em modo colectivo. As referências aos interesses de longo prazo dos sócios e aos dos *stakeholders* – especialmente, trabalhadores, clientes e credores – só podem ser tomadas como uma necessidade de observar as competentes regras. Para além delas, os administradores estão ao serviço da sociedade: ou a pretendida competitividade das sociedades portuguesas será uma completa miragem. Quanto aos sócios e aos interesses a curto, a médio e a longo prazo: teremos de fazer apelo às regras (diversificadas) do governo das sociedades para dispor de um quadro inteligível e, eventualmente: de critérios de decisão. O artigo 64.°/1, *b*), embora rico, nunca poderia resolver tal nó górdio. A referência legal vale, pois, como uma prevenção e como um novo apelo aos códigos de *corporate governance*.

24 *A bitola de diligência*

I. A bitola de diligência, apesar de desgraduada para o final do artigo 64.°/1, *a*), conserva todo o seu relevo. Desde logo, em termos literais: "nesse âmbito" – portanto: o âmbito em que os administradores devem empregar a diligência de um gestor criterioso e ordenado – reporta-se às "suas funções": não apenas aos deveres de cuidado. Obviamente: o administrador deve ser diligente na execução de *todos* os seus deveres e não, apenas, nos de cuidado.

II. A diligência, enquanto medida objectiva e normativa do esforço exigível, mantém-se, tudo visto, como uma regra de conduta incompleta: mas regra que dobra todas as outras, de modo a permitir apurar a efectiva actuação exigida aos administradores.

25. *Os limites do legislador*

I. O que retirar da aventura legislativa que deu corpo ao actual artigo 64.°? Na fase da consulta pública, tivemos a oportunidade de criticar a projectada reforma do artigo 64.°: reforma essa que, então, ficava bastante aquém do que (sem qualquer consulta) acabaria por vir a público, no diploma final inserido em *Diário da República*. Por duas razões básicas:

- de oportunidade;
- de fundo.

Comecemos pela oportunidade. Na sua versão original, o artigo 64.° consagrava, na tradição de Raúl Ventura, o dever geral de diligência dos administradores. Ninguém poderia afirmar que tal regra estava ultrapassada ou era insuficiente. Antes haveria que prosseguir no seu aprofundamento: uma tarefa de décadas. Em preceitos deste tipo não se toca. A sua densificação é doutrinária e jurisprudencial. Fazê-lo equivaleria a querer complementar, por exemplo, o artigo 334.° do Código Civil (abuso do direito). Só complica.

No que tange ao fundo: censurámos, na época, a justaposição do dever de diligência aos deveres de lealdade, por se tratar de realidades dogmáticas distintas.

O legislador – que tem o privilégio de decidir sem nada ter de explicar – não atendeu às objecções em causa. Pelo contrário: veio ainda agravar as dissonâncias, acrescentando toda uma série de novos elementos díspares. Como vantagens: evitou o lapso maior que era a tal justaposição lealdade/diligência. Quanto ao resto, vale o desenvolvimento anterior. Com uma constatação: mantemos o Direito das sociedades mais complicado da Europa.

II. O mal está feito: com ele teremos de viver. Mas independentemente da crítica legislativa, podemos aproveitar o novo preceito como factor de enriquecimento do nosso Direito das sociedades.

Torna-se porém oportuno reflectir um pouco sobre os limites da actuação legislativa.

O Direito não é um conjunto de leis. Tanto quanto se sabe, surge antes como uma Ciência destinada a resolver casos concretos. Enquanto Ciência, o Direito assume uma lógica interna: trata o igual de modo igual e o diferente de forma diferente, de acordo com a medida da diferença. Além disso, fá-lo em termos firmes e consequentes, de tal modo que, perante um problema, real ou hipotético, seja previsível a solução. Da cientificidade do Direito retiramos, desde já, dois corolários: a adequação e a previsibilidade.

O Direito é, ainda, uma realidade histórico-cultural. As suas proposições e o seu encadeamento não são obra de nenhum legislador, particularmente no Direito privado: antes decorrem de paulatina evolução jurídico-científica.

III. O legislador tem o poder. Mas deve saber resistir a usá-lo para demonstrar Ciência ou para exarar na lei esquemas de estudo académico.

Cabe-lhe fixar comandos claros, perceptíveis, úteis e consequentes, privilegiando normas práticas às (meras) construções teóricas. Estas são tarefa de todos os juristas, incluindo os peritos que aconselharam o legislador: mas não do próprio legislador, enquanto tal.

A *BUSINESS JUDGMENT RULE* NO QUADRO DOS DEVERES GERAIS DOS ADMINISTRADORES

MANUEL A. CARNEIRO DA FRADA* **

SUMÁRIO: *1. Introdução: a* business judgment rule *no quadro dos deveres dos administradores. 2. A decomposição analítica da diligência na nova redacção do artigo 64 do Código das Sociedades Comerciais. 3. O dever típico do administrador: deveres de cuidado* vs. *dever de administrar. 4. O dever de lealdade e a troca de referentes: elementos para a sua correcta construção dogmática. 5. (cont.) Sobre os interesses a que a administração social deve atender. 6. A responsabilidade civil por violação dos deveres do administrador e a* business judgment rule. *7. A* business judgment rule *como causa de exclusão da responsabilidade. 8. (cont.) A conjugação com o artigo 72, n.º 1. 9. A ilicitude como quadrante fundamental da* business jugment rule. *10. O conteúdo da* business judgment rule. *11. Eficácia da* business judgment rule *face a terceiros? 12. Uma palavra conclusiva sobre unidades de discurso, direito comparado e ideal da codificação.*

---

* Doutor em Direito. Professor da Faculdade de Direito do Porto e na Universidade Católica Portuguesa.

** O texto seguinte baseia-se nas notas que orientaram a intervenção do autor nas Jornadas de Direito das Sociedades Comerciais que, promovidas pela Faculdade de Direito da Universidade de Lisboa e pela CMVM, tiveram lugar, imediatamente antes da entrada em vigor da lei modificativa do Código das Sociedades Comerciais, no passado dia 25 de Junho de 2006.

Está o ensaio, por isso, desprovido de amplas referências bibliográficas.

A literatura portuguesa entretanto surgida não é, pela mesma razão, considerada senão pontualmente. Com evidente interesse para a matéria em causa indica-se, em qualquer caso, MENEZES CORDEIRO, *Deveres fundamentais dos administradores*, ROA 66 (2006), 443 ss, CALVÃO DA SILVA, *"Corporate Governance" – Responsabilidade civil de*

1. Introdução: a *business judgment rule* no quadro dos deveres dos administradores

Propomo-nos reflectir sobre a regra comummente conhecida por "business judgment rule" no quadro, mais amplo, dos deveres do administrador. A ocasião é proporcionada pela sua recente introdução no nosso direito, atenta a redacção que o Decreto-Lei n.º 76-A/2006, de 29 de Março, veio conferir, em particular, ao artigo 72, n.º 2 do Código das Sociedades Comerciais[1].

De acordo com este preceito, a responsabilidade do administrador ou gerente é excluída se "provar que actuou em termos informados, livre de qualquer interesse pessoal e segundo critérios de racionalidade empresarial".

Como facilmente se compreende, o teor, sentido e alcance desta regra só se apura perante o pano de fundo que constituem os deveres dos administradores. Importa, por isso, situar convenientemente o tema em referência: considerando e avaliando, para tanto, o impulso reformador que também atingiu a regulação geral dos deveres dos administradores constante do artigo 64 do CSC.

O objectivo ultrapassa contudo, largamente, o de contribuir para uma primeira apreciação desta modificação legislativa. Há estruturas nucleares do entendimento dos deveres dos administradores cuja validade não depende estritamente da forma como eles foram historicamente positivados. Também a *business judgment rule* constitui uma resposta ao problema do critério e da fronteira da sindicabilidade jurídica da actividade dos administradores em alguma medida independente da forma como foi consagrada pelo legislador, muito embora numa matéria deste tipo as opções da lei tenham também um papel decisivo.

---

administradores não executivos, da comissão de auditoria e do conselho geral de supervisão, RLJ 136 (Set./Out. 2006), 31 ss, COUTINHO DE ABREU, *Governação das sociedades comerciais*, Coimbra, 2006, PEREIRA DE ALMEIDA, *Sociedades comerciais*, 4.ª edição, Coimbra, 2006, 219 ss, PAULO OLAVO CUNHA, *Direito das Sociedades Comerciais*, 2.ª edição, Coimbra, 2006, 454 ss, 608 ss, 692 ss, GABRIELA FIGUEIREDO DIAS, *Fiscalização de sociedades e responsabilidade civil*, Coimbra, 2006, PAULO CÂMARA, Corporate Governance *e a reforma do Código das Sociedades Comerciais*, Porto, 2007 (a aguardar publicação), e RICARDO COSTA, *Responsabilidade dos administradores e* business judgment rule, Coimbra, 2006 (a aguardar publicação).

[1] Doravante, CSC.

Como em muitas outras matérias, as questões jurídicas envolvidas no nosso tema são prévias em relação às respostas do legislador. E o leque de possibilidades de que este dispõe para as resolver apresenta-se limitado, atentos referentes gerais que o vinculam e dentro dos quais tem de conformar essas suas respostas. Por isso, muitas das conclusões a que se chegará projectam-se seguramente para além do plano do direito legal vigente, apontando para um horizonte de entendimento do tema mais estável e perene.

Não vai, por conseguinte, expor-se com pormenor toda a temática implicada pelos preceitos do CSC envolvidos. Mas não pode deixar desde já de salientar-se que as novas orientações da lei versam aspectos nevrálgicos, tanto da configuração dos deveres dos administradores, como do respectivo regime de responsabilidade.

2. A decomposição analítica da diligência na nova redacção do artigo 64 do Código das Sociedades Comerciais

O artigo 64 do Código das Sociedades Comerciais proclama hoje, sob a (nova) epígrafe "Deveres fundamentais", que:

> 1. Os gerentes ou administradores da sociedade devem observar:
>
> *a*) Deveres de cuidado, revelando a disponibilidade, a competência técnica e o conhecimento da actividade da sociedade adequados às suas funções e empregando nesse âmbito a diligência de um gestor criterioso e ordenado; e
>
> *b*) Deveres de lealdade, no interesse da sociedade, atendendo aos interesses de longo prazo dos sócios e ponderando os interesses dos outros sujeitos relevantes para a sustentabilidade da sociedade, tais como os seus trabalhadores, clientes e credores.
>
> 2. Os titulares de órgãos sociais com funções de fiscalização devem observar deveres de cuidado, empregando para o efeito elevados padrões de diligência profissional e deveres de lealdade, no interesse da sociedade.

Verifica-se facilmente que o dever de diligência do administrador criterioso e ordenado em torno do qual o artigo 64 estava inicialmente construído deu lugar a uma distinção entre, no dizer da lei, deveres de cuidado e deveres de lealdade. Este esforço analítico tentado pelo legislador no que toca àquilo que há-de exigir-se dos administradores – adiante-se já, de forma que não pode considerar-se lograda –, teve como consequência a deslocação, por referência ao direito revogado, do papel da diligência na construção do regime jurídico da responsabilidade.

Na verdade, considerando a versão originária do artigo 64, a diligência do gestor criterioso e ordenado constituía o principal elemento caracterizador dos deveres que sobre ele impendiam, e, com ele, o principal padrão de aferição da licitude/ilicitude da conduta do administrador, ao passo que agora esse papel é atribuído aos deveres de cuidado e de lealdade.

A diligência descrevia portanto deveres: permitia, nessa medida, a formulação autónoma, em torno dela, de um juízo de desconformidade da conduta dos administradores para efeito de responsabilidade. O artigo 64 não era, de acordo com este entendimento, uma simples norma definitório-descritiva ou de enquadramento formal-sistemático: tinha conteúdo normativo próprio. Embora fosse uma proposição incompleta, já que não tinha acoplada qualquer sanção para a violação dos deveres do administrador[2].

Aparentemente, a actual referência, no artigo 64, n.º 1, *a*), à "diligência do gestor criterioso e ordenado" aponta, por contraste, uma aproximação à perspectiva tradicional – conquanto não inequívoca –, segundo a qual a diligência não é um critério da ilicitude, mas sim da culpa (cfr. o n.º 2 do artigo 487 do Código Civil). De facto, a ilicitude da conduta do administrador tem hoje – depois da alteração legislativa – de descrever-se, primordialmente, como violação de deveres de cuidado ou de lealdade. Do ponto de vista da sempre desejável congruência técnica e dogmática com o direito comum, a "diligência" não deveria, nesta ordem de ideias, ser usada para descrever o próprio teor da conduta a que alguém está típica ou objectivamente adstrito (como todavia ocorria inequivocamente na versão inicial do artigo 64). Pode dizer-se que a reforma se aproxima deste desiderato. Mas não o segue até ao fim, o que ajuda a compreender que apenas a al. *a*) do n.º 1 do artigo 64 faça hoje referência à diligência. Porque, enquanto mero critério de culpa, a diligência teria sem dúvida de ser convocada também pela al. *b*).

De facto, pensamos que a "diligência do gestor criterioso e ordenado" contém ainda (também) um critério especificador de conduta objec-

---

[2] O entendimento que perfilhávamos não era, porém, pacífico, designadamente perante a concepção de que o artigo 64 constituía uma mera norma de enquadramento, requerendo a responsabilidade a infracção de regras específicas legais ou contratuais. Cfr. o nosso *Responsabilidade Civil/O método do caso*, Coimbra, 2006, 118-119.

tivamente exigível do administrador pelo artigo 64, n.º 1, *a*). Assim, a expressão continua a indicar um elemento concorrente para o juízo de ilicitude, ainda que actualmente com um papel mais modesto, complementar e de última linha, face à descrição de pendor analítico das adstrições dos administradores.

A oscilação da diligência entre a ilicitude e a culpa compreende-se bem à luz da destrinça doutrinária entre a diligência objectiva e a diligência subjectiva – ou entre a diligência "exterior" e a diligência "interior" – que faz também carreira na doutrina germânica[3]. Sabe-se que o campo da ilicitude e da culpa é móvel, e que quanto maior for o espaço e as exigências de uma delas, menor é o campo da outra. Ilicitude e culpa são dois crivos de apreciação da conduta para efeito de responsabilidade. A sua fronteira guarda uma relação muito estreita com a distribuição do ónus da argumentação e da prova no juízo de responsabilidade.

Tudo se torna mais claro com a consideração de que há uma razão para que o legislador tenha usado a diligência apenas na al. *a*) do n.º 1 do artigo 64. É esta: a lealdade devida pelo administrador encontrava-se claramente para além do campo da "diligência do gestor criterioso e ordenado" do anterior direito e não era, por isso, *apertis verbis* contemplada na anterior versão do preceito. A lealdade não se encontrava, de facto, positivada como dever geral: tinha afloramentos díspares no CSC, beneficiava de concretizações importantes no direito da insolvência[4], mas precisava de ser construída enquanto objecto de uma adstrição genérica dos administradores. Hoje, o panorama mudou, louvavelmente, e a lei proclama-a, como é merecido. Aquilo a que se conexiona a diligência são, essencialmente, os deveres de cuidado. Há, neste ponto, uma certa continuidade com o anterior direito.

Saliente-se, por fim, a discrepância legal, nada fácil de justificar, entre a "diligência do gestor criterioso e ordenado" exigível dos administradores e a diligência profissional dos titulares de órgãos sociais com funções de fiscalização (a que se refere o artigo 64, n.º 2).

Não é desejável a introdução sectorial ou a multiplicação avulsa de padrões particulares de diligência. Claro que a função pedagógica da lei

---

[3] Cfr. já, *v.g.*, LARENZ, *Lehrbuch des Schuldrechts*, I, 14.ª edição, München, 1987, com referência à distinção de DEUTSCH entre a *innere Sorgfältigkeit* e a *äussere Sorgfältigkeit*.

[4] O ponto não tem sido relevado. Para ele alertámos em *A responsabilidade dos administradores na insolvência*, ROA 66 (2006), 677 ss.

ajuda a compreendê-lo. Mas, se assim é, pergunte-se porque não se consagrou também este critério da "elevada diligência profissional" para o dever de administrar. Será viável ou oportuno destrinçar-se para o efeito entre a administração e a fiscalização das sociedades?

3. O dever típico do administrador: deveres de cuidado *vs.* dever de administrar

Apesar do esforço, a intervenção legislativa no artigo 64 não logrou de forma alguma exprimir adequadamente aquilo que constitui a obrigação típica do administrador. O dever de prestar que confere individualidade, tipicidade e unidade à situação do administrador é, singelamente, o dever de administrar[5]. É ele que define o teor da relação de administração societária e que a contradistingue de outras relações (independentemente do modo de conceber a fonte dessa relação[6]).

Não há aqui redundância "lapalissiana". A obrigação de administrar representa um conceito-síntese (*Inbegriff*). Ela é decomponível em diversos deveres em função da necessidade de concretização (legal ou jurisprudencial) em circunstâncias típicas e de modo a preencher correspondentes necessidades dogmáticas; sempre, com atenção àquilo que constituem as possibilidades diferenciadoras da linguagem. A sua índole

---

[5] Importa no entanto enquadrar devidamente esta afirmação. Tirando ela partido, desde logo, da linguagem, também se pode dizer, com igual propriedade, que o dever do gerente é o de gerir a sociedade. Por outro lado, evidentemente que a lei pode usar outras descrições. Só que, além da duplicação de linguagens que então se instaura, no caso concreto o legislador (do CSC) não logrou exprimir-se bem.

[6] Por exemplo, o contrato ou a designação (seguida ou não de uma contratualização). Sobre este ponto, cfr., de modo especial, MENEZES CORDEIRO, *Da Responsabilidade Civil dos Administradores das Sociedades Comerciais*, Coimbra, 1996, 335 ss.

Centrando-se também no dever de administrar, pode ver-se, com desenvolvimento, ELISABETE RAMOS, *Responsabilidade civil dos administradores e directores de sociedades anónimas perante credores sociais*, Coimbra, 2002, 65 ss, 77 ss.

O dever de gerir ou de gestão constitui, de resto, uma outra forma de exprimir o dever de administrar. Ele é igualmente corrente na doutrina, tendo também em conta que a lei se lhe refere. *Vide*, *v.g.*, RAUL VENTURA/BRITO CORREIA, *Responsabilidade civil dos administradores de sociedades anónimas e dos gerentes de sociedades por quotas*, BMJ 192 (1970), 5 ss, *passim*, VASCO DA GAMA LOBO XAVIER, *Anulação de Deliberação Social e Deliberações Conexas*, Coimbra, 1975, *passim*, ou PEDRO MAIA, *Função e funcionamento do conselho de administração da sociedade anónima*, Coimbra, 2002, *passim*.

corresponde, no essencial, à de uma posição jurídica compreensiva, passiva, relativa[7]. Enquanto tal, pode perfeitamente comportar no seu seio, não só deveres ou outras situações passivas mais simples, mas elementos activos, como, *v.g.*, a faculdade de informação (de exigir e obter informação), precisamente uma daquelas que maior importância tem no contexto da *business judgment rule* a analisar: os poderes dos administradores são funcionais e ordenam-se ao cumprimento da obrigação de administrar.

O agregado dos deveres próprios dos administradores constitui, portanto, a obrigação de administrar. Nenhuma decomposição da posição dos administradores infirma, por si, esta realidade.

A preocupação analítica que norteou o legislador, embora justificável e compreensível, não conduziu porém a um resultado feliz. Na verdade, o dever de administração acabou reduzido a meros "deveres de cuidado", o que não representa a mesma coisa.

O cuidado é, ordinariamente, apenas um modo-de-conduta. O dever de cuidado não exprime, portanto, em regra, qualquer dever de prestar, e muito menos um dever de prestar característico de uma relação obrigacional específica. Mesmo que o cuidado a ter pelo devedor lhe imponha deveres, trata-se de meros deveres de comportamento agregados a um dever de prestar; ou seja, redunda em deveres de protecção, que têm uma finalidade essencialmente negativa, orientados que estão para a preservação da pessoa ou do património do outro sujeito da relação.

Claro que o cuidado pode ser objecto de um dever de prestar. Mas, mesmo então, quando já não exprime um mero modo-de-realizar uma prestação e descreve por si mesmo a própria prestação, não perde a sua orientação para a simples preservação do património ou outros interesses alheios[8].

Ora, vê-se bem que o dever do administrador ultrapassa em muito um dever com estas características. Nuclearmente, ele está chamado a comandar a sociedade, a geri-la, e a prosseguir o interesse social, fazendo frutificar os meios de que a sociedade dispõe em ordem à criação de lucro para os sócios. Nesse sentido, o que tem de dizer-se é que ao administrador

---

[7] Não obstante alguns dos poderes incluídos na posição do administrador não terem correspectivo do lado da sociedade. Adopta outro critério, reconduzindo a potestatividade à absolutidade, MENEZES CORDEIRO, *Da Responsabilidade Civil dos Administradores*, cit., 396.

[8] Cfr. o nosso *Contrato e Deveres de Protecção*, Coimbra, 1994, 36 ss, 155 ss, e *passim*.

cabe, não um simples dever de *cuidado* (na sua actividade de administração), mas o dever de *cuidar* da sociedade, ou seja, o dever de tomar conta, de assumir, o interesse social. Esse é que é o seu dever específico. A destrinça corresponderá – cremos – à distinção que, na língua inglesa, se pode traçar entre a mera *duty of care* e a autêntica *duty to take care*.

A referência legal ao cuidado do administrador apenas se pode, portanto, justificar como qualificativo da obrigação de administrar. Nesse sentido, o cuidado que a lei manda ao administrador observar equivale a impor-lhe uma boa administração, uma administração *cuidada*, a condução da sua actividade de acordo com as boas ou as melhores práticas (*best practices*) da administração[9]. O que é, de facto, a preocupação central do que hoje se designa vulgarmente por *"corporate governance"*. Mas não exprime convenientemente o comportamento que caracteriza a função do administrador e à qual essa preocupação vai referida.

Supomos, portanto, que há uma imperfeição da linguagem do artigo 64, n.º 1, *a*). Ela não prejudica adequadas e correctas construções dogmáticas da relação de administração.

Os deveres de cuidado hão-de, segundo a lei, "revelar" a disponibilidade, competência técnica e conhecimento da actividade da sociedade adequados às funções do administrador. A fórmula pretendeu caracterizar melhor os deveres de cuidado. Trata-se, assim, de deveres de disponibilidade, de competência técnica e de conhecimento da actividade da sociedade. Deveres que estão referenciados ainda à função. Mostra-se assim bem que não estão em causa deveres de cuidado de direcção meramente negativa. Tal como na anterior "diligência de um gestor criterioso e ordenado", estamos perante descrições do comportamento objectivamente exigível do administrador.

Do conjunto, resulta uma fórmula bastante complexa; provavelmente complicada em excesso. A diligência do gestor criterioso e ordenado é acantonada no final, já na proximidade da culpa[10].

---

9 Com esse sentido, percebe-se a importação da *duty of care*. Ela refere-se contudo apenas ao modo como a obrigação de gerir a sociedade há-de ser cumprida: com cuidado.

10 Poderia ficar a pairar a ideia de que o legislador a quis voltar a situar no campo da culpa. No entanto, se fosse assim, ela seria provavelmente melhor referida no artigo 72, onde se aponta a possibilidade de desculpação do administrador e onde, portanto, o padrão da culpa poderia ter sido explicitado.

4. O dever de lealdade e a troca de referentes: elementos para a sua correcta construção dogmática

De acordo com o novo texto legal, além do dever de cuidar do interesse social, os administradores também "devem observar" "deveres de lealdade". Passemos por cima da expressão, linguisticamente inapropriada, pois não se concebe que os deveres sejam objecto de deveres[11]. Não há dúvida que a lealdade – ou, noutras formulações, talvez mais rigoristas, a fidelidade – é uma conduta exigível do administrador.

Dir-se-á que, aqui sim, se está perante um mero dever de comportamento, como se mostra pelo facto de ele ser susceptível de irromper em outras relações jurídicas, particularmente em todas aquelas em que alguém gere um interesse alheio, em nome e/ou por conta de outrem. Sendo que, por outro lado, esse dever se não confunde com o dever de administrar: um administrador leal pode não administrar correctamente, e um bom administrador pode, pelo menos nalgum momento, não ser leal.

Contudo, a relação de administração é uma daquelas relações que implica um *especial* dever de lealdade, decorrente de a curadoria do interesse de alguém estar atribuída a outrem, de este sujeito estar investido numa posição cujo exercício pode ser prejudicial ou para o qual não há prevenção ou controlo suficiente, etc.. Pode exprimir-se a situação dizendo que a relação de administração constitui uma daquelas relações fiduciárias ou de confiança que manifestam uma textura de comportamentos exigíveis em nome da lealdade particularmente densa (relação *uberrimae fidei*). Se todos os sujeitos estão adstritos a deveres de lealdade na sua vida de relação, o administrador encontra-se colocado perante uma lealdade qualificada, derivada da função que exerce no que respeita a interesses alheios[12]. Hoje, como se disse, o sistema jurídico português, além da previsão geral do artigo 64, n.º 1, *b*), dispõe de importantes concretizações deste dever no novo direito da insolvência[13].

---

[11] O conteúdo dos deveres é o mesmo.

O reparo colhe também para a al. *a*) do n.º 1 do artigo 64.

[12] Cfr. o nosso *Teoria da Confiança e Responsabilidade Civil*, Coimbra, 2003, 474 ss, 544 ss, procurando precisar o sentido da expressão contra entendimentos indevidos.

[13] Convém dar-lhes a devida importância no tratamento dogmático da lealdade. Pode ver-se, de novo, o nosso *A responsabilidade dos administradores na insolvência*, cit., 679 ss.

É verdade que também o "dever de cuidado" – noutras formulações, o dever de diligência – se encontra enxertado na relação fiduciária e corresponde ao conteúdo típico desta[14]. Só que, enquanto é em vista daquele que a relação fiduciária se instaura – significando, para quem atribui a curadoria dos seus interesses, a causa eficiente dessa atribuição –, a lealdade representa um efeito imediato e directo da natureza da relação. Não é procurada por si mesma. Ao contrário do primeiro dever, que se funda, por isso, na vontade e tem a sua origem num negócio jurídico[15], a lealdade resulta de uma ponderação ético-jurídica independente de previsão das partes nesse sentido e apresenta-se como consequência de uma valoração heterónoma (*ex lege*) da ordem jurídica.

Do exposto decorre que o dever de lealdade do administrador perante a sociedade ultrapassa certamente a medida de conduta genericamente reclamada em nome da boa fé pelo artigo 762, n.º 2, do Código Civil. Este visa promover apenas uma forma de concordância prática de interesses contrapostos das partes numa relação de troca. Não proíbe que se prossigam interesses próprios: tal não faria sentido nos contratos onerosos ou com interesses opostos. Apenas impõe padrões e limites de razoabilidade, atenta a existência concomitante de interesses de outrem.

No dever de lealdade ao qual estão sujeitos os titulares do órgão de administração das sociedades a situação apresenta-se, pelo contrário, muito diferente. A relação entre eles e a pessoa colectiva é de curadoria ou de administração de interesses; é ao titular do órgão que compete promover a realização do interesse da pessoa colectiva e se o não faz adequadamente, é esse interesse (de outrem) que fica por satisfazer. Daqui deriva também uma especial possibilidade de interferir danosamente nos interesses alheios. A regra da boa fé de que possa aqui falar-se não tem portanto como finalidade estabelecer limites à prossecução de interesses próprios (ou modos de o fazer), mas garantir a sobreordenação dos interesses da sociedade e as condições da sua prossecução.

---

[14] Em geral para o tema das relações fiduciárias – nas quais, se tomada no sentido amplo do texto, pode integrar-se a relação de administração –, *vide*, na doutrina portuguesa, a desenvolvida análise de MARIA JOÃO VAZ TOMÉ/DIOGO LEITE DE CAMPOS em *A Propriedade Fiduciária (Trust)/Estudo para a sua consagração no direito português)*, Coimbra, 1999, em especial 105 ss. Afigura-se no nosso contexto ilustrativa a perspectiva de comparação do administrador com o *trustee*.

[15] A deliberação de designação do administrador representa um negócio jurídico, e a aceitação também.

É precisamente esta especial ligação da lealdade do administrador com a curadoria de interesses alheios que justifica, por exemplo, a intervenção do enriquecimento sem causa (numa versão anglo-saxónica, segundo o *disgorgement principle*) quando ele se apropria de oportunidades societárias[16]. A aplicação da teoria do conteúdo da destinação (*Zuweisungsgehalt*) em ligação com o posicionamento relativo da sociedade e do administrador confere-lhe o restante suporte dogmático. Ora, a retribuição do enriquecimento não tem normalmente lugar nas constelações que caem sob a alçada do artigo 762, n.º 2, do Código Civil. Pensamos portanto que, dogmaticamente, há que fazer uma destrinça[17].

Na mesma linha: precisamente porque a lealdade que o administrador deve aos sócios tem uma natureza distinta da que tem de ter para com a sociedade, as consequências da sua infracção face àqueles restringe-se, em princípio, à responsabilidade civil. Esta deslealdade não funda por si, via de regra, nenhuma obrigação de restituir o que foi obtido directamente a esses sócios, para além do dano a eles causado. O quadrante dogmático do artigo 79 do CSC remete, neste aspecto, para o quadrante comum do artigo 762, n.º 2, do Código Civil.

A lealdade, diga-se agora, não se alicerça na necessidade de tutelar a confiança de outrem. Esta pode não existir, pode desconfiar-se da lealdade de alguém, que a lealdade continua a ser devida. Por outro lado, corresponder a expectativas pode não ser uma exigência de lealdade, mas de outro tipo. Isto é claramente assim quando não se pediu qualquer confiança de outrem. Naturalmente: o requisito da lealdade floresce no âmbito de um relacionamento específico entre sujeitos (*Sonderverbindung*). Nesse âmbito, as expectativas moldam, em grande medida, a relação e o comportamento a que as partes estão adstritas dentro dela. Mas, ainda aí, mesmo quando a lealdade imponha a correspondência a tais expectativas, impõe-a, não (tão-só) pela conveniência de salvaguardar expectativas (em si mesma), mas como corolário de uma correcção de comportamento, de cariz ético-jurídico objectivo[18].

---

[16] Toca-se por exemplo aqui a problemática do *insider trading* e do abuso de informações.

[17] Em sentido diverso, por reconduzir a lealdade tão-só ao padrão comum da boa fé do artigo 762, n.º 2, do CC, CALVÃO DA SILVA, *"Corporate Governance"*, cit., 51-52, e 57.

[18] Pode ver-se o nosso *Teoria da Confiança e Responsabilidade Civil*, cit., 431 ss, 474 ss, 544 ss.

Apesar de não carecer de positivação, o aludir do legislador à lealdade do administrador justifica-se, como se disse. Particularmente pelo papel pedagógico da lei, que aqui quis recordar, aos administradores e ao intérprete-aplicador, o que, embora elementar, considerou nem sempre valorar-se adequadamente: que devem ser leais no seu desempenho.

Contudo, os deveres de lealdade não foram adequadamente referenciados. Na realidade, não são deveres "no interesse da sociedade, atendendo aos interesses de longo prazo dos sócios e ponderando os interesses dos outros sujeitos relevantes para a sustentabilidade da sociedade, tais como os seus trabalhadores, clientes e credores".

A lealdade não realiza, por si, interesses. Está acima e para além deles. Pode, assim, levar ao sacrifício de interesses próprios ou – em casos mais raros – alheios. Exprime um valor ético-jurídico, bem diferente, afinal, daqueles interesses que o artigo 64, n.º 1, *b*), manda considerar. Ainda que a conduta por ela implicada possa muitas vezes contribuir para a realização de tais interesses ou ser desta pressuposto; e ainda que certas condutas em prejuízo desses interesses possam ser valoradas também como deslealdades.

Mesmo assim: o que é facto é que o dever de lealdade do administrador não existe em ordem a prosseguir e maximizar os interesses referidos naquela disposição. Funda-se antes no estatuto ético-jurídico básico da função do administrador, de que é elemento constitutivo. (Por isso, o "direito" à lealdade dos administradores é irrenunciável, não o sendo já, de forma irrestrita, o direito da sociedade a uma certa forma de condução da administração[19] ou o "direito" dos trabalhadores, clientes ou credores a que os administradores ponderem os seus interesses.)

O legislador entendeu diferentemente. Diferenciou vários patamares de incidência da lealdade. E recondu-la principalmente à sociedade e ao seu interesse, embora mande também atender aos interesses dos sócios e ponderar os interesses de outros sujeitos relevantes para a sustentabilidade da sociedade, como os trabalhadores, os clientes e os credores. No pensamento da lei, são parâmetros distintos, que podem conflituar entre si e que o administrador deve sopesar. Só que semelhante diferenciação dos referentes – com as consequências daí derivadas – apenas faz sentido no que toca ao dever de administrar. Não serve para a lealdade.

[19] Por exemplo, de acordo com aquilo que são consideradas em dado momento as boas práticas dos administradores num certo sector de actividade.

Na verdade, a lealdade qualificada do administrador existe, propriamente, em relação à sociedade que serve. Tal não significa, porém, dispensa alguma de lealdade para com outros sujeitos com os quais o administrador entrou em relação. A lealdade tem, sempre e à partida, de observar-se perante todos. Como na sabedoria popular: "só se pode ter uma cara." Ou seja: uma lealdade "qualificada" não exime da lealdade "comum" para com os outros. Assim, ao administrador não é consentido ser leal para com uns – por exemplo, para com a sociedade – e, com isso ou para isso, ser desleal com outros, trabalhadores, sócios, clientes, credores. Ninguém pode escolher as suas lealdades, se tal significa ser desleal para outrem. O interesse da sociedade não dispensa o administrador dessa exigência. Reitera-se: a lealdade deve-se sempre.

A lealdade não é graduável: não é admissível exigir-se mais ou menos lealdade consoante os interesses envolvidos ou susceptíveis de serem atingidos. A lealdade não é passível de ponderações de eficiência económica (segundo a análise económica do Direito): há-de observar-se sempre, ainda que o custo seja elevado. É isso que decorre do facto de a lealdade ser produto de uma valoração ético-jurídica (indisponível).

Os administradores devem portanto ser leais a todos: à sociedade, aos sócios, aos credores, aos trabalhadores e aos clientes. Não podem ser "mais leais a uns do que a outros". Se o são, já são desleais.

Tudo se entende destrinçando, como propomos, entre a lealdade qualificada e a lealdade comum. A primeira não iliba da segunda. Quaisquer conflitos devem prevenir-se.

Dentro da estruturação dogmática da lealdade que vai proposta, também a lealdade que os sócios devem, quer à sociedade, quer aos outros sócios, será uma lealdade comum, na medida em que não assenta numa relação fiduciária de curadoria de interesses alheios. Tal não impede que, dependendo do tipo societário em causa, essa lealdade possa no entanto ser especialmente intensa. Pois toda a lealdade postulada por uma relação especial (*Sonderverbindung*), como a que pode afirmar-se entre o sócio e a sociedade, ou entre o sócio e outros sócios, repercute-se em comportamentos exigíveis (ou proibidos) que variam em função do tipo e intensidade dessa relação[20].

[20] Em especial sobre o dever de lealdade do sócio, veja-se PEDRO PAIS DE VASCONCELOS, *A Participação Social nas Sociedades Comerciais*, 2.ª edição, Coimbra, 2006, 312 ss.

Mas retornemos aos administradores: há naturalmente demarcações daquilo que a lealdade lhes impõe em função das pessoas e das circunstâncias envolvidas. As condições, por exemplo, em que a omissão de uma informação ou a não prestação de um esclarecimento é valorável como deslealdade variam. Simetricamente, o sigilo (profissional) dos administradores também não atinge, em princípio, a lealdade para com terceiros. Uma eventual limitação depende do tipo de interessados na matéria. Parece porém já que a mentira, a falta consciente à verdade, consubstancia sempre uma reprovação ético-jurídica, seja perante quem for.

Há, portanto, que destrinçar entre dever de verdade e dever de falar; o primeiro não implica o segundo[21].

Do mesmo modo, importa discriminar muito bem entre o (dever de) honrar compromissos informais já assumidos – que a lealdade impõe sempre, salvo alguma causa excepcional – e a assunção mesma de tais compromissos, que a lealdade não impõe senão em condições muito especiais.

Esta distinção não tem sido feita entre nós, mas apresenta-se crucial na dogmática do dever de lealdade. Ela não coincide com a anterior. A lealdade é mais exigente. Se o dever de esclarecimento só existe em princípio dentro de uma relação especial, não é qualquer relação deste tipo que justifica que o silêncio seja valorado como deslealdade. Já a violação consciente do dever de verdade tende, em muitos casos, a coincidir com uma violação da lealdade, porque nele o sujeito falseia sabidamente a pretensão de verdade inerente à sua comunicação. Mas a lealdade pressupõe aqui, indiscutivelmente, uma ligação específica anterior entre o autor e o destinatário do conteúdo transmitido; o que nem sempre ocorre no dever de verdade (veja-se o regime das mensagens publicitárias ou do prospecto no mercado de valores mobiliários, sujeitos à verdade, mas não à lealdade).

Precisamente pela densidade ético-jurídica da lealdade[22] – que, a um nível comum, se tem de observar com todos –, percebe-se que lealdades qualificadas não podem multiplicar-se e que é já um dever de uma lealdade

---

[21] Nesse sentido já, num outro contexto, o nosso *Teoria da Confiança*, cit., 468 ss.

[22] Na expressão feliz de CALVÃO DA SILVA, a lealdade é "rígida": cfr. *"Corporate Governance"*, cit., 57.

Como escrevemos também em *Responsabilidade Civil/O método do caso*, cit., 122, o dever de lealdade é, via de regra, "mais nítido e indiscutível" que o dever de diligência na administração.

qualificada não incorrer em situações de potencial conflito. Importa, em suma, evitá-las.

Isto dito, certamente que a lealdade devida pelo administrador na sua relação perante sócios, clientes, trabalhadores ou credores, pode, no caso concreto, conflituar com o interesse social (ou seja, com o dever de cuidar do interesse social). Essencialmente quando o administrador não preveniu, como havia de ter feito, esse conflito de deveres, *v.g.*, comprometendo-se, quando não devia nem tinha por que tal, perante tais sujeitos em detrimento da sociedade. Só que, mesmo nesses casos, se pode ser-lhe consentido dar prevalência ao interesse social, o dever de lealdade não desaparece de modo algum: a sua violação origina sempre responsabilidade civil perante os terceiros atingidos. Recorde-se o exemplo de honra de Egas Moniz, que, por servir o jovem Afonso Henriques, quebrou a lealdade e se apresenta, por isso – ele, a sua mulher e os seus filhos –, de corda ao pescoço, ao rei de Leão.

Assim sendo, importa concluir que a consideração – de acordo com a lei, variável – dos diversos interesses mencionados no artigo 64, n.º 1, *b*), diz antes respeito ao dever de cuidar do interesse social, contemplado na al. *a*). Ao administrar é que se hão-de ponderar esses interesses, não para ser leal.

Mas não se precipitem conclusões drásticas: muito embora haja que reconhecer ter o legislador português trocado os referentes do "dever de cuidado", atribuindo-os à lealdade, apesar de tudo o intérprete-aplicador pode assumir essa incorrecção e, em obediência ao espírito da lei, aproveitar a referência normativa a esses interesses, pondo-os em ligação com os "deveres de cuidado" da al. *a*) do n.º 1 do artigo 64.

O que redunda em densificar de novo – e em muito – os "deveres de cuidado". Comparativamente, a lealdade está portanto, mesmo que o não saiba, despida na lei, reduzida a uma simples menção. O quadro ficaria mais equilibrado se o legislador, dentro do seu pendor analítico, tivesse procedido a uma tipificação exemplificativa de algumas exigências da lealdade, hoje consensualmente aceites, como a proibição de actuar em conflito de interesses, de concorrer com a sociedade, de aproveitar oportunidades societárias para si ou para terceiros em detrimento da sociedade, de prosseguir interesses extra-sociais e de agir conscientemente em prejuízo da sociedade[23].

---

[23] Sobre a matéria merece destaque PEDRO CAETANO NUNES, *Corporate Governance*, cit., *passim*.

5. (*cont.*) Sobre os interesses a que a administração social deve atender

O dever de administrar visa maximizar a realização do interesse social. A essa maximização podem opor-se outros interesses. O legislador manda, pelo menos, tê-los em conta e ponderá-los. Se o administrador o não fizer, pode inclusivamente incorrer em responsabilidade[24]. Só que, aqui sim: com limites ou sem eles, a atendibilidade e a ponderação de tais outros interesses não pode sacrificar ordinariamente o interesse social. Este prepondera, mesmo que para tanto aqueloutros tenham de ficar por cumprir: não são exigências de lealdade, são interesses de terceiros implicados ou conexionados com a sociedade.

Mas também não pode absolutizar-se o interesse social. Caso ele devesse prevalecer invariavelmente sobre os demais, a lei não mandava ponderar estes últimos. Deste modo, a nova formulação do artigo 64 não adianta muito à problemática da conciliação e conflito dos interesses em referência por confronto com a versão inicial. Mantém-se assim aqui uma norma de conteúdo muito aberto, que só o futuro permitirá densificar adequadamente em constelações típicas. A concretização terá de obedecer, intui-se facilmente, às exigências de um sistema móvel.

De qualquer modo: parece ser de excluir, hoje ainda mais do que antes, a concepção segundo a qual a referência, naquele preceito, a outros interesses (além do interesse social) corresponderia a uma mera norma de enquadramento; a pretexto de que os referidos interesses apenas poderiam relevar se e na medida em que normas específicas algures existentes o impusessem. Semelhante entendimento parece-nos eivado de um normativismo injustificável. Não é que as demais regras do sistema não possam fazer luz sobre a força e as condições de atendibilidade de tais interesses. O que ocorre é que não há motivo juspositivo ou justeorético para cingir a respectiva relevância ao estrito âmbito das referidas regras.

Outra coisa parece também certa. Todas as perspectivas da análise económica do Direito que centram a actividade dos administradores *exclusivamente* na prossecução do interesse social ou em referentes semelhantes – como a criação de lucro para a colectividade dos sócios –, não retratam completamente o direito vigente. Qualquer que possa ser o seu mérito no plano da ciência económica ou de uma política societária geral, são, nessa

---

[24] Verificados os requisitos respectivos, e especialmente de acordo com as normas do CSC aplicáveis (cfr. aqui os artigos 78 e 79).

medida, ao menos em parte, desmentidas no plano do dever-ser jurídico. Como quer que se interprete o teor e o alcance da referência legal aos demais interesses a considerar pelos administradores, há certamente um campo de responsabilidade social da actividade societária que o direito constituído mostra *apertis verbis* acolher. É verdade que, formalmente, apenas se encontra condicionada a conduta dos administradores. Mas não pode deixar de considerar-se visada, em primeira linha, a conduta da sociedade enquanto tal (a ela imputada pelo comportamento dos administradores).

Supomos que se encontra aqui, muito indefinido embora, um toque de modernidade do nosso direito das sociedades, susceptível pelo menos de o imunizar de extremismos economicistas redutores (*de lege lata* inaceitáveis)[25].

A configuração legal (actual) da relação de administração inclui a protecção de interesses distintos dos visados pelo dever de cuidado como dever de prestar perante a sociedade; interesses titulados por outros sujeitos além da sociedade. Pode configurar-se nessa medida como relação que inclui ou incorpora (também) uma protecção de terceiros[26].

Assim, se a lei consente ao administrador atender e ponderar outros interesses para além do interesse da sociedade, tal significa necessariamente que uma gestão que não se tenha orientado estritamente para a maximização do lucro gerado pela empresa não conduz necessariamente a responsabilidade.

Duas notas ainda: uma para referir que, no campo da responsabilidade social das sociedades, o artigo 64 não menciona expressamente o interesse dos consumidores, integráveis, contudo, no conceito de "clientes", agora introduzido, numa orientação de aplaudir. E omite outros interesses crescentemente importantes, como o ambiente. Pode generalizar-se: perante os critérios do artigo 64 parece detectar-se um *deficit* de vinculação dos administradores – *rectius*: antes de tudo, da actividade societária correspondente – face a interesses colectivos e difusos, por onde passa precisamente, em larga medida, a pretensão de uma maior responsabilidade social das sociedades. Essa responsabilidade, como quer que se concretize, variará de acordo com a dimensão e significado social da empresa.

---

25 Parece, portanto, fora de causa pretender que o único critério de avaliação da administração seja o da potenciação do lucro dos sócios ou o da valorização das respectivas participações.

26 Cfr. Gabriela Figueiredo Dias, *Fiscalização de sociedades*, cit., 45.

Ela encontra-se em tensão com os fundamentos da (tutela da) propriedade, também eles graduáveis em função do objecto[27]. Deve atingir, antes de mais a sociedade. A responsabilidade pessoal dos administradores deve ser entendida basicamente como secundária.

Uma vez que parece estar aberta a exploração dogmático-doutrinária da responsabilidade social perante o teor do artigo 64, a análise económica do Direito pode desempenhar aqui um papel útil. Desde que – subordinada como tem de estar ao Direito – integre os prejuízos que a prossecução cega da maximização do lucro pode implicar nos demais interesses mencionados na al. *a*) do artigo 64, assim como em outros interesses não directamente contemplados.

Assinale-se, por fim, que o artigo 64 é ainda susceptível de ser pensado enquanto norma de protecção dos trabalhadores (cuja violação poderia então dar lugar a responsabilidade civil ao amparo do artigo 483, n.º 1 do Código Civil). Mas a extrema dificuldade de concretização das exigências do preceito torna essa possibilidade, ressalvados casos extremos, praticamente pouco relevante[28].

6. A responsabilidade civil por violação dos deveres do administrador e a *business judgment rule*

As consequências da violação dos deveres que cabem ao administrador são várias. Entre as civis, destacam-se a destituição e a responsabilidade civil. No domínio desta última se centra a novidade trazida pela inter-

---

[27] Pensamos, portanto, que a legitimação da propriedade varia e que a propriedade que se exerce em domínios económico-sociais sensíveis pode implicar obrigações e deveres que a titularidade de bens comummente necessários e imprescindíveis à realização pessoal, sobretudo se são fruto de um esforço individual ou familiar, não pode envolver. A questão filosófica é tão ampla, quanto, simultaneamente, antiga e moderna. Importa afrontá-la sem ideologias de má memória, mas não é aqui o lugar de a desenvolver. Em tempo de desconstrução ideológica, um contributo especialmente relevante será hoje constituído pela doutrina social da Igreja, precisamente pela compreensão "inclusiva" das várias dimensões da empresa e do seu impacto social que postula.

[28] Normas de conteúdo indeterminado têm naturalmente dificuldade em desencadear responsabilidade civil ao abrigo da 2.ª alternativa do artigo 483, n.º 1, do Código Civil.

Cfr. sobre o tema da tutela dos trabalhadores em conexão com o interesse social, COUTINHO DE ABREU, *Curso de Direito Comercial* II *(Sociedades Comerciais)*, Coimbra, 2002, 286 ss, 298 ss.

venção legislativa no CSC derradeiramente visada pelas considerações precedentes. Com efeito, no n.º 2 do artigo 72, depois de fixada a regra de que os administradores ou gerentes respondem para com a sociedade por danos derivados de actos ou omissões praticados em violação da lei ou dos estatutos, salvo se provarem que agiram sem culpa[29], estabelece-se agora que "a responsabilidade é excluída se o administrador provar que actuou em termos informados, livre de qualquer interesse pessoal e segundo critérios de racionalidade empresarial".

O texto legal acolhe uma formulação daquilo que costuma referir-se como a *business judgment rule*. De acordo com ela, há certas circunstâncias que eximem os administradores de responsabilidade, ainda que a administração exercida não tenha conduzido a resultados positivos e possa mesmo ter-se revelado gravemente danosa para os interesses da sociedade. Entre nós, mesmo antes desta positivação legal, essa regra já recolhia merecida simpatia de alguns autores e penetrara inclusivamente na aplicação do direito pelos tribunais[30].

A enunciação da *business judgment rule* não é inequívoca. Dada a sua origem jurisprudencial nos EUA – que não conhece uma codificação do direito comercial propriamente dita e onde não existe competência da União sobre a matéria –, as noções variam.

Segundo a fórmula usual no Delaware, por exemplo, a *business judgment rule* consagra a "presunção de que ao tomar uma decisão de negócios os administradores da sociedade actuaram informadamente, de boa fé e na honesta crença de que essa acção era no melhor interesse da sociedade"[31].

Já na expressão do American Law Institute, "um administrador que toma uma decisão sobre o negócio de boa fé cumpre o seu dever [...] se o administrador não tem qualquer interesse na matéria da decisão relativa ao negócio; está informado com respeito a essa matéria na extensão em que

---

[29] Cfr. o n.º 1 do artigo 72 do CSC.

[30] Digna de nota é a sentença da 3.ª Vara Cível de Lisboa, de 27 de Outubro de 2003, assinada por PEDRO CAETANO NUNES, publicada por último em PEDRO CAETANO NUNES, *Corporate Governance*, Coimbra, 2006, 9 ss.

De referir também, precursoramente, J. SOARES DA SILVA, *Responsabilidade civil dos administradores de sociedades: os deveres gerais e os princípios da* corporate governance, ROA 57 (1997), 624 ss. Cfr. ainda, de PEDRO CAETANO NUNES, *Responsabilidade Civil dos Administradores perante os Accionistas*, Coimbra, 2001, em esp. 23 ss.

[31] O *leading case* foi Aronson *vs.* Lewis, decidido em 1984: cfr. MARCUS ROTH, *Unternehmerisches Ermessen und Haftung des Vorstands*, München, 2001, 45.

o administrador acredita razoavelmente ser apropriado segundo as circunstâncias; e racionalmente acredita que a decisão é tomada no melhor interesse da sociedade"[32].

De qualquer forma, o êxito da ideia subjacente irradiou largamente, influenciando a doutrina de outros países e dando mesmo lugar a intervenções legislativas que, ainda que com alterações e cambiantes significativas, se podem filiar nela. Um exemplo marcante é a nova redacção dada ao § 93 I da *Aktiengesetz*, a que mais tarde se fará referência.

O percurso vitorioso da *business judgment rule* explica-se tendo em conta a função que serve e a forma como a desempenha.

Para a responsabilidade civil dos administradores é na verdade crucial saber em que medida as acções ou omissões por eles levadas a cabo estão sujeitas ao império do Direito e se apresentam sindicáveis judicialmente quanto ao mérito, ou seja, do ponto de vista da idoneidade para uma administração proveitosa. A questão apresenta-se relevante porque na administração societária há autonomia e discricionariedade. É essencialmente nesse âmbito que opera a *business judgment rule*. A simpatia que recolhe deriva do equilíbrio que proporciona entre, por um lado, a necessidade de respeitar essas características da actividade do administrador e, por outro lado, a não subtracção completa, nesse âmbito, da actividade do administrador ao Direito e à responsabilidade.

O dever de (boa) administração implica a harmonização, às vezes difícil, entre a necessidade de preservar a integridade do património social e a de o fazer frutificar em ordem à criação de riqueza para distribuir pelos sócios. O que reclama corresponder com dinamismo aos impulsos de evolução da vida societária e empresarial. A actividade de administração é arriscada, exerce-se ordinariamente em cenários de incerteza. Dependendo o seu êxito também de múltiplos factores a ela mesma externos, não pode, como regra, implicar responsabilidade pelo resultado.

Este é também o entendimento do direito português, como se vê pelo facto de o artigo 64, n.º 1, *a*), impor ao administrador um (mero) dever de "cuidado", depois especificado com a adstrição à disponibilidade, competência técnica e conhecimento adequado da actividade da sociedade, e ainda a uma diligência própria do gestor criterioso e ordenado. Tal qual já na versão inicial do artigo 64, não se aponta ao administrador a necessidade de obter um resultado. Como também não se apontaria se a lei se referisse – melhor – a um dever de "cuidar" do interesse social.

---

[32] Cfr. *Principles of Corporate Governance, Section* 4.01 (c).

Por isso, para a lei, a má administração, a ilicitude da conduta do administrador que se não conforma com as aludidas exigências, não representa – recorra-se a uma conhecida distinção – um "ilícito de resultado" (*Erfolgsunrecht*), mas, tão-só, um ilícito de comportamento (*Verhaltensunrecht*).

No primeiro caso, aquilo que é decisivo no juízo de responsabilidade é a lesão do bem ou interesse derradeiramente atingido pela conduta: estes constituem o objecto directo da tutela. No segundo, o que pelo contrário interessa é o modo ou a forma pela qual o sujeito lidou com certo bem ou interesse: estes não são autonomamente protegidos.

Retorne-se àquela passagem da lei. Se bons resultados são seguramente o objectivo dos deveres dos administradores, observa-se que estes não são deveres de resultado e que, assim, o controlo que a ordem jurídica exerce sobre a actividade de administração incide, não sobre os resultados, mas sobre o *modo de administrar*, ou seja, sobre uma actividade: o procedimento próprio da função.

Este reconhecimento é basilar para o entendimento da *business judgment rule*. Ela preocupa-se justamente em preservar a autonomia do administrador, pois a sua actividade torna-se insindicável se determinados pressupostos (que nela se acolhe) se verificarem. Representa essencialmente uma regra que delimita um espaço livre de responsabilidade. No entanto, caso os referidos pressupostos se não verifiquem, a actividade do administrador passa a ser totalmente escrutinável pelo tribunal e passível de uma avaliação de mérito se os resultados não são os adequados e se produziram danos.

A *business judgment rule* quer, por conseguinte, constituir um "porto seguro" para os administradores. Protege-os contra tendências intromissivas de accionistas poderosos, evita tentativas de domínio e de chantagem da administração por parte deles, previne transferências ilegítimas do risco ligado à participação social através de utilizações desvirtuadas ou abusivas das regras de responsabilidade dos administradores.

Vê-se, assim, que a *business judgment rule* tem como referência essencial o dever de (boa) administração. Certo que as suas formulações costumam implicar alusões ao dever de lealdade. Assim, a menção, no n.º 2 do artigo 72 do CSC em análise, da inexistência de um interesse pessoal na tomada de uma dada decisão guarda relação com a lealdade que é devida pelo administrador e que o proíbe de exercer os poderes de que está revestido no seu próprio interesse, em vez de se nortear pelo interesse social. Contudo, nesta regra, a lealdade do administrador apenas interessa como pressuposto da insindicabilidade do mérito da decisão em função do resultado lesivo do interesse social. É o controlo de mérito de certas medidas de administração que está em causa no caso de desrespeito da lealdade. Não a deslealdade em si mesma.

Frise-se um ponto importante: o âmbito da *business judgment rule* corresponde tão-só àquilo que o cumprimento do dever de cuidar do interesse social envolve de autonomia e discricionariedade. Porque, quando a lei estabelece condutas específicas que exige aos administradores (como concretização do dever geral de administrar) e lhes não consente qualquer margem de ponderação no que toca à sua observância, a responsabilidade deriva imediatamente e sem mais da violação do dever. A *business judgment rule* não pode ilibar de responsabilidade o administrador quando foram violadas prescrições ou proibições específicas fixadas na lei ou nos estatutos. Não é esse o seu âmbito. Figurativamente: o seu espaço corresponde geometricamente a um círculo limitado dentro do círculo mais amplo dos deveres dos administradores.

Fora porém do campo de incidência de deveres legais e estatutários concretos que requerem uma observância incondicional, os administradores gozam de autonomia, dispondo de espaços amplos de livre apreciação. É imprescindível, como se referiu, que gozem dessa autonomia, sem a qual uma adequada gestão, que tem de tomar diversos factores em conta, não seria possível. O dever de dirigir a sociedade implica liberdade decisória. Importa que a ordem jurídica a reconheça. Mas ela, reitera-se, não se apresenta irrestrita.

O problema está justamente em conformar uma responsabilidade dentro desse âmbito de actuação deixado "livre" pela lei ou pelos estatutos. Ainda que a actividade de administração não deva implicar uma responsabilidade aferida pelo resultado, ela tem limites e exigências procedimentais derivados da função e do estatuto que lhe é inerente.

A fronteira está definida pela *business judgment rule*. Esta a sua missão. Por ela que precisa de ser julgada. Adiante se voltará a este ponto: depois de precisado um pouco mais o alcance desta regra no direito português, tornar-se-ão necessárias algumas considerações sobre a harmonização desta regra com o disposto no artigo 72, n.º 1.

7. A *business judgment rule* como causa de exclusão da responsabilidade

A *business judgment rule* define – disse-se – a fronteira do controlo do mérito da actividade de administração em função do resultado. Em abstracto, pode entender-se de duas maneiras.

De acordo com uma delas, a sua infracção apresenta-se como requisito *sine qua non* da responsabilidade (ou da possibilidade de um juízo de responsabilidade). Consequentemente, a demonstração respectiva caberá fundamentalmente à sociedade lesada. Ainda que ela possa beneficiar de alguma facilitação de prova, sobre ela recai, como é de regra, o ónus da prova da sua violação.

Noutro entendimento, a *business judgment rule* representa antes uma causa de exclusão de responsabilidade. Parte-se então do princípio de que toda a administração, mesmo naquilo que constitui o seu espaço de autonomia e discricionariedade, é judicialmente sindicável e susceptível de conduzir a responsabilidade. Porém, iliba-se o administrador de uma apreciação do mérito da sua administração (atento o seu resultado) se ele logra fazer a prova dos requisitos colocados pela referida regra.

Agora, é o administrador quem corre o risco da não dilucidação da questão de saber se tais requisitos foram ou não observados. A questão não é de somenos importância. Considerando os conceitos indeterminados que a regra utiliza e a inconclusividade, quer do que a sua compreensão possa implicar no caso concreto, quer dos factos em jogo, a solução será completamente diferente consoante o entendimento que se perfilhe.

Sirva o exemplo da actuação do administrador em termos informados, que constitui exigência do artigo 72, n.º 2. Muitas vezes haverá dúvida de qual seja a informação necessária, conveniente ou razoavelmente possível. (Não deve olvidar-se, *v.g.*, que a obtenção de informação tem muitas vezes custos desproporcionados e que o esforço para a conseguir tem limites. Por outro lado, existe por vezes uma tensão entre a conveniência da informação e a necessidade de rapidez de uma medida de administração, frequentemente essencial para o êxito respectivo.)

Na primeira formulação, a incerteza ou a dúvida que permaneça sobre se houve ou não recolha e ponderação da informação devida por parte do administrador farão com que a responsabilidade deste caia. No outro entendimento, não logrando fazer a prova de que tal informação foi coligida e apreciada, o administrador fica obrigado a indemnizar.

Segue-se portanto que a acepção da *business judgment rule* como regra cuja infracção é pressuposto ou fundamento de responsabilidade acaba por beneficiar muito mais a autonomia dos administradores do que a compreensão dessa mesma regra enquanto circunstância impeditiva de responsabilidade (em caso de observância).

Isto posto, verifica-se que, no actual artigo 72, n.º 2, a *business judgment rule* está formalmente concebida como causa de exclusão da responsabilidade. Quer dizer que, para o legislador português – e ao contrário do que ocorre noutros entendimentos –, a boa administração se apresenta, por princípio, como questão judicialmente sindicável. Na verdade, está aberta a um controlo jurisdicional ao abrigo do artigo 64, n.º 1, *a*). Não representa, portanto, uma matéria ajurídica, do espaço do não-Direito, própria antes de outras áreas do saber, como a ciência da gestão ou das escolhas economicamente eficientes. Apenas se exclui a responsabilidade do administrador se ele logra fazer a prova da verificação das exigências do artigo 72, n.º 2. Na medida em que faça essa demonstração, não pode ser responsabilizado pelos resultados danosos ou prejudiciais do seu empenho[33].

É sabido que a opção do legislador português teve a intenção anunciada de facilitar a responsabilização dos administradores. Considerou-se ser entre nós excessivamente baixo o número de acções com esse fito. Ora, sem dúvida que a potenciação da responsabilidade tem uma eficácia preventiva de más práticas de gestão, constituindo, por outro lado, um estímulo para que os administradores adaptem e conformem a sua conduta a melhores práticas societárias. Mas importa dizer também que, infelizmente, a preocupação do legislador poderia com idêntico ou maior motivo assumir-se em relação a muitas outras áreas da vida social onde se detectam níveis insuficientes de uma cultura de responsabilidade.

Por outro lado, não deve esquecer-se que, pelo menos face à redacção anterior dos artigos 64 e 72 do CSC, os administradores não beneficia-

[33] Face ao teor do artigo 72, n.º 2, consideramos que o que está em jogo é efectivamente apenas a exclusão da obrigação de indemnizar. Não se afasta a possibilidade de uma acção de simples apreciação destinada a averiguar se houve ou não uma *adequada* administração – um adequado "cuidado" – perante um certo quadro de circunstâncias, o que pode relevar, por exemplo, para efeito de destituição (nomeadamente por justa causa). Em suma: o administrador não responde pelos resultados da sua gestão, mas a sua forma de administrar pode ser judicialmente sindicada do ponto de vista daquilo que seria uma boa administração.

vam da "zona franca" de responsabilidade que a introdução legislativa da *business judgment rule*, como quer que seja, hoje lhes garante.

O real efeito da opção da lei, saber se ela penaliza a assunção do risco e se dissuade da procura de inovadoras formas de gestão em épocas, como a nossa, de grande mutação – o que de facto poderia ser muito prejudicial – não deve ser empolado com pretexto no entendimento da *business judgment rule* como causa de exclusão da responsabilidade. Conexiona-se antes, primordialmente, com o exacto conteúdo da referida regra. Assim, considerando o teor do artigo 72, n.º 2, nenhuma dinamização da actividade de administração, especialmente desejável em fases de reestruturação do tecido e estrutura produtivas, deve poder sacrificar a busca de informação (razoável) ou permitir ao administrador interesses que não são os da sociedade. O perigo de tolhimento da sua actividade parece poder derivar antes de um entendimento excessivo do que sejam os "critérios de racionalidade empresarial" que o administrador tem de seguir se quiser eximir-se a responsabilidade. Teremos de voltar a este ponto.

Observe-se, a finalizar, que a concepção da *business judgment rule* como causa de exclusão da responsabilidade, em vez de enquanto pressuposto da responsabilidade, não constitui, ao contrário do que poderia pensar-se, uma originalidade do direito português. É verdade que ela se afasta da fórmula cunhada no Delaware. Mas a redacção actual do § 93 I, 2, *in fine*, da *Aktiengesetz* parece conduzir a resultados semelhantes[34].

8. (*cont.*) A conjugação com o artigo 72, n.º 1

A intenção legislativa de propiciar um nível mais razoável de responsabilização dos administradores ao configurar o artigo 72, n.º 2, enquanto causa de exclusão de responsabilidade pode sair severamente comprometido, como vai ver-se, se não houver uma adequada compatibilização dessa opção com a distribuição do ónus da prova nas acções de responsabilidade dos administradores, genericamente prevista no n.º 1.

O que esta última norma determina é, em geral, a responsabilidade dos administradores perante a sociedade por actos ou omissões praticados

---

[34] Segundo aí se estabelece, "[h]avendo disputa sobre se a diligência de um gestor criterioso e ordenado foi adoptada [se, portanto, a *business judgment rule* precedentemente vertida no texto legal foi observada ou não], é a estes que cabe o ónus da prova".

com violação de deveres legais ou contratuais, salvo se os administradores provarem que agiram sem culpa.

A ilicitude define-se de acordo com a clássica infracção da lei ou do contrato. O resultado da administração é irrelevante. O dever de uma boa administração constitui uma obrigação de meios. O êxito ou fracasso, o lucro ou o prejuízo apenas interessam para o requisito do dano. É isto que deriva, como se disse, do artigo 64, n.º 1, *a*).

Mas presume-se a culpa, ocorrida a violação do dever. Neste caso, ao contrário do que se verifica no direito comum (por força do artigo 799, n.º 1, do Código Civil, quanto à distribuição do ónus da prova ocorrido um incumprimento de obrigações[35]), o que impende sobre o devedor é só uma presunção de censurabilidade. De facto, a ilicitude aparece descrita separadamente pelo artigo 72, n.º 1. Ao invés, no artigo 799, n.º 1, a ilicitude é (tão-só) indiciada pela falta de cumprimento. Por isso, a presunção contida neste último preceito estende-se à existência dessa ilicitude e à causação, por ela, do incumprimento (a *haftungsbegründende Kausalität* da doutrina germânica).

Nada disso acontece considerando o artigo 72, n.º 1, na sua ligação com o artigo 64, n.º 1, *a*). Como os deveres do administrador são apenas de "cuidado", não há indício de incumprimento deles apenas porque a administração não foi bem sucedida. O facto de ter havido prejuízo da sociedade não autoriza, *de lege lata*, qualquer inferência no sentido de uma infracção de tais deveres.

De acordo com as regras gerais de distribuição do ónus da prova, parece que cabe ao lesado – a sociedade – a prova da violação dos deveres legais ou contratuais dos administradores. Ou seja, considerando o artigo 72, n.º 1, compete-lhe a demonstração da infracção, na falta de um dever específico, de algum dos deveres de "cuidado" previstos no artigo 64, n.º 1. Mas tal afigura-se muito insuficiente para uma adequada tutela do lesado. Ele não está inúmeras vezes em condições de fazer a prova plena da ilicitude assim definida, desde logo por falta ou dificuldade de acesso à informação relevante. Daí que se imponha uma facilitação judicial da prova ao lesado, com admissão de uma prova por verosimilhança (prova *prima facie*). Uma prova, portanto, que se contente com a presença de indícios suficientes da violação de tais deveres, instaurando-se de imediato

---

[35] O ponto é muito claro nas prestações de resultado. Quanto ao entendimento de que o artigo 799, n.º 1, do Código Civil contém também uma presunção de ilicitude, cfr. já o nosso *Contrato e Deveres de Protecção*, Coimbra, 1994, 188 ss.

o diálogo probatório e mediante a devolução ao administrador da palavra na matéria.

Tal justifica-se em particular no que toca a todos aqueles deveres – incluindo o dever geral de (bem) administrar, que a lei chama de "cuidado" – em cujo cumprimento o sujeito goza de ampla autonomia de apreciação e acção. Aqui o lesado é tipicamente confrontado com grandes dificuldades: quer pelo lado da especificação do cuidado exigível, quer no plano da individualização e prova da concreta conduta dos administradores susceptível de conduzir a responsabilidade. Como o dever não é de resultado, importa – reafirma-se –, auxiliar o lesado que não está em condições de cumprir em plenitude os requisitos da prova da violação: permitindo-lhe a mera demonstração de um dano tão-só susceptível de, plausivelmente, ter derivado de uma conduta desconforme com o Direito. E impondo-se a seguir aos administradores o ónus de provar que observaram as exigências postas por uma boa administração.

Tudo aponta para a necessidade de uma correcta articulação da *business judgment rule* do n.º 2 do artigo 71 com este sentido que importa reconhecer ao artigo 72, n.º 1.

De facto, uma leitura sequencial do n.º 1 e do n.º 2 do artigo 72 poderia inculcar a ideia de que o n.º 2 – a *business judgment rule* – representa, apenas, uma causa de desculpação, concretizadora da parte final do preceito contido no número anterior.

Ponhamos por um momento de lado a circunstância de que, desde logo atendendo ao seu conteúdo, a regra do artigo 72, n.º 2, não pode ser entendida enquanto mera causa de exclusão da culpa. Se fosse interpretada dessa forma, esta regra apenas se aplicaria na eventualidade de estar firmada a violação de um dever legal ou estatutário. Ela interviria portanto somente depois da individualização completa do dever que recaía sobre o administrador e da identificação e demonstração concretas da conduta que o houvesse infringido. Esse esforço oneraria maximamente o lesado e seria incompatível com aquilo que se viu ser sempre uma adequada tutela do lesado. Mas qual, então, o papel do n.º 2?

Sabe-se que uma das justificações anunciadas da intervenção legislativa no CSC foi precisamente o reforço da tutela contra condutas prejudiciais dos administradores. O que significa que, também dentro do espírito da reforma e para o realizar, se impõe outro entendimento. A *business judgment rule* carece, insista-se, de ser articulada com uma flexibilização na prova dos deveres legais ou contratuais cuja violação desencadeia a responsabilidade. Só se justifica se for dela acompanhada. Caso sempre se exigisse do lesado demonstrar a concreta ilicitude da conduta do administrador, a cláusula de exclusão da responsabilidade do artigo 72, n.º 2, não teria espaço para operar, porque o administrador estaria sempre plenamente protegido pela distribuição do ónus da prova da ilicitude. (A não ser na tese peregrina de que, demonstrada a violação do dever legal ou contratual, ainda assim haveria lugar à exclusão da responsabilidade ao abrigo do n.º 2, o que não é verosímil, pois deixaria sem qualquer sanção aquilo que – supostamente – já se encontrava plenamente estabelecido constituir violação dos deveres legais ou contratuais). Não é portanto possível a leitura "sequencial" dos dois preceitos atrás sugerida.

Em suma: a nossa concepção impõe uma leitura apropriada do artigo 72, n.º 1, admitindo nos casos em que os deveres potencialmente infringidos implicam autonomia de desempenho (de averiguação e de decisão), a maleabilização das exigências da prova no sentido de uma prova *prima facie* (*Anscheinbeweis*), meramente indiciária.

No fundo, o papel da *business judgment rule* é tanto mais potenciado quanto mais se aligeirar a necessidade de determinação (completa) de uma conduta ilícita dos administradores.

Nesta interpretação, a presunção de culpa contida no artigo 72, n.º 1, acaba por se aproximar nalguma medida – sem prejuízo embora das diferenças já assinaladas – ao artigo 799, n.º 1, do Código Civil. Também aqui o âmbito da "desculpação", demarcado pelo âmbito da presunção de "culpa", terá de abranger bem mais do que a censurabilidade pessoal da conduta do administrador[36]. Ele estender-se-á ao afastamento da presunção "natural" de ilicitude da conduta do administrador e da sua causalidade em relação aos danos sofridos pela sociedade[37].

Observe-se, a finalizar, que, mesmo no que toca àqueles deveres precisos cujo cumprimento não envolve qualquer autonomia dos administradores, o artigo 72, n.º 2, concebido que seja como causa de exclusão da culpa, não pode nunca demarcar convenientemente o espaço da desculpação aberto pelo artigo 72, n.º 1. Há, por um lado, situações que não são desculpáveis pelo simples facto de o sujeito alegar e provar que actuou de

---

[36] Em sentido diametralmente oposto, se bem se vê, MENEZES CORDEIRO, *Manual de Direito das Sociedades*, I (*Das sociedades em geral*), 2.ª edição, 2007, 928-929, indicando que a *business judgment rule* constitui uma específica via da exclusão de culpa.

[37] O que, portanto e por outro lado, é claramente menos do que o disposto no artigo 799 do Código Civil, pois aí há uma presunção legal ("plena") de ilicitude e de causalidade dela em relação ao incumprimento. Cfr. o nosso *Contrato e Deveres de Protecção*, cit., 188 ss.

acordo com o n.º 2. Por exemplo, o administrador não reintegrou um quadro importante para a empresa, como devia ter feito por ter sido condenado a tal por um tribunal. Intentada uma acção de responsabilidade, o administrador não pode escudar-se com o artigo 72 º, n.º 2.

Por outro lado, o não cumprimento dos deveres do administrador – quaisquer deveres – pode ser desculpável por outras razões além das previstas no artigo 72, n.º 2.

Como havíamos dito, o campo da *business judgment rule* não corresponde ao da totalidade dos deveres que impendem sobre os administradores. Aqueles que, adquirido o necessário grau de concretização, possam considerar-se de cumprimento estrito, sem espaço para qualquer ponderação dos administradores, escapam-lhe. Por isso, a regra do artigo 72, n.º 2, deve ser objecto de uma interpretação restritiva (ou redução teleológica[38]). Ocorrida a sua falta de cumprimento apenas vale aos administradores a desculpação genericamente admitida pelo artigo 72, n.º 1. O artigo 72, n.º 2, não cobre adequadamente o universo da desculpação admitido pelo n.º 1.

9. A ilicitude como quadrante fundamental da *business jugment rule*

Há que reconhecer que, como se frisou já, a fronteira entre o campo da ilicitude e da culpa é por vezes difícil de traçar e pode, inclusivamente, apresentar-se dotada de mobilidade (*à la* Wilburg[39]).

Contudo, verificou-se que a *business judgment rule* não devia ser entendida, no confronto com o artigo 72, n.º 1, enquanto mera causa de exclusão da culpa. Na base de tal entendimento esteve até aqui a consideração de que uma acção de responsabilidade civil contra os administradores há-de poder desencadear-se logo que exista um indício de má administração, sem ser necessário demonstrar que concreto dever possa ter sido violado.

Chega agora a altura de sublinhar que nesse sentido joga indiscutivelmente o teor do artigo 72, n.º 2. Na verdade, quando uma decisão é tomada informadamente, sem interferência de um interesse pessoal do administrador

---

[38] Cfr. RICARDO COSTA, falando da necessidade de uma interpretação restritivo-teleológica: *vide Responsabilidade dos administradores*, cit., 13 ss.

Ficaremos agora à margem da querela entre a interpretação restritiva e teleológica; sobre esta, OLIVEIRA ASCENSÃO, *O Direito/Introdução e Teoria Geral (Uma perspectiva luso-brasileira)*, 13.ª edição (refundida), Coimbra, 2005, 424 e 427.

[39] *Vide* já *Elemente des Schadenrechts*, Marburg a.d. Lahn, 1941, *passim*.

e segundo critérios de racionalidade empresarial, essa decisão é lícita. Ainda que, por qualquer razão, não tenha êxito e se venha a revelar ruinosa[40]. Na linguagem da lei: quando o administrador se comportou desse modo, apesar de a sua gestão não ter sido proveitosa, não se pode dizer que violou quaisquer "deveres de cuidado" [prescritos pelo artigo 64, n.º 1, *a*)].

Nessa hipótese, não existe responsabilidade, apesar do dano, porque não há (sequer) ilicitude. Com efeito, se a observância do artigo 72, n.º 2, significasse uma simples ausência de culpa, tal implicaria que a conduta do administrador seria ilícita. O que imporia referir a ilicitude a um resultado, ao êxito/inêxito da medida de administração. Só que tal é inconciliável com o disposto no artigo 64, n.º 1, *a*), que preserva a autonomia de que o administrador tem de estar munido e o salvaguarda em relação ao resultado da sua actividade.

Quer isto dizer que a *business judgment rule* corresponde a um critério abstracto e genérico da conduta, de acordo com aquilo que é, segundo a ordem jurídica, em princípio exigível de quem administra. Por isso, é independente de saber se o concreto gerente ou administrador podia em certa situação específica observá-lo, em termos de ser susceptível, se o não fez, de uma censura pessoal. Para efeito do artigo 72, n.º 2, não interessam as capacidades individuais para o desempenho das funções de administração, não é suficiente a boa vontade nesse sentido. Estas interessam à culpa. Ora, quem assume funções de administração está sempre sujeito aos ditames e consequências estabelecidas nesse preceito.

Permanece, no entanto, um espaço ulterior para a desculpação. Podem, assim, verificar-se situações em que a regra se não observou e, todavia, ocorreram circunstâncias em que nenhuma censurabilidade pessoal se pode apontar ao sujeito (porque, *v.g.*, o administrador esteve absorvido à cabeceira de um familiar gravemente doente e, devido a isso, não obteve ou valorou a informação adequada à decisão).

Considerando o exposto, importa fazer face a uma derradeira interrogação: será que a regra do artigo 72, n.º 2, deve mesmo ser entendida como causa de exclusão da ilicitude? Não implicará tal entendimento, em termos lógicos, e uma vez que se pressupõe uma ilicitude previamente definida, que a gestão que não tenha êxito seja afinal considerada (*per se*) como ilícita pelo ordenamento?

Não cremos. A questão formulada toca a forma como a ilicitude está construída no CSC. O legislador define-a no artigo 72, n.º 1, enquanto

[40] Cfr. também Gabriela Figueiredo Dias, *Fiscalização de sociedades*, cit., 75-76.

violação de disposições legais ou contratuais. Trata-se de uma noção genérica, de sabor livresco, e certamente aceitável. Preenche-a, antes de mais, o artigo 64, n.º 1. A ilicitude corresponde à violação de deveres de cuidado ou de lealdade. Este primeiro nível de preenchimento da ilicitude é, depois, complementado e especificado. A tanto vêm as precisões e os referentes apresentados pelo legislador a propósito de cada um desses deveres no mesmo artigo 64, n.º 1. No que toca aos "deveres de cuidado", temos ainda o artigo 72, n.º 2.

O panorama da ilicitude é, portanto, muito complexo. A sua construção obriga a jogar com camadas normativas múltiplas, todas elas concorrentes para o juízo final de ilicitude. Se todas elas intervêm para esse juízo, o modo como o fazem é diferente, e o seu papel no diálogo argumentativo (e/ou processual) diverso. A *business judgment rule* recorta, "por dentro", o espaço da ilicitude prévia, mas apenas provisoriamente indicado face ao artigo 64, n.º 1, *a*). Essa indicação – viu-se – pode ser meramente indiciária, e não implica, na visão da lei, nenhuma responsabilidade pelo resultado. Se o administrador não logra prevalecer-se da *business judgment rule*, a ilicitude define-se derradeiramente por aplicação do artigo 64, n.º 1, *a*).

Temos, portanto, que a *business judgment rule* contribui para fixar a ilicitude, pois auxilia a determinar o critério geral do artigo 64. Mas, no processo metodológico de aplicação do Direito, é de intervenção eventual, uma vez que, feita a prova indiciária da violação de "deveres de cuidado", apenas intervém se o administrador dela se quiser prevalecer.

Na formulação da lei, a *business judgment rule* conduz à exclusão da responsabilidade. Apenas. O que parece impecavelmente correcto. De facto, num sistema de responsabilidade subjectiva, a falta de ilicitude faz cair a obrigação de indemnizar.

Mas tal quer dizer também que outras consequências, como a destituição por justa causa, são possíveis, ainda que o administrador demonstre que actuou de acordo com o prescrito no artigo 72, n.º 2. A justa causa terá agora a ver com a efectiva falta de mérito da gestão reflectida nos seus resultados[41]. Mas não envolve ilicitude[42].

---

[41] Permanece que não há ilicitude de resultado. Mas um mau resultado pode consubstanciar uma justa causa. Tudo depende da interpretação do requisito da racionalidade empresarial: *vide* ainda *infra*.

[42] Um conceito duplo de ilicitude – ora para efeito de responsabilidade, ora para efeito de justa causa da destituição, é dificilmente configurável, e teria sempre de se defrontar com o critério único do artigo 64, n.º 1.

A norma do artigo 72, n.º 2, não justifica, portanto, qualquer facto tido à partida por contrário ao Direito, autónoma e suficientemente (como que afastando um juízo de ilicitude primário completo para colocar, em seu lugar, uma ponderação, exterior a esse juízo primário, de sinal contrário[43]). Exclui simplesmente o âmbito possível da responsabilidade quando é observada, contribuindo *ab intra* para a fixação definitiva da ilicitude. Com isso, recorta também o próprio espaço da sindicabilidade jurídica da actividade da administração para efeito de responsabilidade[44].

Naturalmente: não se verificando os requisitos postos pelo preceito, a má gestão, a infracção de deveres de cuidado, conduz a responsabilidade. Mesmo que o administrador tenha actuado com simples negligência. Estamos portanto longe da mera responsabilidade do administrador por "erro grosseiro de gestão" que chegou a ser alvitrada perante o teor inicial do artigo 64[45].

Do exposto resulta que a *business judgment rule*, embora conduza à salvaguarda de um espaço imune a uma apreciação judiciária do mérito da

---

Sobre o conceito de justa causa, *vide*, esclarecedoramente, Coutinho de Abreu, *Governação das Sociedades Comerciais*, cit., 154 ss.

[43] Vai aqui, supomos, uma diferença para os clássicos casos de legítima defesa ou para outras causas de justificação. Nessa linha importará também reconhecer uma autonomia dogmática da *business judgment rule* em relação, por exemplo, ao disposto no n.º 3 do artigo 73 do CSC (ficção de renúncia à responsabilidade dos administradores se os sócios aprovaram as contas com o conhecimento dos factos constitutivos da responsabilidade). Ou, no anterior direito, proceder a uma autonomização em relação ao problema da aprovação de contas ou da gestão na vigência do artigo 190 do Código Comercial. (Quanto a este, destrinçando formalmente dele a *business judgment rule*, Pereira de Almeida, *Sociedades Comerciais*, cit., 247: a nosso ver, bem.)

Na verdade, parece que em todos estes casos há uma valoração que se sobrepõe integralmente a uma outra, de sinal contrário, susceptível de ser entendida como completa (segundo a construção do sistema). Teremos portanto, usando uma linguagem de tipo penalístico, um contratipo, em todas as situações descritas. A *business judgment rule*, pelo contrário, não afasta o disposto no artigo 64, n.º 1, *a*): complementa-o, concretiza-o, está com ele funcionalmente alinhada. O que sugere a expressão "elemento negativo do ilícito": *vide* já de seguida o texto.

[44] Nesse sentido também Calvão da Silva (a partir, porém, da concepção de que a *business judgment rule* não tem a ver com a ilicitude, mas com a culpa): cfr. *"Corporate Governance"*, cit., 54 ss, e 57.

[45] Assim, considerando o anterior direito, Menezes Cordeiro admitia a responsabilidade, fora dos casos de violação de específicos deveres legais, aparentemente apenas em caso de erro grosseiro, evidente e inadmissível, propondo recorrer, em última instância, ao princípio da boa fé (cfr. *Da Responsabilidade dos Administradores* cit., 523).

concreta administração efectuada, não se traduz, tal como configurada pelo legislador português, numa mera regra (sobre limites) de competência dos tribunais. Os tribunais são à partida considerados aptos para averiguar se uma dada administração foi cuidada ou não. Só num momento subsequente, demonstrada a observância da regra, eles hão-de abster-se de condenar na obrigação de indemnizar. A consequência não é a absolvição da instância, mas do pedido.

A opinião exposta terá um símil próximo na doutrina penal em torno da construção do ilícito e do posicionamento, perante ele, das causas de exclusão da ilicitude. Evoca portanto também a discussão acerca dos elementos negativos do tipo. O tipo de ilícito básico é, aqui, dado pelo artigo 64, n.º 1, *a*), articulado com o artigo 72, n.º 1. A *business judgment rule* serve complementarmente à caracterização da ilicitude, limitando o raio de aplicação desse preceito. É no artigo 64 que se encontra a definição primária dos interesses cuja promoção compete ao administrador. Não no artigo 72, n.º 2.

10. **O conteúdo da *business judgment rule***

Chega a altura de tecer algumas considerações sobre o teor e o alcance material do artigo 72, n.º 2. Há três elementos a considerar: a exclusão da responsabilidade dá-se quando, 1) a decisão foi precedida da informação adequada, 2) se apresenta livre de qualquer interesse pessoal, e 3) foi tomada segundo critérios de racionalidade empresarial.

Estes elementos são de tomar como distintos entre si. Assim, a racionalidade empresarial, como quer que se descreva, não engloba, para a lei, os outros dois.

Por outro lado, a racionalidade empresarial também não pode equivaler ao cumprimento adequado do dever de administrar, ou seja, a critérios objectivos de uma boa administração no caso concreto. Se assim fosse, não estaria senão a descrever-se, prolixa e tautologicamente, aquilo que é genericamente exigível do administrador (e que a lei referenciou no artigo 64, n.º 1).

O efeito excludente de responsabilidade só se dá na presença cumulativa de todos os elementos constantes do artigo 72, n.º 2, apesar de eles exigirem uma consideração separada.

Mas a questão da responsabilidade apenas se põe se houver dano. De facto, ainda que tenha havido conflito de interesses, ainda que não tenha sido procurada e valorada a informação adequada, ainda que a decisão não obedecesse a critérios estritos de racionalidade empresarial, podem não ocorrer danos. A obrigação de indemnizar ficará então arredada, muito embora tenha havido violação daquelas regras mínimas de conduta que a *business judgment rule* contempla. O que terá todavia efeito para outros fins, permitindo designadamente a destituição por justa causa dos administradores que assim tenham procedido.

Hipótese diferente é a de terem sobrevindo danos numa situação em que se verificou a violação dos requisitos do artigo 72, n.º 2, mas prejuízos que se teriam produzido sempre perante uma decisão alternativa, diferente, em conformidade com o artigo 72, n.º 2. Também aqui a responsabilidade parece dever ficar arredada, ainda que se abra a possibilidade de destituição por justa causa. Os prejuízos radicarão, no fundo, numa circunstância situada para além das exigências colocadas por esse preceito à conduta dos administradores.

De toda a forma, o controlo das decisões dos administradores tende a ser procedimental e não de mérito. A *business judgment rule* do artigo 72, n.º 2, concentra-se, nessa medida, num conjunto de prescrições relativas ao processo de decisão. A possibilidade de absolutização desta afirmação depende do que deva considerar-se a racionalidade empresarial.

A recolha de informação pertence ao *iter* da decisão. É uma exigência de *due process*. Mas a lealdade constitui também um requisito de procedimento e não de mérito da conduta do administrador. À luz do artigo 72, n.º 2, ela está implicada na não prossecução de outros interesses além do interesse social. Aqui, o legislador foi curto: não se afigura suficiente impor a não prossecução de um interesse pessoal. Também a prossecução dos interesses de terceiros em detrimento do da sociedade dá lugar a um pleno juízo de mérito da conduta do administrador, ocorridos resultados prejudiciais à sociedade. Uma interpretação extensiva do preceito não oferece dificuldades.

Como é sabido, quer neste âmbito, quer no que toca à conduta informada, a exclusão da responsabilidade só se dá em caso de demonstração positiva dos requisitos da lei. Não basta o *non liquet*, e, assim, que não se tenha demonstrado uma falta de informação ou a prossecução de um interesse alheio ao social.

O ponto mais difícil do novo texto prende-se com a racionalidade empresarial. À primeira vista, dir-se-á que esta racionalidade é económica e segue os respectivos critérios de eficiência. Mas não se restringe a isso. Guarda também relação estreita com o âmbito da capacidade societária à luz, designadamente, do artigo 6, e, naturalmente, com o objecto social. Incluirá ainda, provavelmente, a observância dos limites, legal ou estatutariamente fixados, da competência dos administradores no confronto com outros órgãos.

Viu-se já, porém, que a racionalidade empresarial não pode valer como expressão-síntese de todos os deveres em que se desdobra a conduta a que funcionalmente estão adstritos os administradores.

Difícil é igualmente a articulação da racionalidade *empresarial* com o interesse da sociedade, assim como com os demais interesses previstos no artigo 64, n.º 1, *a*). A conduta de favor a um fornecedor ou cliente habitual a passar por dificuldades, um aumento salarial que diminui lucros, mas se revela adequado à manutenção da paz empresarial, a própria decisão de não deslocalizar a empresa para salvaguarda das famílias que dela dependem poderão estar abrangidas numa formulação que é de si muito ampla e genérica.

Uma outra pista é sugerida pela hipótese de destrinça entre racionalidade empresarial e razoabilidade da decisão[46]. Aquela teria um âmbito mais vasto do que esta. Nesta acepção, a racionalidade traçaria, portanto, um limite mais longínquo à conduta dos administradores do que a razoabilidade.

A tradição da *business judgment rule* apontará, porém – recorde-se a fórmula do American Law Institut –, para uma concepção mais concreta da racionalidade empresarial, que a averigua perante as específicas circunstâncias da decisão. Ora, não se tratando de um estalão abstracto de qualquer medida de administração, a racionalidade terá sempre dificuldade em se diferenciar da razoabilidade. Claro: nesta compreensão abre-se já a porta a um (certo) juízo de mérito da gestão, embora desacoplado dos resultados. Mas também o critério da razoabilidade da decisão que desponta naquela fórmula apresenta um significado desse tipo. Nesta acepção, a racionalidade empresarial – ou a razoabilidade – maleabiliza também o teor do artigo 64, n.º 1, para efeito de responsabilidade.

Em qualquer caso: dentro desta averiguação mais concreta, o papel dos "critérios de racionalidade empresarial" apresenta-se, no sistema português, mais relevante do que noutros espaços jurídicos, nomeadamente além-Atlântico. É que, entre nós, a exclusão da responsabilidade apenas se

---

[46] Cfr., sobre o ponto, Ricardo Costa, *Responsabilidade dos administradores*, cit., 21 ss.

dá mostrando-se positivamente a conformidade da conduta do administrador com tais critérios. Ou seja: não logrando ele fazer a prova dessa conformidade, responde, mesmo que não tenha havido também prova de que a sua conduta era injustificável segundo esses critérios. Daqui deriva um aumento da área de sindicabilidade da actuação dos administradores em Portugal: eles têm o dever de adequar o seu comportamento a essas regras, só essa adequação os salva da responsabilidade.

Não assim noutras versões da *business judgment rule*. De facto, também se podia ter previsto que a responsabilidade ficaria excluída, excepto na medida em que a conduta não fosse (claramente) harmonizável com tais critérios. Nesta formulação, requerer-se-ia que a conduta do administrador fosse (positivamente) irrazoável do ponto de vista empresarial para o poder responsabilizar. Não se exigiria dele a adopção de práticas reconhecidas de boa gestão empresarial. Apenas se lhe proibiria aquilo que são consabidamente más práticas.

Tal conferiria ao administrador um maior leque de possibilidades de actuação, mesmo havendo orientações e procedimentos consagrados e tidos comummente como correctos (e que a ciência das escolhas na gestão de empresas reflecte). Ele poderia deles afastar-se, trilhando caminhos inovadores, experimentando novas formas de gestão – ainda que na ausência de consensos quanto à sua eficiência e utilidade –, desde que as suas decisões não fossem manifestamente irrazoáveis do ponto de vista da racionalidade empresarial.

A opção do legislador português parece diferente. Naturalmente que quanto mais abstracta for a concepção da racionalidade empresarial mencionada no artigo 72, n.º 2, mais nos aproximamos daquele entendimento. No entanto, não parece que aquela expressão autorize arredar do juízo sobre a racionalidade empresarial de certa decisão qualquer ponderação devida pela situação concreta.

Tudo merece reflexão. Se pode louvar-se a eventual intenção de estimular os administradores portugueses à adequação das suas práticas de gestão empresarial com aqueles *standards* normalmente reconhecidos e adquiridos como práticas de boa gestão, prejudica-se a busca de mais audazes formas de a levar a cabo. Numa época, como a nossa, de grande mutação, isso pode ser prejudicial. Aí onde haja formas de gestão sedimentadas, a inovação na gestão corre o risco de sair penalizada: um aspecto que pode ser preocupante.

De qualquer forma, uma padronização da gestão só é viável naqueles sectores e âmbitos onde estejam reconhecidas práticas de boa gestão e onde, por isso, esta possa facilmente ser profissionalizada. O que está longe de abarcar a maior parte do universo societário português.

Por confronto, vale a pena atender à redacção actual do § 93 I, 2, 1.ª parte, da *Aktiengesetz*: "Não há violação do dever [de actuar na direcção da empresa com a diligência de um gestor criterioso e ordenado] quando o membro da direcção, ao tomar uma decisão empresarial, podia razoavelmente supor que, na base de uma informação adequada, agia em benefício da sociedade."

Nota-se imediatamente que, ao contrário do que ocorre em Portugal perante o artigo 72, n.º 2, o qualificativo "empresarial" não constitui um critério de decisão a que o administrador está adstrito, mas se limita a caracterizar o âmbito dentro do qual a *business judgment rule* impera: as decisões empresariais (e nenhumas outras). A diferença é enorme. Temos uma exigência à administração de sociedades que os alemães não têm.

Num outro ponto, a lei germânica parece mais amiga da autonomia dos administradores. É que o § 93, I, 2, 1.ª parte, já citado, adopta um critério misto, subjectivo-objectivo, no lugar do padrão objectivo do direito luso. De facto, segundo o seu teor, a fronteira da irresponsabilidade não se franqueia apenas diante de uma objectiva conformidade da decisão com o benefício da sociedade; ao contrário do que entre nós se dirá, se a racionalidade empresarial for interpretada no sentido de conduta em benefício da sociedade. No direito tudesco, é suficiente que o administrador pudesse razoavelmente supor que tal acontecia (na base de uma informação adequada). Torna-se fácil de ver que esta formulação rigidifica menos a administração e consente uma gestão da sociedade mais audaz e inovadora, propiciando, para tanto, um maior campo de irresponsabilidade aos administradores.

A nossa lei não seguiu este caminho. Mas ainda que não se demonstre positivamente uma objectiva desconformidade com critérios de racionalidade empresarial, o simples facto de o gerente não ter razoavelmente motivos para supor que agia em benefício da sociedade fundamenta uma destituição. Por outro lado, a razoabilidade medida segundo o horizonte do administrador pode sempre desculpá-lo para efeito de responsabilidade.

Permanece, no final, a incerteza quanto a saber se estas discrepâncias em relação ao texto germânico tiveram alcance pensado ou se foram simples circunstâncias fortuitas que as motivaram. Fica também a dúvida sobre a possibilidade de vislumbrar uma linha clara de sentido que as explique.

11. Eficácia da *business judgment rule* face a terceiros?

O último aspecto a considerar diz respeito à modificação da redacção dos artigos 78, n.º 5, e 79, n.º 2, do CSC, que agora incorporam uma referência ao artigo 72, n.º 2, precedentemente analisado: com o objectivo essencial de excluir a responsabilidade dos administradores perante credores, sócios e terceiros sempre que os administradores agiram em termos informados, sem qualquer interesse pessoal e segundo critérios de racionalidade empresarial. A modificação não constava da primeira versão do diploma de alteração. Foi introduzida posteriormente, através de rectificação[47]. Contudo: a emenda não foi feliz, e desajuda.

Parte-se hoje, aparentemente, da plena aplicabilidade da *business judgment rule* nas relações dos administradores, além de para com a sociedade, face a credores, sócios e terceiros. Mas claro que, sendo assim, no plano da técnica legislativa teria sido preferível enunciá-la no próprio artigo 64, o coração da matéria dos deveres dos administradores e a sede natural da determinação da licitude/ilicitude da sua conduta. Evitando, do mesmo passo, remissões sucessivas.

Desça-se, porém, à substância: a aludida concepção não parece defensável, porque os deveres de uma boa administração – aos quais, como vimos, está referenciada a *business judgment rule* – não valem perante estes sujeitos. Repercute-se no fundo aqui, no plano dos sujeitos titulares das posições activas a que correspondem os deveres dos administradores, a confusão que a alteração legislativa mostra em torno desses deveres.

A *business judgment rule* respeita ao dever de administrar (bem), que é um dever face à sociedade e que só ela pode invocar. Nenhum sócio, credor ou terceiro pode reclamar do administrador uma indemnização por prejuízos (próprios) derivados de uma má administração. O dever de administrar (com cuidado) não existe perante nenhum deles, e nenhum deles tem uma pretensão mediante a qual possa exigir, pessoalmente, o seu cumprimento. Deste modo, a exclusão de responsabilidade com base na actuação informada e no interesse social, assim como de acordo com a racionalidade empresarial não opera (*qua tale*) perante eles. Nenhum deles, repete-se, podia reclamar do administrador uma conduta conforme com o artigo 72, n.º 2, em ordem à satisfação do seu interesse.

---

[47] Cfr. Declaração de Rectificação n.º 28-A/2006, de 26 de Maio de 2006.

Certamente: o administrador tem também deveres perante credores, sócios e terceiros. Só que esses deveres são normalmente, ou deveres específicos sem autonomia no cumprimento (normalmente especificados na lei ou, em casos mais raros, no contrato), ou deveres (comuns) de boa fé e lealdade para com aqueles que estão, têm ou instauraram um relacionamento específico (uma *Sonderverbindung*) com os administradores.

Na realidade, a responsabilidade perante credores e outros terceiros (sócios, trabalhadores, clientes) era, foi e será sempre uma responsabilidade condicionada, requerendo factores especiais.

Segundo o artigo 78, que tutela os credores, requer-se a violação de uma disposição legal ou contratual destinada a proteger interesses alheios, e que, por via dessa violação, o património social se tenha tornado insuficiente para a satisfação dos credores.

Face ao artigo 79, a responsabilidade perante sócios e terceiros é tida como comum, mas só existe pelos danos "directamente" causados. Uma expressão que compreende com certeza a causação dolosa de prejuízos a sócios ou terceiros e que, além disso, deve ser lida de acordo com a construção dogmática de uma responsabilidade por violação de deveres especiais fundados numa relação específica, directa, entre o administrador e os aludidos sócios e terceiros. Este é campo de deveres de boa fé e de lealdade. Não é âmbito de deveres de prossecução positiva dos interesses (próprios) desses terceiros, mas apenas de preservação das suas posições, ou de não sacrifício delas senão perante razões significativas do interesse social; o que demarca a área (meramente negativa) dos deveres de protecção[48].

Isto dito, é obviamente certo que, nos casos em que o administrador pode invocar com êxito a *business judgment rule* contra a sociedade, também não incorre ordinariamente (pelos mesmos factos) em responsabilidade perante credores, sócios ou (outros) terceiros. Não seria com certeza admissível que, na relação com eles, vigorassem padrões mais estritos de responsabilidade dos administradores do que perante a sociedade. Só que tal flui directamente da função da *business judgment rule* e do tipo e

---

[48] Cfr., sobre a nossa concepção, *Teoria da Confiança e Responsabilidade Civil*, cit., 172 ss, n. 120, e 255, n. 231, assim, como, mais recentemente, *A responsabilidade dos administradores na insolvência*, cit., 660 ss, e 674 ss, e *passim*. O tema é amplo e complexo: *vide* ELISABETE RAMOS, *Responsabilidade Civil dos Administradores*, cit., *passim*, e CATARINA CORDEIRO, *Algumas considerações críticas sobre a responsabilidade civil dos administradores perante os accionistas*, O Direito 137 (2005), I, 81 ss, em esp. 127 ss.

natureza dos deveres que, infringidos pelo administrador, são susceptíveis de gerar a aludida responsabilidade perante credores, sócios e terceiros.

Temos, portanto, que, do ponto de vista técnico, se afigurava preferível a solução primeira (depois alterada) de atribuir eficácia legal directa à *business judgment rule* apenas nas relações com a sociedade. Tal nunca impedia uma relevância indirecta, em nome da consistência e adequação valorativas, dessa regra nas relações dos administradores com outros sujeitos, para justificar a sua isenção de responsabilidade perante eles. Havia espaço para a graduação da responsabilidade perante credores, sócios e terceiros a níveis consentâneos com o tipo de relação em causa.

O legislador não parece tê-lo entendido assim. Considerando uma *business judgment rule* aplicável na relação com credores, sócios e terceiros, ela deveria, como dissemos, ser ancorada no artigo 64, porventura como n.º 2. Como, porém, a esse caminho se erguem as dificuldades dogmáticas já enunciadas, ligadas ao sentido e função dessa regra, resta ao intérprete-aplicador considerar que a remissão que os artigos 78 e 79 fazem para o artigo 72, n.º 2, não recorta, na realidade, o âmbito dessas disposições, limitando-se, tautologicamente, a dizer aquilo que já resultava do artigo 72, n.º 2, devidamente interpretado e articulado com o artigo 64, n.º 1.

Com isto, ficam traçados o sentido e o alcance geral da *business judgment rule* no actual direito. Neste quadro se enxerta agora o problema da repartição da responsabilidade entre os vários membros da administração[49]. Esse, porém, não é o nosso tema.

12. Uma palavra conclusiva sobre unidades de discurso, direito comparado e ideal da codificação

Importa fazer uma breve apreciação final.

Apesar dos reparos que se encontraram, a preocupação da lei de conferir maior dinamismo e intervenção às disposições sobre responsabilidade dos administradores – e de, para isso, clarificar, concretizar e especificar melhor, com pedagogia embora, deveres a que os administradores estão adstritos –, afigura-se sufragável e, porventura, mesmo de louvar.

---

[49] Cfr., sobre este ponto, CALVÃO DA SILVA, *"Corporate Governance"*, cit., 31 ss.

Por sua vez, a consagração legal da *business judgment rule*, abstraindo dos problemas colocados pela versão acolhida, é, em si mesma, de saudar, no equilíbrio que possibilita entre as zonas de liberdade e de responsabilidade dos administradores e na previsibilidade ou certeza que com tal propósito permite. Embora a ausência de consagração legislativa não impedisse o seu acolhimento pelos tribunais na sua tarefa de concretização-aplicação dos critérios jurídico-normativos disponíveis.

Não se esgrima o argumento de estar a viabilizar-se acriticamente um transplante da cultura jurídica anglo-saxónica. Uma transferência deste tipo só constitui perigo quando se importam conceptologias e referentes dogmáticos alheios – que se projectam inelutavelmente noutros âmbitos –, ou sempre que se cria uma desconexão material (directa) com outros elementos do sistema jurídico.

Tal não ocorre aqui. Na sua essência, a *business judgment rule* representa aquilo que pode considerar-se uma unidade do discurso jurídico, de teor material, e não de índole construtivo-formal. Embora complexa, aglutinadora de elementos mais simples, está desprovida de qualificações e categorias. Ela constitui-se, antes de mais, como que em ponto de vista argumentativo que, como é próprio das impostações tópicas, carece, depois, de ser integrado no sistema. Enquanto unidade discursiva, ela mostra-se pertinente, independentemente de consagração legal. A sua positivação não induz desconexões relevantes, não é desarmónica com outros dados do sistema, não gera distorções. Sendo um argumento de substância, não dogmático nem conceptual, está aberto ao trabalho do juscomparatista e não faz temer importações culturais díspares.

Contudo, a sua consagração lança um repto ao aprofundamento da estrutura e conteúdo da posição jurídica dos administradores. E, nesse aspecto, demo-nos já conta de que são grandes as dificuldades dogmático--construtivas da integração da *business judgment rule* no direito da responsabilidade civil do administrador. Tudo aponta, evidentemente, para o interesse do aprofundamento dos conhecimentos em torno da boa governação das sociedades (*corporate governance*), pois tal densifica certamente todo o feixe de questões e respostas que a referida regra coloca.

Neste aspecto – da integração dogmático-sistemática da *business judgment rule* no direito português – parece anunciar-se, de resto, um interessantíssimo campo de análise: saber em que medida ela poderia contribuir para o esclarecimento dos termos da responsabilidade do Estado; assim como, inversamente, averiguar até que ponto não seria possível usar, em alternativa ou complemento dessa mesma regra, os critérios já existentes que justificam entre nós a responsabilidade das entidades públicas nas áreas onde gozam também de autonomia de desempenho[50]. A administração, pública ou (societário-)privada, é flagrantemente paralela nos problemas jurídicos que coloca, apesar das profundas diferenças funcionais que naturalmente também marcam cada uma delas. Para dar um exemplo: o princípio da proporcionalidade, que conheceu um grande florescimento no direito público e que serve aí, *inter alia*, a função de circunscrever e sindicar o mérito dos actos administrativos, não encontra eco no artigo 72, n.º 2. Justifica-se?

A terminar: as críticas precedentemente feitas à reforma do CSC são, desde logo, de natureza técnica. Mas não todas.

Contudo, mesmo aquelas que alcançam o nível da justiça e oportunidade das soluções (saliente-se que o direito societário é largamente inspirado numa *Zweckrationalität*[51]), podem, até certo ponto, ser corrigidas pelo intérprete-aplicador, que para o efeito deverá reconstruir o teor dos preceitos em causa de modo a salvaguardar o essencial da preocupação legislativa.

Tudo sugere a conhecida imagem do copo meio cheio ou meio vazio. Vale a pena aproveitar o rumo positivo do caminho agora iniciado. Enquanto, porém, não se perder o ideal da codificação e ele tiver algum significado para o jurista luso, a necessidade de correcções e melhorias, técnicas e materiais, impõe-se. A oportunidade do diploma rectificativo perdeu-se. Por isso, mais tarde ou mais cedo, nova intervenção legislativa haverá de ter lugar. Conforta-nos a certeza de que, neste como noutros domínios, o Direito não está tanto na lei, quanto no discernimento adequado das exigências da juridicidade pelo intérprete-aplicador. Saiba ele estar à altura do desafio.

---

[50] Conceptualmente, o facto de a administração pública gozar de discricionariedade em muitos domínios não impede um juízo sobre o mérito da concreta decisão tomada. A *business judgment rule* vai, porém, mais longe, porque impede um juízo de demérito da gestão efectuada, verificados os seus pressupostos.

[51] Diga-se de passagem: talvez por isso – pela pouca força que em muitos domínios societários têm argumentos de cariz marcadamente ético-jurídico –, seja às vezes tão difícil a harmonização de modelos organizatório-funcionais entre países de práticas e usos distintos neste campo.

RESPONSABILIDADE CIVIL DOS ADMINISTRADORES NÃO EXECUTIVOS, DA COMISSÃO DE AUDITORIA E DO CONSELHO GERAL E DE SUPERVISÃO

JOÃO CALVÃO DA SILVA*

SUMÁRIO: *1. Modelos de* "corporate governance" *na reforma de 2006: o modelo tradicional, o modelo anglo-saxónico e o modelo dualista. 2. Governação societária com administradores não executivos: A) O modelo tradicional: 2.1. Conselho de administração: funcionamento colegial; 2.2. Conselho de administração: atribuição de encargo especial a algum ou alguns administradores (artigo 407.º, n.ºs 1 e 2) e responsabilidade solidária de todos os administradores (artigo 73.º); 2.3. Conselho de administração: delegação de poderes de gestão num ou mais administradores ou numa comissão executiva e responsabilidade dos administradores não executivos apenas por culpa própria* in vigilando *ou falta de intervenção do conselho perante conhecidos actos ou omissões prejudiciais praticados ou o conhecido propósito de serem praticados por aqueles. 3. Governação societária com administradores não executivos: B) O modelo anglo-saxónico: 3.1. Conselho de administração e comissão de auditoria; 3.2. Composição qualitativa da comissão de auditoria: honorabilidade, competência e independência dos membros; 3.3. Competência da comissão de auditoria: funções de controlo e vigilância análogas às do conselho fiscal no modelo tradicional; 3.4. Responsabilidade dos membros da comissão de auditoria análoga à dos membros do conselho fiscal. 4. Governação societária sem administradores não executivos: o modelo dualista: 4.1. Conselho de administração executivo: órgão de gestão (tendencialmente) exclusiva da sociedade, sem delegação de poderes; 4.2. Conselho geral e de supervisão: órgão de fiscalização; 4.3. Responsabilidade dos membros do conselho*

* Professor Catedrático da Faculdade de Direito da Universidade de Coimbra.

geral e de supervisão análoga à dos membros do conselho fiscal; a (in)influência das comissões. 5. Deveres gerais de cuidado e de lealdade. 6. Dever de cuidado e business judgment rule. *7. Dever de lealdade. 8. Cláusulas de exclusão ou limitação de responsabilidade. 9. Caução (garantia) ou seguro de responsabilidade civil.*

1. Modelos de "*corporate governance*" na reforma de 2006: o modelo tradicional, o modelo anglo-saxónico e o modelo dualista

I – De acordo com o n.º 1 do artigo 278.º do Código das Sociedades Comerciais, na redacção dada pelo artigo 2.º do Decreto-Lei n.º 76.º-A/ /2006, de 29 de Março[1],

> A administração e a fiscalização da sociedade podem ser estruturadas segundo uma de três modalidades:
>
> *a*) Conselho de administração e conselho fiscal;
> *b*) Conselho de administração, compreendendo uma comissão de auditoria, e revisor oficial de contas;
> *c*) Conselho de administração executivo, conselho geral e de supervisão e revisor oficial de contas.

Relativamente ao direito pregresso, a recentíssima reforma introduziu um novo modelo de *corporate governance:* o sistema monista anglo-saxónico [al. *b*)][2].

II – Assim, com este alargamento ou enriquecimento de modelos legais de organização de sociedades anónimas, empreendedores e agentes económicos em Portugal dispõem a partir de 30 de Junho de 2006, data da entrada em vigor do Decreto-Lei n.º 76-A/2006 (artigo 64.º), de uma maior e mais flexível pluralidade de escolha do modelo de governação para as suas empresas: a opção entre o sistema tradicional [al. *a*)], o sistema anglo-americano [al. *b*)] e o sistema dualista [al. *c*)].

Opção alternativa, sem possibilidade de cumulação, combinação ou mistura de elementos típicos dos distintos modelos (*cherry-picking*) nos

---

[1] Declaração de rectificação n.º 28-A/2006, de 26 de Maio. Os artigos referidos sem indicação são do Código das Sociedades Comerciais.

[2] Para uma análise do direito das sociedades à luz da nova reforma, *vide* António Menezes Cordeiro, *Manual de direito das sociedades*, II. *Das sociedades em especial*, Coimbra, 2006; Paulo Olavo Cunha, *Direito das sociedades comerciais*, Coimbra, 2006.

órgãos obrigatórios, dada a continuação do princípio da tipicidade das sociedades comerciais (artigo 1.º, n.os 2 e 3, do Código das Sociedades Comerciais) e inerente segurança jurídica proporcionada a sócios, credores, fornecedores, clientes e público em geral.

III – Deste modo, sobretudo pela consagração do modelo anglo-saxónico, procura o legislador português acompanhar os mais recentes desenvolvimentos verificados na teoria da *corporate governance*[3], em resposta às escandalosas fraudes da *Enron,* da *Worldcom* e de tantas outras sociedades (*Adalphia*, *Tyco*, *Global Crossing*, *Parmalat*, etc.).

A evolução da teoria do governo societário – a ideia de "*corporate governance*" assume grande relevo já nos anos 30 do século XX, nos Estados Unidos, com a separação entre (propriedade do) capital e *management,* e depois nos anos 70 com o financiamento ilegal da campanha presidencial de Nixon – verificada nos últimos anos parte de constatações:

---

[3] *Vide* CMVM – *Governo das Sociedades Anónimas: propostas de alteração ao Código das Sociedades Comerciais. Processo de consulta pública n.º 1/2006,* § 4 (ampliação dos modelos de governação opcionais) e n.º 8 (vantagens da permissão alternativa de um terceiro modelo).

Entre nós, sobre *corporate governance* em geral, *vide Livro Branco sobre Corporate Governance em Portugal* (Instituto Português de *Corporate Governance*, 2006); COUTINHO DE ABREU, *Direito Comercial. Governação das sociedades*, Coimbra, 2005; PEDRO CAETANO NUNES, *Corporate governance*, 2006; JOÃO SOARES DA SILVA, *Responsabilidade civil dos administradores de sociedades: os deveres gerais e os princípios da corporate governance*, *in* "Revista da Ordem dos Advogados", 1997, p. 605 e segs.; *Idem*, *O action plan da Comissão Europeia* e o *contexto da corporate governance no início do século XXI*, *in* "Cadernos do Mercado de Valores Mobiliários", n.º 18 (2003), p. 72 e segs.; PAULO CÂMARA, *O governo das sociedades em Portugal: uma introdução*, *in* "Cadernos do Mercado de Valores Mobiliários", n.º 12 (2001), p. 45 e segs.; *Idem*, *Códigos de governo das sociedades*, *in* "Cadernos do Mercado de Valores Mobiliários", n.º 15 (2002), p. 67 e segs.; MENEZES CORDEIRO, *Manual de direito das sociedades*, I. *Das sociedades em geral*, Coimbra, 2004, p. 691 e segs.; *amplius*, cfr. KENNETH A. KIM/JOHN R. NOFSINGER, *Corporate governance*, 2.ª ed., 2006; P. A. GOUREVITCH/J.J. SHINN, *Political power and corporate control. The new global politics of corporate governance*, 2005; J. P. CHARKHAM/H. PLOIX, *Keeping better company corporate governance ten years ago*, 2.ª ed., 2005; J. SOLOMON/A. SOLOMON, *Corporate governance and accountability*, 2004; EASTERBROOK/FISHEL, *Economic structure of corporate law*, 1991; PETER HOMMELHOFF/ /KRAUS P. HOPT/ALEX V. WEDER, *Handbuch Corporate Governance*, 2003. Por fim, tenham-se presentes *"Os Princípios da OCDE sobre o Governo das Sociedades"*, revistos em 2004; *Principles of Corporate Governance*, adoptados e promulgados pelo *American Law Institute* já em 1992; *Deutsche Corporate Governance Kodex*, 2003.

A raridade de o conselho de administração ser capaz de gerir activamente uma grande sociedade e a correspondente delegação de responsabilidades em executivos profissionais, com tempo, disponibilidade e competência para a gestão diária dos negócios da empresa;

O papel passivo do conselho de administração (delegante) na monitorização e controlo dos executivos (*executive officers e CEO)* da sociedade, com frequente inversão de posições: o "domínio" do (processo decisório do) conselho de administração pela comissão executiva, em especial pela CEO, designadamente em sociedades com o capital disperso por muitos pequenos accionistas e sem incentivo para controlar activa e efectivamente a gestão – CEO que controla a informação e a agenda das (poucas) reuniões do conselho de administração a que muitas vezes preside, acumulando as funções de *chairman,* e assim previne a apreciação crítica do desempenho da gestão, que acaba por exercer os plenos poderes do conselho de administração, transformado em órgão passivo, composto por "*yes men*", de "ratificação automática" de actos daquela.

Estes dados de facto e as fraudes verificadas em sociedades várias aumentaram a pressão para não continuar a contemporizar-se com uma gestão sem *efectiva* e *eficaz* supervisão, emergindo com força o paradigma do controlo da gestão por monitores activos e independentes. E é neste contexto que *surge* nos EUA a *SOX–Sarbanes Oxley Act de 2002 (Public Company Accounting Reform and Investor Protection Act)* e na sua esteira irrompe por toda a parte o ímpeto reformista do governo das sociedades[4], com vista a restaurar as abaladas credibilidade, fiabilidade e transparência do mercado através de revitalizado, qualificado e (pro)activo órgão de controlo e supervisão da gestão nos diferentes modelos (conselho fiscal, comissão de auditoria, conselho geral e de supervisão), com a imprescindível literacia financeira e *expertise* de contabilidade ou auditoria e a

[4] Vejam-se: *Comunicação da Comissão* ao Conselho e ao Parlamento Europeu *"Modernizar o direito das sociedades e reforçar o governo das sociedades na União Europeia – uma estratégia para o futuro"*, Com(2003)284 final, de 21/05/2003; *Recomendação da Comissão*, de 14 de Dezembro de 2004, *relativa à instituição de um regime adequado de remuneração dos administradores de sociedades cotadas*, *in* JOUE L385/55, de 29/12/2004; *Recomendação da Comissão*, de 15 de Fevereiro de 2005, *relativa ao papel dos administradores não executivos ou membros do conselho de supervisão de sociedades cotadas e aos comités do conselho de administração ou de supervisão*, *in* JOUE L52/51, de 25/02/2005; Regulamento da CMVM n.º 7/2001, alterado e republicado pelo Regulamento da CMVM n.º 11/2003, e posteriormente alterado pelos Regulamentos da CMVM n.ᵒˢ 10/2005 e 3/2006.

necessária independência para o mesmo se não deixar capturar pelos fiscalizados (gestão e auditores externos) e assim poder ter um efectivo e eficiente julgamento sério, isento e rigoroso da gestão, promovendo sobretudo a qualidade, a confiabilidade e a transparência do *reporting* financeiro e do *disclosure* (discutindo-o com os auditores externos independentes, revendo-o e discutindo-o com a gestão) pela sua axial importância para os mercados, investidores e *performances* das economias.

Todo este movimento de reforma (Alemanha, Itália, França, Inglaterra, etc.) tendente a um são e prudente governo societário,[5] impulsionado por desastres como *Enron* e *Worldcom* (em 2000 a *Chief Executive magazine* nomeava o *board* da *Enron* como um dos cinco melhores na América!), acompanha ou segue mesmo a *reactiva SOX – et pour cause,* já que esta é aplicável também às sociedades estrangeiras cotadas na *New York Stock Exchange* – que introduziu um *"hard law"* sobre aspectos múltiplos, tais como: a independência de auditores externos e a regra de estes ficarem proibidos de prestar outros serviços adicionais, principalmente de consultoria; auditorias de supervisão, aumentando o papel, a responsabilidade e *reporting* dos comités de auditoria; independência dos administradores; protecção dos *whistleblowers*, accionistas, colaboradores da sociedade ou outros que denunciem irregularidades; *disclosure* tempestiva e completa da informação ao público; sanções civis e criminais; relação entre conselho de administração, gestão, comissão de auditoria e auditor ou revisor oficial de contas; papel mais activo dos advogados como *"gatekeepers"*, etc..

Na certeza de que um bom governo é um processo orgânico de adequados e dinâmicos *"checks and balances"*, assente no factor humano, a exigir honestidade, competência, profissionalismo e cumprimento efectivo das responsabilidades de cada um na posição que ocupa, com a eficiência, a *transparência* e a *accountability* que o devem caracterizar a revelarem-se decisivas para a confiança dos investidores e para a *performance* das economias nacionais num mercado global mais exigente e mais concorrencial.

Sendo para isso decisivas a eficiência e competitividade das empresas na criação de riqueza e de emprego, a nortear os processos de reformas legislativas dos direitos nacionais num movimento de crescente confluência e *convergência funcional dos três grandes modelos de estruturação da*

---

[5] *Vide* GUILHERMO GUERRA MARTIN, *El gobierno de las sociedades cotizadas estadounidenses. Su influencia en el movimiento de reforma del derecho europeo*, 2003.

governação e fiscalização das sociedades comerciais, em especial das sociedades anónimas cotadas em mercado regulamentado[6].

2. Governação societária com administradores não executivos: A) O modelo tradicional

O sistema tradicional ou sistema clássico de estruturação do governo societário baseia-se na distinção entre *um órgão de gestão (conselho de administração ou administrador único) e um órgão de controlo (conselho fiscal ou fiscal único).*

2.1. *Conselho de administração: funcionamento colegial*

I – O conselho de administração é composto pelo número de administradores fixado no contrato de sociedade (artigo 390.º, n.º 1), designados no contrato de sociedade ou eleitos pela assembleia geral ou constitutiva (artigo 391.º, n.º 1).

Note-se o desaparecimento da anterior imposição de número ímpar de membros e a correspondente atribuição de *voto de qualidade* ao presidente nas deliberações do conselho composto por um número par de administradores [artigo 395.º, n.º 3, al. *a*)], sem prejuízo de o contrato de sociedade poder atribuir igualmente voto de qualidade ao presidente nas deliberações do conselho nos restantes casos [artigo 395.º, n.º 3, al. *b*)].

O contrato de sociedade pode dispor que a sociedade tenha um só administrador, desde que o capital social não exceda € 200.000 (artigos

---

[6] Cfr. PEDRO MAIA, *Função e funcionamento do Conselho de Administração das sociedades anónimas*, 2002, p. 253 e segs.; MELVIN EISENBERG, *Perspectivas de convergência global dos sistemas de direcção e controlo das sociedades*, *in* "Cadernos do Mercado dos Valores Mobiliários", n.º 5 (1999), p. 108 e segs.; KLAUS J. HOPT, *Gemeinsame Grundsätze der Corporate Governance in Europe?*, *in* "Zeitschrift für Unternehmens – und Gesellschaftsrecht", 2000, p. 779 e segs.; ULRICH SEIBERT, *Aktienrechtsreform im Permanent?*, *in* "Die Akiengesellschaft" 2002, p. 417 e segs.; R. L. GILSON, *Globalizing corporate governance, convergence of form or function*, *in* "American Journal of Comparative law", vol.49 (2001), p. 329 e segs.; KRAMAN/DAVIES/HASSMANN//HERTIG/HOPT/KANDA/ROCK, *The anatomy of corporate law: a comparative and functional approach*, 2004; FERRARINI/HOPT/WINTER/WYMEERSCH, *Reforming company and takeover law in Europe*, 2004.

278.º, n.º 2, e 390.º, n.º 2). Os administradores, pessoas singulares com capacidade jurídica plena, podem não ser accionistas (artigo 390.º, n.º 3); se uma pessoa colectiva for designada administrador, deve nomear uma pessoa singular para exercer o cargo em nome próprio, respondendo aquela solidariamente com esta e pelos actos desta (artigo 390.º, n.º 4). O contrato de sociedade pode autorizar a eleição de administradores suplentes, até número igual a um terço do número de administradores efectivos (artigo 390.º, n.º 5).

II – Consabidamente, *são da competência do conselho de administração, não só a representação plena e exclusiva da sociedade (artigo 405.º, n.º 2), mas também a gestão das actividades da sociedade (artigo 405.º, n.º 1) compreendidas no objecto contratual e cujo exercício efectivo haja sido deliberado pelos sócios* (artigo 11.º, n.os 2 e 3), cabendo-lhe, por isso e para isso, deliberar sobre qualquer assunto de administração da sociedade, nomeadamente os elencados nas várias alíneas do artigo 406.º. *Sobre as matérias de gestão, vale dizer, o tráfico ou giro da sociedade, a exploração da empresa social, os accionistas só podem deliberar a pedido do órgão de administração (artigo 373.º, n.º 3), norma imperativa que confere competência própria e exclusiva ao conselho de administração para gerir as actividades sociais, sob pena de nulidade de deliberação da assembleia geral sobre matéria de gestão:* o conteúdo da deliberação não está, por natureza, sujeito a deliberação dos sócios [artigo 56.º, n.º 1, al. *c*)] ou é ofensivo de preceitos legais inderrogáveis mesmo por vontade unânime dos sócios [artigo 56.º, n.º 1, al. *c*)][7].

Consabidamente, ainda, *para protecção de terceiros e da segurança do comércio jurídico em geral, os actos praticados pelos administradores, em nome da sociedade e dentro dos poderes substantivos (artigos 405.º e 406.º) e procedimentais (artigo 408.º) que a lei lhes confere, vinculam-na para com terceiros – sendo irrelevantes as limitações* (não legais) constantes dos estatutos ou resultantes de deliberações dos accionistas, mesmo

---

[7] Sobre a repartição de poderes entre o conselho de administração e a assembleia geral e os actos de gestão como limites aos poderes desta, cfr. VASCO LOBO XAVIER, *Anulação de deliberação social e deliberações conexas*, Coimbra, 1976, p. 348 e segs., especialmente nota 101; JOÃO CALVÃO DA SILVA, *Conflitos de interesses e abuso do direito nas sociedades*, *in* "Estudos Jurídicos", Coimbra, 2001, p. 107 e segs.; PEDRO MAIA, *Função e funcionamento do Conselho de administração da sociedade anónima*, Coimbra, 2002, p. 137 e segs.

que essas limitações estejam publicadas e sejam conhecidas dos terceiros (artigo 409.º, n.º 1) – *salvo se actos não incluídos no âmbito do objecto social, vale dizer, salvo se actos estranhos à actividade da sociedade (artigo 11.º)*, conforme resulta do n.º 2 do artigo 409.º:

"A sociedade pode, no entanto, opor a terceiros as limitações de poderes resultantes do seu objecto social" – e só do objecto social, porque as outras limitações são irrelevantes nos termos da segunda parte do n.º 1 do mesmo preceito[8] –, "se provar que o terceiro sabia ou não podia ignorar, tendo em conta as circunstâncias, que o acto praticado não respeitava essa cláusula e se, entretanto, a sociedade o não assumiu, por deliberação expressa ou tácita dos accionistas"[9].

Consabidamente, por fim, é conhecida a *imperatividade do funcionamento colegial do conselho de administração*, quer do *quorum constitutivo* – "o conselho não pode deliberar sem que esteja presente ou representada a maioria dos seus membros" (artigo 410.º, n.º 4) – quer do *quorum deliberativo*: "as deliberações são tomadas por maioria dos votos dos administradores presentes ou representados e dos que, caso o contrato de sociedade o permita, votem por correspondência" (artigo 410.º, n.º 7)[10].

2.2. *Conselho de administração: atribuição de encargo especial a algum ou alguns administradores (artigo 407.º, n.ºs 1 e 2) e responsabilidade solidária de todos os administradores (artigo 73.º)*

I – "*A não ser que o contrato de sociedade o proíba,* pode o conselho *encarregar* especialmente algum ou alguns administradores de se ocuparem de certas matérias de administração" (artigo 407.º, n.º 1).

E continua o n.º 2 do mesmo artigo 407.º:

---

[8] Cfr. acórdão do Supremo Tribunal de Justiça de 3/5/1995, *in* BMJ n.º 447, p. 520.

[9] *Vide* João Espírito Santo, *Sociedades por quotas e anónimas, Vinculação: objecto social e representação plural*, Coimbra, 2000, p. 421 e segs.; Alexandre Soveral Martins, *Capacidade e representação das sociedades comerciais*, *in* "Problemas do Direito das Sociedades" (Instituto de Direito das Empresas e do Trabalho), Coimbra, 2002, p. 471 e segs., especialmente p. 486 e segs.; Agostinho Cardoso Guedes, *A limitação dos poderes dos administradores das sociedades anónimas operada pelo objecto social no novo Código das Sociedades Comerciais.*

[10] Cfr. Pedro Maia, *Função e funcionamento do conselho de administração*, *cit.*, p. 213 e segs.

> *O encargo especial* referido no número anterior não pode abranger as matérias previstas nas alíneas *a*) a *m*) do artigo 406.º e *não exclui a competência normal dos outros administradores ou do conselho nem a responsabilidade daqueles, nos termos da lei.*

Trata-se de *mera distribuição interna de tarefas*, com o conselho a cometer encargo especial a algum ou alguns administradores, sem propriamente[11] repartir as competências do conselho de administração: *este, autor do encargo, e os outros administradores* (não encarregados *especialmente* de se ocuparem de certa matéria) *mantêm, de iure, a competência para gerir as actividades da sociedade, com todos os poderes e deveres normais de administração ou gestão da empresa,* tal como se não tivesse sido atribuído internamente, *de facto,* encargo especial a algum ou alguns administradores.

II – *Por isso mesmo*, e em plena e justificada coerência, *também não é excluída a normal responsabilidade dos administradores não encarregados especialmente de certa matéria: permanecendo, de iure, não só o poder mas também e sobretudo o dever de gerir colegialmente (artigo 410.º) a sociedade a cargo de todos e cada um dos administradores,* encarregados ou não especialmente de se ocuparem, de facto, de certa matéria, *nada mais natural do que a responsabilização de todos os administradores nos termos da lei:* responsabilidade para com a sociedade (artigos 72.º a 77.º), responsabilidade para com os credores sociais (artigo 78.º) e responsabilidade para com os sócios e terceiros (artigo 79.º), *não fazendo sentido a distinção entre administradores executivos e administradores não executivos.*

Em qualquer destas hipóteses, verificados os respectivos pressupostos ou requisitos, *a responsabilidade dos administradores* (encarregados ou não especialmente de se ocuparem de certas matérias) *perante os lesados será solidária, nos termos do artigo 73.º, n.º 1*, igualmente aplicável à responsabilidade para com os credores sociais e à responsabilidade para com os sócios e terceiros, *ex vi* do artigo 78.º, n.º 5, e do artigo 79.º, n.º 2, respectivamente. *E só nas relações internas entre os administradores o direito de regresso existirá na medida das respectivas culpas e das consequências que delas advierem*, presumindo-se iguais as culpas das

---

[11] Pedro Maia fala de "delegação imprópria" de poderes (*Função e funcionamento, cit.*, p. 248 a 250).

pessoas responsáveis (artigo 73.º, n.º 2; artigos 497.º, n.º 2, e 516.º do Código Civil)[12].

Vale isto por dizer que, *na hipótese do n.º 1 do artigo 407.º, a divisão fáctica das tarefas no seio do conselho não desresponsabiliza nas relações externas os administradores não encarregados especialmente de certa matéria, mantendo-se o regime da responsabilidade solidária* (artigo 73.º, n.º 1), *divisão de facto que relevará apenas nas relações entre os administradores, na acção de regresso (artigo 73.º, n.º 2).*

Sendo este o regime decorrente do n.º 2 do artigo 407.º, protector dos interesses da sociedade, dos credores sociais, dos sócios e de terceiros através da responsabilidade solidária dos administradores (artigo 73.º, n.º 1), percebem-se bem duas coisas:

- Que a divisão *de facto* de tarefas no interior do conselho de administração seja possível, se o contrato de sociedade a não proibir (1.ª parte do n.º 1 do artigo 407.º);
- Que mesmo assim o encargo especial não possa abranger as matérias importantes, previstas nas als. *a*) a *m*) do artigo 406.º, e fique circunscrito a outros assuntos (menores) de administração da sociedade, dada a (desnecessária) falta de autorização dos sócios e a atipicidade e impropriedade da atribuição do encargo especial,

[12] Em geral, *vide* António Menezes Cordeiro, *Da responsabilidade civil dos administradores das sociedades comerciais*, Lisboa, 1996; Raúl Ventura e Brito Correia, *Responsabilidade civil dos administradores de sociedades anónimas e dos gerentes de sociedades por quotas*, BMJ n.os 192, p. 5 e segs., 193, p. 5 e segs., e 194, p. 5 e segs.; Elisabete Ramos, *Responsabilidade civil dos administradores*, Coimbra, 2002; Carneiro da Frada, *Teoria da confiança e responsabilidade civil*, Coimbra, 2004, p. 172 e segs. (nota 121), p. 255 (nota 231) e p. 278 e segs. (nota 260); Coutinho de Abreu e Elisabete Ramos, *Responsabilidade civil de administradores e de sócios controladores*, *in* IDET – Miscelâneas n.º 3, Coimbra, 2004, p. 11 e segs.; Ricardo Costa, *Responsabilidade civil societária de administrador de facto*, *in* "Temas Societários" – IDET, 2006, p. 27 e segs.

Para a responsabilidade do ROC, *vide* Gabriela Figueiredo Dias, *Controlo de contas e responsabilidade dos ROC*, *in* "Temas societários" – IDET, 2006, p. 153 e segs.; Luís Menezes Leitão, *A responsabilidade civil do auditor de uma sociedade cotada*, *in* "Revista da Ordem dos Advogados", Vol. III, Ano 65, 2005, p. 663 e segs.; Carneiro da Frada, *Responsabilidade civil da auditoria...* ; a *Directiva 2006/43/CE* do Parlamento Europeu e do Conselho, de 17 de Maio de 2006, *relativa à revisão legal das contas anuais e consolidadas*, que altera as Directivas 78/660/CEE e 83/349/CEE do Conselho e revoga a Directiva 84/253/CEE do Conselho, *in* JOUE L157/87, de 9 de Junho de 2006.

que não chega a ser uma verdadeira e própria delegação de poderes apesar da epígrafe do artigo 407.º ("delegação de poderes de gestão").

2.3. *Conselho de administração: delegação de poderes de gestão num ou mais administradores ou numa comissão executiva e responsabilidade dos administradores não executivos apenas por culpa própria* in vigilando *ou falta de intervenção do conselho perante conhecidos actos ou omissões prejudiciais praticados ou o conhecido propósito de serem praticados por aqueles*

I – Estatui como segue o artigo 407.º, n.ºs 3, 4 e 8:

> 3 – O contrato de sociedade pode autorizar o conselho de administração a delegar num ou mais administradores ou numa comissão executiva a gestão corrente da sociedade.
>
> 4 – A deliberação do conselho deve fixar os *limites* da delegação, na qual não podem ser incluídas as matérias previstas nas alíneas *a*) a *d*), *f*), *l*) e *m*) do artigo 406.º e, no caso de criar uma comissão, deve estabelecer a composição e o modo de funcionamento desta.
>
> (...)
>
> 8 – A delegação prevista nos n.ºs 3 e 4 não exclui a competência do conselho para tomar resoluções sobre os mesmos assuntos; os outros administradores são responsáveis, nos termos da lei, pela vigilância geral da actuação do administrador ou administradores delegados ou da comissão executiva e, bem assim, pelos prejuízos causados por actos ou omissões destes, quando, tendo conhecimento de tais actos ou omissões ou do propósito de os praticar, não provoquem a intervenção do conselho para tomar as medidas adequadas.

II – Segue-se daqui, em primeiro lugar, que o *conselho de administração só pode delegar a gestão corrente da empresa num ou mais administradores ou numa comissão executiva se o contrato de sociedade o permitir ou autorizar* (artigo 407.º, n.º 3), devendo fixar na deliberação os *limites* da delegação de poderes em que não podem ser incluídas as matérias previstas nas alíneas *a*) a *d*), *f*), *l*) e *m*) do artigo 406.º (artigo 407.º, n.º 4) – atente-se na menor amplitude dos assuntos indelegáveis relativamente à sobrevista figura de encargos especiais.

Em segundo lugar, *a delegação de poderes não exclui a competência do conselho para tomar resoluções sobre os mesmos assuntos* (artigo

407.º, n.º 8, 1.ª parte), chamando a si matérias objecto da delegação. *Avocação de poderes essa que constitui um poder ou faculdade mas não um dever do conselho, salvo na situação prevista na parte final do mesmo n.º 8 do artigo 407.º em apreço:* tendo conhecimento de actos ou omissões prejudiciais ou do propósito de administrador delegado/comissão executiva os praticar, impõe-se a intervenção do conselho de administração para tomar as medidas adequadas, leia-se, para prevenir tais actos/ /omissões ou minorar os seus efeitos.

Fora desta hipótese do dever de provocar a intervenção do conselho, *os administradores não executivos ficam obrigados tão-somente à vigilância geral* (e não de todo e qualquer acto concreto) *da actuação do administrador ou administradores delegados ou da comissão executiva* (artigo 407.º, n.º 8) – *a vigilância (mais) específica e analítica permanece no conselho fiscal* (artigos 420.º e segs.).

Por isso, *porque*, diferentemente da mera e sobreanalisada atribuição de encargo especial a algum ou alguns dos administradores (artigo 407.º, n.ºs 1 e 2), *a delegação de poderes libera os administradores não executivos (administradores delegantes) do dever de gestão corrente da sociedade e sobre eles impende apenas o dever de controlo, fiscalização ou vigilância geral da actuação dos administradores executivos (administradores delegados), compreende-se a exigência de autorização dos sócios através do contrato de sociedade nesta segunda figura – a figura da delegação de poderes, sensu proprio* (artigo 407.º, n.º 3) – e não já na primeira, na figura de atribuição de encargo especial a algum ou alguns administradores: na delegação de poderes, diminuem os deveres e a responsabilidade dos administradores não executivos; na atribuição de encargo especial, diversamente, os deveres e a responsabilidade dos administradores não encarregados especialmente de se ocuparem de certas matérias mantêm-se inalterados.

III – Porque os administradores não executivos da gestão corrente da sociedade estão obrigados a acompanhar "o andamento geral da gestão", na terminologia do artigo 2381.º, n.º 3, do Código Civil italiano, em ordem a responsabilizá-los, nos termos da lei, pela vigilância geral da actuação dos administradores executivos, forçoso é reconhecer-se-lhes o *poder-dever de se informarem e serem informados tempestiva e adequadamente sobre a actividade social,* a fim de poderem cumprir nos termos devidos esse dever geral de vigilância que impende sobre todos e cada um deles.

Direito-dever de informação activa e passiva, portanto, em coerência com a obrigação de os administradores actuarem em termos devidamente informados, num *processus decisionis* razoável e segundo critérios de racionalidade empresarial (artigo 72.º, n.º 2), a coenvolver poderes de inspecção, de consulta e de inquirição (veja-se o caso paralelo do conselho fiscal – artigo 420.º, n.º 3, e artigo 421.º, n.º 1).

Isto mesmo vem agora dito no artigo 407.º, n.º 6, al. *a*):

> O presidente da comissão executiva deve *assegurar que seja prestada toda a informação aos demais membros do conselho de administração relativamente à actividade e às deliberações da comissão executiva.*

Dever de *reporting* individual (a todos e cada um dos membros não executivos do conselho) a ser cumprido adequada e tempestivamente (*ex post* e/ou *ex ante* conforme as circunstâncias o ditarem ou recomendarem com vista ao escopo visado), a fim de o direito-dever de controlo e monitorização da actividade dos administradores delegados/comissão executiva pelos outros administradores (administradores não delegados ou administradores não executivos) poder ser exercido irrepreensivelmente, com cuidado e diligência profissional (artigo 64.º, n.º 2).

Equivale isto a dizer, noutros termos, que a adequada *informação* relevante e tempestiva se apresenta *instrumentalmente necessária* e imprescindível ao exacto cumprimento do dever geral de vigilância – dever de vigilância que não passa de uma espécie do género "deveres de cuidado" – que impende sobre os administradores não executivos (artigo 407.º, n.º 8), conforme estatui o artigo 64.º, n.º 2:

> Os titulares de órgãos sociais com funções de fiscalização devem observar deveres de cuidado, empregando para o efeito elevados padrões de diligência profissional,[13] e deveres de lealdade, no interesse da sociedade.

E no duplo perfil (de órgão de gestão e de órgão de controlo) que o conselho de administração com delegação de poderes acaba por assumir no sistema (dito monista) tradicional, o dever de vigilância do andamento geral da gestão social pelos outros administradores não delegados, *referido no artigo 407.º, n.º 8, integra inequivocamente o perfil das funções de*

---

[13] A vírgula não aparece no texto legal publicado no Diário da República nem na declaração de rectificação n.º 28-A/2006. Cremos, porém, justificar-se.

fiscalização, a deverem ser cumpridas com profissionalismo e lealdade (artigo 64.º, n.º 2) por administradores devidamente informados (artigo 72.º, n.º 2), via de regra espontânea e atempadamente pelo administrador delegado ou pelo presidente da comissão executiva [artigo 407.º, n.º 6, al. *a*)], mas também a seu pedido, designadamente em caso de falta ou insuficiência da informação ou em caso de dúvida sobre a (con)fiabilidade da informação recebida.

IV – *Termos em que os administradores não executivos (só) serão responsáveis por incumprimento dos seus deveres (artigo 407.º, n.º 8)*, nos termos aplicáveis dos artigos 72.º a 77.º, do artigo 78.º e do artigo 79.º, *por força do artigo 81.º e não por aplicação directa do artigo 73.º:*

1) Quando incorrerem em *culpa in vigilando* da actuação do administrador ou administradores delegados ou da comissão executiva;
2) Quando, tendo conhecimento, em princípio através do cumprimento do dever de informação pelo administrador delegado ou pelo presidente da comissão executiva (artigo 407.º, n.º 6), de actos ou omissões prejudiciais (para a sociedade, ou para os credores sociais, ou para os sócios e terceiros) ou do propósito da sua prática pelos administradores executivos, não provoquem a intervenção do conselho (artigo 410.º) para tomar as medidas adequadas, incumprindo assim o dever de impedir a materialização de acções ou inacções prejudiciais chegadas ao seu conhecimento ou de eliminar/minorar os danos delas resultantes.

Nesta veste de administradores não executivos e só nas duas hipóteses de violação ilícita dos deveres de vigilância geral e de intervenção acabadas de referir é que os mesmos respondem solidariamente, por culpa própria (artigo 73.º, n.º 1, *ex vi* do artigo 81.º, n.º 1), aplicável também à responsabilidade para com os credores sociais e para com os sócios e terceiros, por remissão do artigo 78.º, n.º 5, e do artigo 79.º, n.º 2, respectivamente.

Afora as duas hipóteses referidas, os administradores não executivos não respondem pelos actos ou omissões ilícitos, culposos e causadores de danos à sociedade (artigos 72.º a 77.º), aos credores sociais (artigo 78.º) ou aos sócios e terceiros (artigo 79.º), *imputáveis aos administradores delegados ou administradores executivos. Estes* – e só os que na deliberação colegial da comissão executiva[14] votaram a favor ou se abstiveram, não já os que votaram vencidos e lavraram o seu dissenso nem os ausentes (artigo 72.º, n.os 3 e 4) – *é que são solidários na responsabilidade perante os lesados* (artigo 73.º, n.º 1), sem prejuízo do direito de regresso na medida das respectivas culpas e das consequências delas resultantes, presumindo-se iguais as culpas dos responsáveis (artigo 73.º, n.º 2).

É que os administradores devem cumprir os deveres que lhes são impostos pela lei e pelo contrato com o cuidado adequado às suas funções e a diligência de um gestor criterioso e ordenado (artigo 64.º, n.º 1), *no âmbito das suas específicas competências. E a competência para a gestão corrente da sociedade é apenas dos administradores delegados ou administradores executivos,* sempre que o conselho não chame a si uma matéria objecto da delegação dos seus poderes – *logo, não tendo participado nem tendo o dever de participar na deliberação colegial da comissão executiva, os administradores não executivos não são responsáveis (artigo 72.º, n.º 3), com a delegação de poderes a excluí-los do âmbito de aplicação directa do artigo 73.º.*

Por isso, *porque cada um responde pelos seus actos ou omissões, os administradores não executivos* (*sem culpa in vigilando* do andamento geral da gestão, não devendo estender-se tão desmesuradamente o dever de vigilância que na prática se caia em responsabilidade objectiva ou como se o administrador não executivo devesse ser um administrador *ideal* e diligentíssimo a ter de responder por culpa levíssima) *não têm de responder solidariamente* (artigo 73.º), nem pelos danos causados à sociedade por actos ou omissões de administradores delegados violadores de deveres legais ou contratuais (artigo 72.º), nem pelos danos decorrentes para os credores sociais da inobservância culposa pelos administradores delegados de disposições legais ou contratuais destinadas à sua protecção (artigo 78.º), nem pelos danos directamente causados a sócios e terceiros pelos

---

[14] O funcionamento da comissão executiva é colegial, com aplicação do n.º 3 do artigo 395.º, *ex vi* do artigo 407.º, n.º 7 (neste sentido, já antes, NOGUEIRA SERENS, *Notas sobre a sociedade anónima*, Separata da Revista de Direito e Economia, 1989, p. 66; LUÍS BRITO CORREIA, *Os administradores de sociedades anónimas*, Coimbra, 1993, p. 275; ILÍDIO DUARTE RODRIGUES, *A administração das sociedades por quotas e anónimas*, Lisboa, 1990, p. 90; PEDRO MAIA, *Função e funcionamento*, *cit.*, nota 321). A deliberação do conselho que delega os seus poderes de gestão corrente da sociedade numa comissão executiva deve estabelecer a composição e o modo de funcionamento desta (artigo 407.º, n.º 4).

administradores delegados no exercício e por causa das suas funções (artigo 79.º).

Impõe-se, no fundo, o primado da substância (supervisão) sobre a forma (nomen de administradores), *resultante da transformação do tradicional conselho de administração em órgão de supervisão da gestão, não tratando por igual o que não é igual: sendo substantivamente diversas as competências, os poderes, os deveres e as remunerações de executivos (que trabalham em tempo inteiro) e de não executivos (que trabalham apenas em tempo parcial), diferentes deverão ser as correspectivas responsabilidades.*

Por fim, e em definitivo:

Os administradores não executivos só respondem solidariamente com os administradores executivos pelos actos ou omissões destes quando o dano se não teria produzido se houvessem cumprido as suas obrigações de vigilância geral e de intervenção previstas no artigo 407.º, n.º 8, sendo, portanto, uma responsabilidade própria por *culpa in vigilando* e não uma responsabilidade objectiva por facto de outrem (artigo 81.º, n.º 2);

Provado que o dano se teria igualmente produzido ainda que houvessem cumprido com lealdade e diligência profissional (artigo 64.º, n.º 2) a obrigação de vigilância geral da actuação dos administradores executivos – pense-se numa fraude financeira, praticada com subtil e inovadora engenharia, que, mesmo com a diligência devida *in vigilando,* os membros delegantes não teriam detectado –, é excluída a responsabilidade dos administradores não executivos por omissão ou inadequação da vigilância geral devida, que assim não terá sido real concausa adequada do prejuízo resultante de actos ou omissões daqueles no desempenho dos respectivos cargos: os danos ter-se-iam produzido ainda que os administradores não executivos tivessem cumprido o seu dever de fiscalização, no que não vai contida a relevância negativa da causa virtual: não se trata, com efeito, de uma causa hipotética excluir a responsabilidade do autor da causa real do dano, já que este é a comissão executiva e a sua responsabilidade se mantém.

V – Naturalmente, *nas matérias não delegadas* – e são indelegáveis, *inter alia* (artigo 407.º, n.º 4), relatórios e contas anuais, prestação de cauções e garantias pessoais ou reais pela sociedade, mudanças de sede e aumentos de capital, projectos de fusão, de cisão e de transformação da sociedade – *o conselho de administração funciona colegialmente na sua plenitude, sem qualquer distinção no estatuto de administradores,* com os respectivos poderes-deveres, também para efeitos de solidariedade na responsabilidade ilimitada *ad extra*, nas relações externas perante os lesados (artigo 73.°).

Nesta hipótese, só nas relações internas entre eles, na acção de regresso, se atenderá às culpas de cada administrador e consequências delas resultantes (artigo 73.°, n.° 2), olhando à *disponibilidade, à competência técnico-profissional e ao conhecimento da actividade da sociedade adequados às suas funções* (artigo 64.°, n.° 1), *às concretas incumbências atribuídas no seio do conselho e desempenhadas por cada administrador* (parâmetro subjectivo) que nesse âmbito deve empregar a diligência de um *leal* [artigo 64.°, n.° 1, al. *b*)] gestor consciencioso e ordenado (padrão objectivo) para actuar em termos informados, livre de qualquer interesse pessoal e segundo critérios de racionalidade empresarial (artigo 72.°, n.° 2), no interesse da sociedade e dos sócios[15].

3. Governação societária com administradores não executivos: B) O modelo anglo-saxónico

3.1. *Conselho de administração e comissão de auditoria*

O sistema anglo-saxónico de governação societária prevê a existência de:

"*Conselho de administração, compreendendo uma comissão de auditoria,* e revisor oficial de contas" [artigo 278.°, n.° 1, al. *b*)].

E o artigo 423.°-B esclarece o significado de "conselho de administração, compreendendo uma comissão de auditoria", nos termos seguintes:

"*A comissão de auditoria (...) é um órgão da sociedade composto por uma parte dos membros do conselho de administração* (n.° 1), em número fixado nos estatutos mas no mínimo de três membros efectivos

---

[15] Em geral, *vide* ALEXANDRE SOVERAL MARTINS, *A responsabilidade dos membros do conselho de administração por actos ou omissões de administradores delegados ou dos membros da comissão executiva*, *in* BFDUC, 2002 (LXXVIII), p. 365 e segs.; E. GOMES RAMOS, *Responsabilidade civil dos administradores*, Coimbra, 2002, principalmente p. 114-115 e 254; CATARINA PIRES CORDEIRO, *Algumas considerações críticas sobre a responsabilidade civil dos administradores perante os accionistas no ordenamento jurídico português*, *in* "O Direito", 137(2005), I, p. 81 e segs., especialmente o n.° 4.4 (págs.122 e 123).

(n.º 2) – a exigir, portanto, que o conselho de administração seja constituído por mais de três elementos" (cfr. artigo 278.º, n.º 5).

Por sua vez, o artigo 423.º-C estatui o seguinte:

"Os membros da comissão de auditoria são designados, nos termos gerais do artigo 391.º, em conjunto com os demais administradores (n.º 1);

As listas propostas para o conselho de administração devem discriminar os membros que se destinam a integrar a comissão de auditoria (n.º 2);

Se a assembleia geral não o designar, a comissão de auditoria deve designar o seu presidente (n.º 3)".

Ao presidente da comissão de auditoria é atribuído voto de qualidade nas deliberações da comissão quando esta seja composta por um número par de membros e, nos restantes casos, se o contrato de sociedade o estabelecer (artigo 395.º, n.º 3, *ex vi* do artigo 423.º-C, n.º 4), a mostrar o modo colegial do seu funcionamento, como o da comissão executiva no próprio modelo tradicional (artigo 407.º, n.º 7, que, vimo-lo já, remete igualmente para o n.º 3 do artigo 395.º).

3.2. *Composição qualitativa da comissão de auditoria: honorabilidade, competência e independência dos membros*

Aos membros da comissão de auditoria é vedado o exercício de funções executivas na sociedade (artigo 423.º-B, n.º 3, 1.ª parte) – logo, *os membros da comissão de auditoria são administradores não executivos, aos quais não podem ser cometidos encargos especiais de certas matérias de administração* (artigo 407.º, n.ºs 1 e 2) *nem delegados poderes de gestão corrente da sociedade* (artigo 407.º, n.º 3); os mesmos *não podem, pois, integrar a comissão executiva ou desempenhar de facto funções gestórias da empresa* ou de sociedade que com ela se encontre em relação de domínio ou de grupo [artigo 414.º-A, n.º 1, al. *c*), *ex vi* do artigo 423.º-B, n.º 3, 2.ª parte].

Constituída no seio do próprio conselho de administração, *a comissão de auditoria é formada por administradores que se pretendem pessoas sérias, honestas, competentes e independentes*.

É o que se retira:

Da aplicação das incompatibilidades previstas para os membros do conselho fiscal no artigo 414.º-A, com a óbvia excepção da al. *b*) do n.º 1, por reenvio do n.º 3 do artigo 423.º-B;

Do n.º 4 do artigo 423.º-B: "Nas sociedades emitentes de valores mobiliários admitidos à negociação em mercado regulamentado e nas sociedades que cumpram os critérios referidos na alínea *a*) do n.º 2 do artigo 413.º, a comissão de auditoria deve incluir pelo menos *um membro que tenha curso superior adequado ao exercício das suas funções e conhecimentos em auditoria ou contabilidade e que,* nos termos do n.º 5 do artigo 414.º, *seja independente*" – veja-se o paralelismo com o conselho fiscal (artigo 414.º, n.º 4);

Do n.º 5 do mesmo artigo 423.º-B: "Em sociedades emitentes de acções admitidas à negociação em mercado regulamentado, os *membros da comissão de auditoria devem, na sua maioria, ser independentes*" – veja-se o paralelismo com o conselho fiscal (artigo 414.º, n.º 6);

Do n.º 3 do artigo 414.º, aplicável *ex vi* do n.º 6 do artigo 423.º-B: "Os restantes membros da comissão de auditoria podem ser sociedades de advogados, sociedades de revisores oficiais de contas ou accionistas, mas neste último caso devem ser pessoas singulares com capacidade jurídica plena e devem ter as *qualificações e a experiência profissional adequadas ao exercício das suas funções*" – de novo o paralelismo com o conselho fiscal (artigo 414.º, n.º 3);

Do n.º 5 do artigo 414.º, aplicável por força do n.º 4 do artigo 423.º-B e a evidenciar de novo o paralelismo com o conselho fiscal: "*Considera-se independente* a pessoa que não esteja associada a qualquer grupo de interesses específicos na sociedade nem se encontre em alguma circunstância susceptível de afectar a sua *isenção de análise ou de decisão*, nomeadamente em virtude de:

a) Ser titular ou actuar em nome ou por conta de titulares de participação qualificada igual ou superior a 2% do capital social da sociedade" – A recomendação da Comissão Europeia n.º 2005/ /162/CE, de 15/02/05, fala de 50%[16] [anexo II, n.º 1, al. *d*)], e o Regulamento da CMVM n.º 7/2001 fala de 10% [artigo 1.º, n.º 2, al. *b*)];

b) Ter sido reeleita por mais de dois mandatos, de forma contínua ou intercalada".

Coerentemente, e afastando-se da regra de a remuneração poder ser certa ou consistir parcialmente numa percentagem dos lucros de exercício

---

[16] JOUE L52/51, de 25/02/05.

dentro do máximo destinado aos administradores *autorizado* por cláusula do contrato de sociedade (artigo 399.º, n.ºs 2 e 3), a remuneração dos membros da comissão de auditoria, semelhantemente à do conselho fiscal (artigo 422.º-A), deve consistir numa quantia fixa (artigo 423.º-D) – a reflectir o tempo parcial que dedicam à sociedade e a traduzir a sua desejável não dependência económica dessa remuneração e de acções da sociedade (*share options, stock options*) – e a assembleia geral só os pode destituir por justa causa (artigo 423.º-E, designadamente por violação grave dos deveres do administrador e por inaptidão para o exercício normal das respectivas funções, conforme o n.º 4 do artigo 403.º; veja-se, também, o artigo 447.º, n.º 8), e não *ad nutum* como aos restantes administradores (artigo 403.º), dadas as pretendidas independência e imparcialidade dos mesmos relativamente aos administradores executivos e aos accionistas e a necessidade de o seu desempenho não ser permeável a pressões[17].

3.3. *Competência da comissão de auditoria: funções de controlo e vigilância análogas às do conselho fiscal no modelo tradicional*

I – Não é só na composição qualitativa, remuneração e destituição que a comissão de auditoria se assemelha ao conselho fiscal.

Também as *competências de vigilância da comissão de auditoria são tão iguais às do conselho fiscal que bem podia o artigo 423.º-F ter-se cingido a remeter para o artigo 420.º* (competência do fiscal único e do conselho fiscal).

Na verdade, compete à comissão de auditoria (artigo 423.º-F):

a) "Fiscalizar a administração da sociedade" = igual à al. *a*) do n.º 1 do artigo 420.º;

b) "Vigiar pela observância da lei e do contrato de sociedade" = igual à al. *b*) do n.º 1 do artigo 420.º;

c) "Verificar a regularidade dos livros, registos contabilísticos e documentos que lhes servem de suporte" = igual à al. *c*) do n.º 1 do artigo 420.º;

---

[17] De novo aqui o paralelismo com o conselho fiscal (artigo 419.º, n.º 1): o artigo 423.º-E, n.º 2, manda aplicar à destituição (só) por justa causa dos membros da comissão de auditoria os n.ºs 2, 4 e 5 do artigo 419.º, que trata da destituição dos membros do conselho fiscal.

d) "Verificar, quando o julgue conveniente e pela forma que entenda adequada, a extensão da caixa e as existências de qualquer espécie dos bens ou valores pertencentes à sociedade ou por ela recebidos em garantia, depósito ou outro título" = igual à al. *d*) do n.º 1 do artigo 420.º;

e) "Verificar a exactidão dos documentos de prestação de contas" = igual à al. *e*) do n.º 1 do artigo 420.º;

f) "Verificar se as políticas contabilísticas e os critérios valorimétricos adoptados pela sociedade conduzem a uma correcta avaliação do património e dos resultados" = igual à al. *f*) do n.º 1 do artigo 420.º;

g) "Elaborar anualmente relatório sobre a sua acção fiscalizadora e dar parecer sobre o relatório, contas e propostas apresentados pela administração" = igual à al. *g*) do n.º 1 do artigo 420.º;

h) "Convocar a assembleia geral, quando o presidente da respectiva mesa o não faça, devendo fazê-lo" (cfr. artigo 377.º, n.º 7, e artigo 420.º-A, n.º 4) = igual à al. *h*) do n.º 1 do artigo 420.º;

i) "Fiscalizar a eficácia do sistema de gestão de riscos, do sistema de controlo interno e do sistema de auditoria interna, se existentes" = igual à al. *i*) do n.º 1 do artigo 420.º;

j) "Receber as comunicações de irregularidades apresentadas por accionistas, colaboradores da sociedade ou outros" = igual à al. *j*) do n.º 1 do artigo 420.º;

l) "Fiscalizar o processo de preparação e de divulgação de informação financeira" = igual à al. *a*) do n.º 2 do artigo 420.º;

m) "Propor à assembleia geral a nomeação do revisor oficial de contas" = igual à al. *b*) do n.º 2 do artigo 420.º;

n) "Fiscalizar a revisão de contas aos documentos de prestação de contas da sociedade" = igual à al. *c*) do n.º 2 do artigo 420.º;

o) "Fiscalizar a independência do revisor oficial de contas, designadamente no tocante à prestação de serviços adicionais" = igual à al. *d*) do n.º 2 do artigo 420.º;

p) "Contratar a prestação de serviços de peritos que coadjuvem um ou vários dos seus membros no exercício das suas funções, devendo a contratação e a remuneração dos peritos ter em conta a importância dos assuntos a eles cometidos e a situação económica da sociedade" = igual à al. *l*) do n.º 1 do artigo 420.º;

q) "Cumprir as demais atribuições constantes da lei ou do contrato de sociedade" = igual à al. *m*) do n.º 1 do artigo 420.º.

Nas demais atribuições da comissão de auditoria constantes da lei, atente-se:

No poder de suspensão de administradores quando as suas condições de saúde os impossibilitem temporariamente de exercer funções ou outras circunstâncias pessoais obstem a que exerçam as suas funções por tempo presumivelmente superior a 60 dias e solicitem à comissão de auditoria a suspensão temporária ou esta entenda que o interesse da sociedade o exige (artigo 400.º);

No dever de declarar o termo das funções de administrador caso ocorra, posteriormente à designação desse administrador, alguma incapacidade ou incompatibilidade que constituísse impedimento a essa designação e o administrador não deixe de exercer o cargo ou não remova a incompatibilidade superveniente no prazo de 30 dias (artigo 401.º);

No dever de receber a renúncia do presidente do conselho de administração mediante carta a ela dirigida (artigo 404.º), com produção de efeitos no final do mês seguinte àquele em que tiver sido comunicada, salvo se entretanto for designado ou eleito o substituto (artigo 404.º).

II – A circunstância de os membros da comissão de auditoria serem membros do conselho de administração dispensou o legislador de uma óbvia enumeração de poderes análoga à do artigo 421.º para o conselho fiscal, em que de resto os n.os 3 e 4 repetem o já vertido na al. *l*) do n.º 1 do artigo 420.º.

No estatuto da comissão de auditoria salientam-se os deveres de (artigo 423.º-G, n.º 1):

a) "Participar nas reuniões da comissão de auditoria, que devem ter, no mínimo, periodicidade bimestral";

b) "Participar nas reuniões do conselho de administração e da assembleia geral" – *naturaliter*, porquanto os membros da comissão de auditoria são membros do conselho de administração (cfr. artigos 410.º e 379.º, n.º 4);

c) "*Participar nas reuniões da comissão executiva onde se apreciem as contas do exercício*" – norma de não fácil compreensão, na medida em que as contas anuais são indelegáveis (artigo 407.º, n.os 2 e 4):

as contas do exercício são apreciadas, elaboradas e apresentadas pelo conselho de administração (artigos 65.º e 451.º), em que a comissão de auditoria participa [al. *b*)], cabendo-

-lhe dar o correspondente parecer [artigo 423.º-F, al. *g*), e artigo 452.º]; as eventuais reuniões da comissão executiva em que se apreciem as contas do exercício não passarão, pois, de reuniões "informais", não obrigatórias, juridicamente neutras;

d) "Guardar segredo dos factos e informações de que tiverem conhecimento em razão das suas funções, sem prejuízo do disposto no n.º 3 do presente artigo" – vale dizer, sem prejuízo do dever de o presidente da comissão de auditoria participar ao Ministério Público os factos delituosos de que tenha tomado conhecimento e que constituam crimes públicos, tal como acontece com o conselho fiscal e o revisor oficial de contas [artigo 422.º, n.º 1, al. *c*), e n.º 3].

e) "Registar por escrito todas as verificações" (ou inspecções), "fiscalizações, denúncias recebidas e diligências que tenham sido efectuadas e o resultado das mesmas", tal como sucede com o conselho fiscal [artigo 422.º, n.º 1, al. *f*)].

Por outro lado, por reenvio do n.º 2 do artigo 423.º-G para o artigo 420.º-A, *recai sobre o presidente da comissão de auditoria um dever de vigilância especial semelhante ao do revisor oficial de contas, competindo-lhe:*

Comunicar, imediatamente, por carta registada ao presidente do conselho de administração *os factos de que tenha conhecimento* e que considere revelarem graves dificuldades na prossecução do objecto social, designadamente, reiteradas faltas de pagamento a fornecedores, protestos de títulos de crédito, emissão de cheques sem provisão, falta de pagamento de quotizações para a segurança social ou de impostos (artigo 420.º-A, n.º 1);

Se o presidente do conselho de administração não responder nos 30 dias seguintes ou responder em termos julgados insatisfatórios pelo presidente da comissão de auditoria, este requererá àquele, nos 15 dias seguintes ao termo daquele prazo, que convoque o conselho de administração para reunir nos 15 dias seguintes com vista a apreciar os factos e a tomar as deliberações adequadas (artigo 420.º-A, n.º 3);

Se a reunião do conselho não se realizar ou as medidas adoptadas não forem consideradas adequadas à salvaguarda dos interesses da sociedade, o presidente da comissão de auditoria, nos oito dias seguintes ao escoamento daquele prazo ou à data da reunião do conselho, requererá, por carta registada, que seja convocada a assembleia geral para apreciar e deliberar sobre os factos constantes das cartas trocadas e da acta da reunião do conselho de administração (artigo 420.º-A, n.º 4);

Qualquer membro da comissão de auditoria que se aperceba dos factos reveladores de dificuldades na prossecução normal do objecto social deve comunicá-los imediatamente ao presidente (da comissão de auditoria), por carta registada (artigo 420-A, n.º 7).

Tudo isto a evidenciar a comissão de auditoria como *"primus inter pares"*, composta por administradores qualificados e independentes com autoridade e recursos para proteger a sociedade e os accionistas através da monitorização cuidadosa do processo de *reporting* financeiro, dos controlos internos e da gestão dos riscos, por forma a reduzir os riscos de fraudes financeiras e insolvências, cumprindo activamente os deveres de *sentinela ou guarda avançada da legalidade e correcção da gestão, leia-se, de supervisor vigilante e eficiente*[18], e não de supervisor sonolento e decorativo.

3.4. *Responsabilidade dos membros da comissão de auditoria análoga à dos membros do conselho fiscal*

I – À análoga competência de vigilância sobre a gestão deve corresponder análoga responsabilidade civil – logo, os membros da comissão de auditoria, na veste de membros de órgão de fiscalização, respondem como os membros do conselho fiscal no sistema tradicional (artigo 81.º).

Nada mais natural: aos membros da comissão de auditoria é vedado o exercício de funções executivas (artigo 423.º-B, n.º 3) e confiada a função fiscalizadora da administração da sociedade (artigo 423.º-F), na expectativa de que *o autocontrolo* – autocontrolo, por um lado, assente num melhor, mais transparente e mais tempestivo fluxo informativo entre administradores delegados ou comissão executiva e órgão de fiscalização gerados no interior do conselho de administração, e, por outro lado, exercido por administradores com (igual) legitimidade electiva directa e dese-

[18] *Vide* SANDRA VERA-MUÑOZ, *Corporate governance reforms: redefined expectations of audit committee responsabilities and effectiveness*, *in* "Journal of Business Ethics" (2005), 62, p. 115 – 127; ADAM O. EMMERICH/GREGORY RACZ/JEFFREY UNGER, *Audit committee membership: the interplay with general corporate law*, *in* "International Journal of Disclosure and Governance" (2006), vol. 3, n.º 1, p. 16-26; B. BLACK/B. CHEFFINS/M. KLAUSNER, *Liability risk for outside directors: a crossborder analysis*, *in* "European Financial Management", vol.11, n.º 2 (2005), p. 153-171.

jada independência (artigo 423.º-B, n.ºs 4 e 5) – *seja realizado de modo particularmente informado, consciencioso, isento e rigoroso, com virtualidades para pela sua localização interna ser mais eficaz na identificação de irregularidades do que a heterofiscalização tradicionalmente levada a cabo pelo conselho fiscal.*

No fundo, vale aqui, mutatis mutandis, o já explanado para os administradores não executivos (*supra* n.ºs 2.2. e 2.3.), *com uma pequena grande diferença:* a amplitude da vigilância – vigilância especial, analítica, circunstanciada – da gestão pela comissão de auditoria (artigo 423.º-F) é muito superior à da vigilância geral pelos administradores delegantes (artigo 407.º, n.º 8).

II – Este papel acrescido de monitorização e controlo especial da gestão, em substituição do conselho fiscal, poderá em teoria traduzir-se em responsabilidade (artigo 81.º, n.º 1) acrescida dos membros da *comissão de auditoria, suposto activo cão de guarda da gestão e das auditorias* (interna e externa), por incumprimento ou cumprimento imperfeito dos seus amplos e específicos deveres legais de vigilância (artigo 423.º-F), nos termos aplicáveis dos artigos 72.º a 77.º, do artigo 78.º e do artigo 79.º.

Do mesmo passo,

Os membros da comissão de auditoria responderão solidariamente com os administradores delegados ou a comissão executiva por actos ou omissões destes no desempenho dos respectivos cargos quando o dano se não teria produzido se houvessem cumprido as suas obrigações específicas de fiscalização (artigo 81.º, n.º 2), sendo, pois, uma *responsabilidade por culpa própria in vigilando* e não uma responsabilidade objectiva por facto alheio – aplicação da regra geral de que as omissões dão lugar à obrigação de indemnizar quando havia, por força da lei ou de negócio jurídico, o dever jurídico especial de praticar o acto omitido (artigo 486.º do Código Civil) que muito provavelmente teria impedido a consumação do dano, sendo solidária a responsabilidade se forem várias as pessoas responsáveis também por omissões (artigo 497.º do Código Civil), como poderá ser o caso dos auditores externos ou revisores oficiais de contas que tenham falhado culposamente na detecção da falsidade ou irregularidade das contas que certificaram.

Por isso mesmo, a prova de que o dano se teria igualmente produzido ainda que houvessem cumprido com lealdade e diligência profissional (artigo 64.º, n.º 2) a obrigação de vigilância especial da actuação dos administradores executivos exclui a responsabilidade dos membros da comissão de auditoria por omissão ou inadequação da devida vigilância específica ou analítica, que assim não terá sido adequada *concausa real* do prejuízo resultante de actos ou omissões dos primeiros no desempenho e por causa das respectivas funções (cfr. *supra*, n.º 2.3., IV).

Naturalmente, se a mais dos membros da comissão de auditoria houver outros administradores não executivos (delegantes), a obrigação de vigilância que sobre estes impende é apenas a obrigação de vigilância geral (artigo 407.º, n.º 8), inferior à daquele órgão de fiscalização.

Numa palavra, conquanto integrem o conselho de administração, a especificidade das funções exercidas pelos membros da comissão de auditoria justifica tratamento diferenciado dos (demais) administradores executivos em matérias várias, como a sua remuneração e destituição já analisadas, e também na da responsabilidade civil: não podendo exercer funções executivas na sociedade e não participando nas correspondentes deliberações colegiais de administradores delegados ou da comissão executiva, os administradores membros da comissão de auditoria não são responsáveis pelos danos resultantes dessas deliberações (artigo 72.º, n.º 3), ficando de fora do perímetro de aplicação directa do artigo 73.º e sujeitos ao regime da responsabilidade dos membros de órgãos de fiscalização (artigos 81.º e 64.º, n.º 2): cada um (co)responde pelos danos *resultantes* da sua negligência, já não pelos danos exclusivamente causados por outrem (conselho de administração ou mesmo conselho de administração e revisor oficial de contas).

III – Por último, o presidente da comissão de auditoria que *não comunique* ao presidente do conselho de administração *factos reveladores de graves dificuldades* na prossecução do objecto da sociedade e de que haja tomado conhecimento (artigo 420.º-A, n.ºs 1, 3 e 4) *é solidariamente responsável* com os membros do conselho de administração pelos prejuízos decorrentes para a sociedade (artigo 420.º-A, n.º 5); *o mesmo presidente da comissão de auditoria não incorrerá, todavia, em responsabilidade civil por esses mesmos factos se deles não tiver tomado conhecimento nem tivesse o dever de conhecer (artigo 420.º-A, n.º 6, por remissão do artigo 423.º-G, n.º 2).*

Note-se ainda o dever de o presidente da comissão de auditoria participar ao Ministério Público os factos delituosos por si conhecidos e que constituam crimes públicos (artigo 423.º-G, n.º 3), à semelhança do que incumbe ao fiscal único, ao revisor oficial de contas e aos membros do conselho fiscal (artigo 422.º, n.º 3).

4. Governação societária sem administradores não executivos: o modelo dualista

No sistema dualista, de origem germânica, a estrutura da administração e fiscalização da sociedade assenta em *"conselho de administração executivo"*, *"conselho geral e de supervisão"* e *"revisor oficial de contas"* [artigo 278.º, n.º 1, al. *c*)].

As expressões "conselho de administração executivo" e "conselho geral e de supervisão" consideram-se substitutas das anteriores expressões "direcção" e "conselho geral", respectivamente (cfr. artigo 40.º do Decreto-Lei n.º 76-A/2006, de 29 Março).

4.1. *Conselho de administração executivo: órgão de gestão (tendencialmente) exclusiva da sociedade, sem delegação de poderes*

I – O conselho de administração executivo é composto pelo número, par ou ímpar, de administradores fixado no contrato (artigo 424.º, n.º 1), podendo a sociedade ter um único administrador quando o seu capital não exceda € 200.000 (artigo 424.º, n.º 1; artigo 278.º, n.º 2).

Se não forem designados nos estatutos, os administradores são designados pelo conselho geral e de supervisão [artigo 425.º, n.º 1, al. *a*)], *ou pela assembleia geral se os estatutos o determinarem* [artigo 425.º, n.º 1, al. *b*)] – no que vem contida uma inovação, relativamente ao regime anterior, que permite reforçar os poderes dos sócios na eleição dos administradores: qualquer administrador pode a todo o tempo ser destituído com ou sem justa causa, no primeiro caso pelo conselho geral e de supervisão, no segundo caso pela assembleia geral mas com o conselho geral e de supervisão a poder propor a destituição e proceder à suspensão, até dois meses, de qualquer membro do conselho de administração executivo [artigo 430.º, n.º 1, als. *a*) e *b*), e n.º 3]; se a destituição for sem justa causa (cfr. artigo 403.º, n.º 4), o administrador tem direito a indemnização pelos danos sofridos, pelo modo estipulado no contrato com ele celebrado ou nos termos gerais de direito, sem que a indemnização possa exceder o montante das remunerações que presumivelmente receberia até ao final do período para que foi eleito (artigo 403.º, n.º 5, *ex vi* do artigo 430.º, n.º 2).

Em caso de falta definitiva ou de impedimento temporário de administradores, compete ao conselho geral e de supervisão providenciar quanto à sua substituição, sem prejuízo da possibilidade de designação de administradores suplentes (artigo 390.º, n.º 5) e da ratificação da decisão de substituição pela assembleia geral seguinte no caso de os administradores serem designados pela assembleia (artigo 425.º, n.º 4).

Os administradores não têm que ser accionistas, mas não podem ser (artigo 425.º, n.º 6): *membros do conselho geral e de supervisão*, salvo se este órgão nomear um dos seus membros para substituir, por período inferior a um ano, administrador temporariamente impedido, com suspensão de funções no órgão de controlo [al. *a*), e artigo 437.º]; membros dos órgãos de fiscalização de sociedades que estejam em relação de domínio ou de grupo com a sociedade considerada [al. *b*)]; cônjuges, parentes e afins na linha recta e até ao 2.º grau, inclusive, na linha colateral, das pessoas referidas na alínea anterior [al. *c*)]; pessoas que não sejam dotadas de capacidade jurídica plena [al. *d*)] – as designações feitas contra o disposto nas alíneas citadas são nulas e a superveniência de alguma das circunstâncias previstas nas als. *b*), *c*) e *d*) citadas determina a imediata cessação de funções (artigo 425.º, n.º 7).

Se não for designado no acto de designação (pelo conselho geral e de supervisão ou pela assembleia geral – artigo 425.º, n.º 1) dos membros do conselho de administração executivo, este conselho escolhe o seu presidente, podendo neste caso substituí-lo a todo o tempo (artigo 427.º, n.º 1), em conformidade com o sistema tradicional (artigo 395.º, n.º 2); presidente que tem voto de qualidade nas deliberações do conselho de administração executivo composto por um número par de administradores e, nos restantes casos, se o contrato de sociedade o estabelecer (artigo 395.º, n.º 3, *ex vi* do artigo 427.º, n.º 2).

A remuneração dos administradores será fixada pelo conselho geral e de supervisão ou sua comissão de remuneração (cfr. artigo 444.º, n.º 1) *ou, no caso em que o contrato de sociedade assim o determine, pela assembleia geral ou comissão por esta nomeada,* tendo em conta as funções desempenhadas e a situação económica da sociedade (artigos 429.º e 399.º, n.º 1). *A remuneração pode ser certa ou consistir parcialmente numa percentagem dos lucros de exercício, mas a percentagem máxima destinada aos administradores deve ser autorizada por cláusula do contrato de sociedade* (artigo 399.º, n.º 2, *ex vi* do artigo 429.º) e não pode incidir sobre distribuições de reservas nem sobre qualquer parte do lucro do exercício indistribuível aos accionistas (artigo 399.º, n.º 3, por remissão do artigo 429.º).

II – *Compete ao Conselho de Administração Executivo a gestão das actividades* e *a representação da sociedade perante terceiros.*

Os poderes de gestão são "tendencialmente" exclusivos do conselho de administração executivo: "o conselho geral e de supervisão não tem poderes de gestão das actividades da sociedade" (artigo 442.º, n.º 1, 1.ª parte).

"Mas a lei e o contrato de sociedade podem estabelecer que o conselho de administração executivo deve obter prévio consentimento do conselho geral e de supervisão para a prática de determinadas categorias de actos" (artigo 442.º, n.º 1, 2.ª parte). *É o que acontece, não raramente, com a aprovação do plano estratégico da sociedade e a realização de certas operações de valor económico ou estratégico significativo* (*verbi gratia*, contratação de financiamento de valor significativo, aquisição/alienação de participações sociais significativas, pedido de admissão de valores mobiliários à negociação em mercado regulamentado, estabelecimento ou cessação de parcerias estratégicas, extensões ou reduções importantes da actividade social, projectos de cisão, fusão ou transformação, alterações ao contrato de sociedade da iniciativa do conselho de administração executivo, etc.).

Quando assim aconteça, *a necessidade de parecer prévio favorável traduz uma corresponsabilidade activa e não despicienda do conselho geral e de supervisão no exercício e direcção estratégica da empresa, característica do sistema dualista, a impedir dizer-se o conselho de administração executivo investido da gestão "exclusiva" da sociedade.* A tal ponto que, em caso de recusa do parecer favorável do conselho geral e de supervisão, se o conselho de administração executivo quiser superar o impasse e prosseguir com a operação terá de submeter a divergência verificada entre os dois órgãos à arbitragem da assembleia geral, a qual só poderá deliberar favoravelmente por maioria de dois terços dos votos emitidos, se o contrato de sociedade não exigir maioria mais elevada ou outros requisitos (artigo 442.º, n.ºs 2 e 3).

Nos termos do artigo 431.º, n.º 3, "aos poderes de gestão e de representação dos administradores é aplicável o disposto nos artigos 406.º, 408.º e 409.º, com as modificações determinadas pela competência atribuída na lei ao conselho geral e de supervisão".

Significativamente, *não se aplica o disposto no artigo 407.º, razão por que não poderá o conselho de administração executivo delegar poderes de gestão corrente da sociedade num ou mais administradores ou numa comissão executiva.*

No mais, ao conselho de administração executivo aplicam-se em geral as normas relativas ao conselho de administração do modelo tradicional (artigos 410.º a 412.º), com as adaptações previstas no artigo 433.º.

4.2. *Conselho geral e de supervisão: órgão de fiscalização*

I – O conselho geral e de supervisão é composto pelo número, par ou ímpar, de membros fixado no contrato de sociedade, mas sempre superior ao número de administradores (artigo 434.º, n.º 1); depois da revogação do n.º 2 do artigo 434.º pelo artigo 61.º do Decreto-Lei n.º 76-A/2006, os membros do conselho geral e de supervisão não têm de ser accionistas.

Por outro lado, os membros do conselho geral e de supervisão são designados no contrato de sociedade ou eleitos pela assembleia geral ou constitutiva (artigo 435.º, n.º 1), com aplicação do disposto no artigo 391.º, n.os 2 a 5, e no artigo 392.º, por reenvio do artigo 435.º, n.os 2 e 3.

Na falta de autorização da assembleia geral, os membros do conselho geral e de supervisão não podem exercer por conta própria ou alheia actividade concorrente com a da sociedade nem exercer funções em sociedade concorrente ou ser designados por conta ou em representação desta (artigo 434.º, n.º 5) – desta sorte, *procura a lei concretizar o dever de lealdade* (artigo 64.º, n.º 2), *prevenindo conflitos de interesses*, especialmente no exercício do poder de nomear e destituir os administradores se tal competência não for atribuída nos estatutos à assembleia geral [artigo 441.º, al. *a*)], *e utilizações abusivas de informações sensíveis ou reservadas,* com aplicação do disposto nos n.os 2, 5 e 6 do artigo 254.º (cfr. artigo 434.º, n.º 7).

A mais disto nota-se ainda, na composição do conselho geral e de supervisão, um grande paralelismo com a do conselho fiscal, no tocante à sua *"profissionalização" e independência,* quando o n.º 4 do artigo 434.º manda aplicar os n.os 2, 4 a 6 do artigo 414.º (*pelo menos um membro independente com curso superior adequado* ao exercício das suas funções *e conhecimentos de auditoria ou contabilidade*; *maioria de membros independentes, se sociedade cotada em mercado regulamentado) e o artigo 414.º-A (incompatibilidades).*

Na falta definitiva de um membro do conselho geral e de supervisão, deve ser chamado um suplente; não havendo suplente, a substituição efectua-se por eleição da assembleia geral (artigo 438.º).

O presidente do conselho geral e de supervisão pode ser eleito pelos seus pares ou pela assembleia geral (artigo 395.º, *ex vi* do artigo 436.º).

São remuneradas as funções de membro do conselho geral e de supervisão. *Remuneração fixa*, com proibição de *stock options*, favorecedora de isenção e imparcialidade, *estabelecida pela assembleia geral ou por comissão nomeada por esta*, tendo em conta as funções desempenhadas e a situação económica da sociedade (artigo 440.º).

II – *Nos termos do artigo 441.º, compete ao conselho geral e de supervisão:*

a) *Nomear e destituir os administradores,* se tal competência não for atribuída nos estatutos à assembleia geral;
b) Designar o administrador que servirá de presidente do conselho de administração executivo e destituí-lo, se tal competência não for atribuída nos estatutos à assembleia geral, sem prejuízo do disposto no artigo 436.º[19];
c) Representar a sociedade nas relações com os administradores;
d) *Fiscalizar as actividades do conselho de administração executivo;*
e) *Vigiar pela observância da lei e do contrato de sociedade;*
f) Verificar, quando o julgue conveniente e pela forma que entenda adequada, a regularidade dos livros, registos contabilísticos e documentos que lhes servem de suporte, assim como a situação de quaisquer bens ou valores possuídos pela sociedade a qualquer título;
g) Verificar se as políticas contabilísticas e os critérios valorimétricos adoptados pela sociedade conduzem a uma correcta avaliação do património e dos resultados;
h) *Dar parecer sobre o relatório de gestão e as contas do exercício;*
i) *Fiscalizar a eficácia do sistema de gestão de riscos, do sistema de controlo interno e do sistema de auditoria interna,* se existentes;
j) Receber as comunicações de irregularidades apresentadas por accionistas, colaboradores da sociedade ou outros" – de modo

---

[19] Não entendemos a salvaguarda do disposto no artigo 436.º, referente à designação do presidente do conselho geral e de supervisão. Será que onde se ressalva o disposto no artigo 436.º se queria (quer) dizer o disposto no artigo 427.º? Vejamos como harmonizar a al. *b*) do artigo 441.º com o disposto no artigo 427.º: olhando ao artigo 425.º, n.º 1, als. *a*) e *b*), os administradores são designados pelo conselho geral e de supervisão e só pela assembleia geral se os estatutos o determinarem, com o correspondente poder de destituição [artigo 430.º, n.º 1, als. *a*) e *b*)], pelo que aparece como prolongamento natural a competência do conselho geral e de supervisão também para a designação e destituição do presidente do conselho de administração executivo, se tal competência não for atribuída nos estatutos à assembleia geral [artigo 441.º, al. *b*)] – logo, o presidente do conselho de administração executivo é escolhido por este órgão, entre os seus membros (artigo 427.º, n.º 1), se o mesmo não tiver sido designado pela assembleia geral ou pelo conselho geral e de supervisão, conforme for o caso da respectiva competência.

que os "denunciadores" (*whistleblowers*) não tenham receio de represálias;

l) *Fiscalizar o processo de preparação e de divulgação de informação financeira;*

m) *Propor à assembleia geral a nomeação do revisor oficial de contas;*

n) *Fiscalizar a revisão de contas aos documentos de prestação de contas da sociedade;*

o) *Fiscalizar a independência do revisor oficial de contas, designadamente no tocante à prestação de serviços adicionais;*

p) *Contratar a prestação de serviços de peritos* que coadjuvem um ou vários dos seus membros no exercício das suas funções, devendo a contratação e a remuneração dos peritos ter em conta a importância dos assuntos a eles cometidos e a situação económica da sociedade;

q) *Elaborar anualmente um relatório sobre a sua actividade e apresentá-lo à assembleia geral;*

r) Conceder ou negar o consentimento à transmissão de acções, quando este for exigido pelo contrato;

s) *Convocar a assembleia geral, quando entenda conveniente;*

t) Exercer as demais funções que lhe sejam atribuídas por lei ou pelo contrato de sociedade.

III – *Quando conveniente para o exercício das suas competências,* o conselho geral e de supervisão *deve* nomear, de entre os seus membros, uma ou mais comissões para o exercício de determinadas tarefas, *designadamente* para fiscalizar a actividade do conselho de administração executivo ou fixar a remuneração dos administradores (artigo 444.º, n.º 1), podendo pensar-se noutras comissões especializadas ou de acompanhamento de certos negócios (artigo 442.º, n.º 1) ou em matérias de governo societário e sustentabilidade. Este *dever* referido no artigo 444.º, n.º 1, constitui no fundo um *poder*: poder que o conselho geral e de supervisão usará quando o entenda conveniente para efeitos de desempenho eficaz de alguma ou algumas das suas competências (poder-dever); poder que o conselho geral e de supervisão não utilizará quando entender não ser conveniente a criação de qualquer comissão, designadamente da comissão para fiscalização do conselho de administração executivo. Neste aspecto, portanto, alterou-se o regime legal anterior: no primeiro mês após a sua eleição, *devia* o conselho geral nomear uma comissão especialmente encarregada de exercer permanentemente as funções de fiscalização da direcção (ora conselho de administração executivo), conforme imposição do n.º 2 do artigo 444.º, cujo n.º 1 reconhecia ao conselho geral o *poder* de nomear, de entre os seus membros, uma ou mais comissões para preparar as suas deliberações ou para fiscalizar a execução destas.

Porém, de acordo com o novo regime (artigo 444.º, n.º 2; artigo 278.º, n.º 4), *nas sociedades emitentes de valores mobiliários admitidos à negociação em mercado regulamentado e nas sociedades que cumpram os critérios referidos na al. a) do artigo 413.º, o conselho geral e de supervisão deve constituir uma comissão para as matérias financeiras, especificamente dedicada ao exercício das funções referidas nas als. f) a o) do artigo 441.º,* dada a vital importância da real situação e informação financeira das empresas para os accionistas, (outros) potenciais investidores e integridade dos mercados de capitais.

Por isso mesmo, *para que possa ser efectiva e eficaz a monitorização da integridade da gestão e saúde financeiras da empresa,* em simetria com os outros modelos de governação (artigo 414.º, n.ºs 4 a 6; artigo 423.º-B, n.ºs 4 e 5), *deve a comissão financeira incluir pelo menos um membro com curso superior adequado ao exercício das suas funções e conhecimentos em auditoria ou contabilidade e que seja independente* (artigo 444.º, n.º 5); *nas sociedades emitentes de acções admitidas à negociação em mercado regulamentado, os membros da comissão financeira devem ser na sua maioria independentes* (artigo 444.º, n.º 6). Com a literacia financeira de saber ler e entender as contas e com a independência exigidas aos seus membros procura a lei garantir a qualidade, a veracidade e a credibilidade do processo de reporte financeiro das empresas e reduzir os riscos de fraudes e insolvências.

IV – Tirando as primeiras três alíneas [als. *a*) a *c*) do artigo 441.º], *ressalta o paralelismo da competência do conselho geral e de supervisão com a competência da comissão de auditoria* (artigo 423.º-F) *no sistema anglo-saxónico* (*supra*, n.º 3.3.) *e com a competência do conselho fiscal no modelo tradicional* (artigo 420.º).

Nesta parte, portanto, *o conselho geral e de supervisão revela o perfil de órgão de controlo da sociedade, nomeadamente fiscalizando: as actividades do conselho de administração executivo,* a eficácia do sistema de gestão de riscos, do sistema de controlo interno e da auditoria interna, a preparação e divulgação da informação financeira, a revisão de contas, a independência do revisor oficial de contas nomeado pela assembleia geral sob sua proposta, *a observância da lei e do contrato de sociedade*.

Perfil de fiscalização que, todavia, não retrata de corpo inteiro o conselho geral e de supervisão.

Com efeito, a este órgão cabe ainda:

Nomear e destituir os administradores, se tal competência não for atribuída nos estatutos à assembleia geral [artigo 425.º, n.º 1, als. *a*) e *b*)];

Designar o administrador que servirá de presidente do conselho de administração executivo e destituí-lo, se tal competência não for atribuída nos estatutos à assembleia geral;

Representar a sociedade nas relações com os administradores.

Tudo isto a demonstrar um certo *hibridismo do conselho geral e de supervisão,* órgão predominantemente de fiscalização mas ainda órgão administrativo, com possível competência para nomear e destituir os administradores e dar o *indispensável parecer prévio favorável para a prática de determinadas categorias de actos previstos no contrato* (artigo 442.º), *designadamente e principalmente do plano estratégico da sociedade,* poder marcante e revelador da *índole bifronte* deste órgão social.

Relativamente ao direito anterior, nota-se que a nomeação e destituição dos administradores deixaram de ser exclusivas do conselho geral e de supervisão, passando agora a poder ser da assembleia geral por determinação dos estatutos, numa concessão aos sócios-proprietários da empresa e investidores do capital de risco.

Nota-se ainda que o relatório de gestão e as contas do exercício deixaram de ser aprovadas pelo conselho geral e de supervisão, que doravante só dará parecer, regressando o poder de aprovação à assembleia geral [artigo 376.º, n.º 1, al. *a*)].

4.3. *Responsabilidade dos membros do conselho geral e de supervisão análoga à dos membros do conselho fiscal; a (in)influência das comissões*

Se ao conselho geral e de supervisão são atribuídas funções de vigilância e controlo típicas da comissão de auditoria no modelo anglo-saxónico e do conselho fiscal no sistema tradicional, igual deve ser a responsabilidade dos seus membros.

Corresponde isto a dizer, em termos breves, que à responsabilidade dos membros do conselho geral e de supervisão se aplica o disposto no artigo 81.º, valendo aqui, *mutatis mutandis*, o já desenvolvido a respeito da responsabilidade dos membros da comissão de auditoria (*supra*, n.º 3.4.).

Apenas uma pergunta a carecer de resposta: haverá interferência das comissões (artigo 444.º) na responsabilidade dos membros do conselho geral e de supervisão?

Se se pudesse falar de delegação de poderes de fiscalização em sentido próprio, com a comissão criada a assumir a competência para deliberar sobre as matérias incluídas na delegação, a responsabilidade solidária (artigo 73.º, n.º 1, *ex vi* do artigo 81.º, n.º 1) seria dos membros da comissão nomeada, ficando os outros membros do conselho geral e de supervisão delegantes responsáveis apenas pela vigilância geral. Só que para esse efeito seria necessária a expressa previsão legal de delegação de poderes de vigilância, à semelhança do sucedido com a verdadeira delegação de poderes de gestão (artigo 407.º, n.os 3 e 8).

Mas não constituindo a hipótese do artigo 444.º uma verdadeira delegação legal de poderes de fiscalização, resta tratar a situação nele prevista nos mesmos termos dos n.os 1 e 2 do artigo 407.º (*supra*, n.º 2.2.): o encargo especial da comissão criada não exclui a competência normal dos outros membros do conselho geral e de supervisão nem a responsabilidade dos mesmos, nos termos da lei.

Daí a importância do disposto no artigo 432.º, relativo ao relacionamento do conselho de administração executivo com o conselho geral e de supervisão: além da fiscalização exercida pela comissão financeira (prevista no artigo 444.º, n.º 2), que tem o direito de assistir às reuniões do conselho de administração executivo e o dever de assistir às reuniões em que sejam apreciadas as contas do exercício, o presidente do conselho geral e de supervisão tem o poder-dever de exigir daquele as informações convenientes ou solicitadas por outro membro do conselho a que preside e o direito de ele e um membro delegado designado por este órgão para o efeito assistirem às reuniões do conselho de administração executivo; *dever de transmissão a todos os outros membros do conselho geral e de supervisão, em tempo útil, e o mais tardar na primeira reunião deste, de todas as informações recebidas do conselho de administração executivo*, nos termos dos n.os 2 a 4 do artigo 432.º, bem como de todas as informações obtidas em virtude da participação nas referidas reuniões previstas nos n.os 5 e 6 do mesmo artigo 432.º (cfr. artigo 432.º, n.º 7).

Por outro lado, relembre-se que o *legislador não quis autorizar a delegação de poderes de gestão pelo conselho de administração executivo* (artigo 431.º, n.º 3, *a contrario sensu*). Logo, não podendo haver delegação de poderes de gestão com *eficácia perante terceiros,* se aquela ocorrer de facto poderá relevar apenas nas relações internas entre os administradores (artigo 73.º, n.º 2). Pelo que, não tendo a lei querido, de modo tão claro, a delegação de poderes de gestão no modelo dualista – à semelhança do exemplo francês, e diferentemente do legislador italiano (artigo 2409.º *novies* do *Codice Civile*) e do disposto na versão anterior do nosso artigo 431.º, n.º 3 –, parece *sistematicamente* coerente interpretar no mesmo sentido o artigo 444.º: o conselho geral e de supervisão tem o poder-dever de nomear uma ou mais comissões no seu seio para *preparar* ou acelerar as suas *deliberações* ou para fiscalizar a sua execução. Como resultado, nas relações externas (perante os lesados), assim como na comissão de auditoria (artigo 423.º-B) e no conselho fiscal (artigo 414.º) o membro com *expertise* financeira em auditoria ou contabilidade não exime esses órgãos da *sua* (deles, membros) responsabilidade, assim também no modelo dualista as comissões não exoneram das suas responsabilidades os outros membros do conselho geral e de supervisão pelos danos resultantes das suas deliberações.

Noutras palavras: nas relações externas, a designação de CFO ou CAO não impõe a este especialista obrigações e responsabilidade maiores do que as dos outros membros como garantes da qualidade e integridade do processo e reporte financeiro nem permite a estes escudarem-se na confiança por eles depositada na opinião avalizada daquele para não responderem solidariamente perante as vítimas (artigo 73.º, n.º 1, *ex vi* do artigo 81.º): em ordem à melhor tutela dos lesados (sociedade, accionistas ou credores), todos os fiscalizadores que tomaram deliberação lesiva têm os mesmos deveres e são igualmente responsáveis, restando-lhes a acção de regresso nas relações internas.

Desta sorte, em termos conclusivos, se nos estatutos se disser "o conselho geral e de supervisão delegará em comissão financeira, constituída pelo menos por três membros independentes com qualificação e experiência adequadas, as competências previstas na lei", *esse facto não constituirá delegação sensu proprio,* com exoneração de responsabilidade dos restantes membros do conselho.

5. **Deveres gerais de cuidado e de lealdade**

Dispõe como segue o artigo 64.º, n.º 2:

> Os titulares de órgãos sociais com funções de fiscalização devem observar *deveres de cuidado,* empregando para o efeito elevados padrões de diligência profissional *e deveres de lealdade,* no interesse da sociedade.

Já antes seria assim, na ausência desta norma introduzida pelo Decreto-Lei n.º 76-A/2006.

Na verdade, de *acordo com o direito geral, cada um deve cumprir os seus deveres de boa fé* (*vide,* por exemplo, artigo 762.º, n.º 2, ou o artigo 227.º, ambos do Código Civil), vale dizer, *com a correcção, a honestidade, a lisura e a lealdade próprias de pessoas de bem, e com o cuidado ou a diligência do "bonus pater famílias" do sector, em face das circunstâncias de cada caso* (artigo 487.º, n.º 2, aplicável também à responsabilidade contratual *ex vi* do artigo 799.º, n.º 2, ambos do Código Civil).

No fundo, a ideia corrente de que o que cada um deve fazer, deve ser bem feito, de modo sério, cuidado e leal, apanágio das pessoas de bem, de boa formação e de são procedimento. *In casu,* porque em causa órgãos sociais, esses padrões ético-deontológicos significam que os respectivos membros devem cumprir com cuidado e lealdade as funções que lhes estão confiadas, no interesse da sociedade, dos accionistas e de outros *stakeholders.* Deveres fiduciários, portanto, aqueles que incidem sobre os titulares de órgãos sociais, a cumprir de boa fé, de modo normal e são, com a diligência e a lealdade exigíveis de "um bom pai de família, em face das circunstâncias de cada caso", segundo o critério do *profissional razoável* (gestor, fiscal, médico, advogado, engenheiro, etc.) no condicionalismo do caso concreto.

É nesta envolvente, e como densificação da regra geral de que no cumprimento das obrigações inerentes ao exercício de uma actividade profissional o cuidado ou a diligência deve apreciar-se em relação à natureza da actividade exercida, que deve entender-se a bifurcação ou dicotomia (deveres de cuidado e deveres de lealdade) ora explicitada no artigo 64.º, quer no n.º 1 para os administradores ou gerentes, quer no n.º 2 para os membros de órgãos de fiscalização: num como noutro dos casos, a aplicação da tese da *culpa objectiva ou culpa em abstracto e da conduta deficiente e não deficiência da vontade*[20]. É este padrão objectivo, tipicizado,

---

[20] Cfr., por todos, ANTUNES VARELA, *Das obrigações em geral*, vol. I, 9.ª ed., 1996, p. 594 e segs.

de gestor ou fiscal criterioso e ordenado que impede qualquer membro de órgãos sociais escudar-se na sua falta de qualificação e experiência pessoal para o desempenho das funções em que está investido, em ordem à protecção da legítima confiança da sociedade, dos accionistas e dos credores e à realização da justiça comutativa.

Padrão objectivo e abstracto este, o da determinação do cuidado, quer no tocante à diligência da vontade quer quanto aos conhecimentos e capacidade ou aptidão exigíveis de membros de órgãos de administração ou fiscalização, que a lei traduz de modo nada enxuto e lapidar,

seja para os administradores:

– "*deveres de cuidado,* revelando a *disponibilidade, a competência técnica* e o *conhecimento da actividade da sociedade* adequados às suas funções e empregando nesse âmbito a *diligência de um gestor criterioso e ordenado"* [artigo 64.°, n.° 1, al. *a*)];
– "*deveres de lealdade*, no interesse da sociedade, atendendo aos interesses de longo prazo dos sócios e ponderando os interesses dos outros sujeitos relevantes para a sustentabilidade da sociedade, tais como os seus trabalhadores, clientes e credores" [artigo 64.°, n.° 1, al. *b*)],

seja para os titulares de órgãos sociais com funções de fiscalização:

– "*deveres de cuidado,* empregando para o efeito elevados padrões de diligência profissional, e *deveres de lealdade,* no interesse da sociedade" (artigo 64.°, n.° 2).

Independentemente do copioso verbalismo utilizado no n.° 1 e no n.° 2 do artigo transcrito, o verdadeiro e decisivo alcance interpretativo não pode deixar de ser substancialmente o mesmo nos dois tipos de profissionais em apreço:

Deveres fiduciários de cuidado e de lealdade próprios de gestor ou fiscal razoável posto nas mesmas funções e circunstâncias, tendo em conta os conhecimentos especiais e a competência técnica razoavelmente esperáveis de um profissional capaz, sensato, sagaz, avisado e zeloso em face do condicionalismo próprio do caso concreto; no fundo, o estalão objectivo e tipicizado do *"bonus pater famílias"* da profissão em apreço, com a diligência a dever apreciar-se em relação à natureza da actividade, traduzido pelo padrão, de origem teutónica, do *gestor consciencioso ou criterioso e ordenado* [§93, 1, da AkG; artigo 64.°, n.° 1, al. *a*)] *e pelos elevados padrões de diligência profissional exigíveis dos titulares de órgãos de fiscalização.*

Descontada a diversidade linguística, num como noutro dos casos impõe a lei que o exercício dos poderes e o cumprimento dos deveres sejam feitos com o grau de cuidado ou diligência profissional próprio de uma pessoa razoável e prudente, na veste de administrador ou de supervisor: não se vê por que hão-de ter bitolas diferentes a "diligência de um gestor criterioso e ordenado" [artigo 64.º, n.º 1, al. *a*)] e os "elevados padrões de diligência profissional" do titular de órgão social com funções de fiscalização (artigo 64.º, n.º 2) para apurar se um e outro observaram os deveres de cuidado exigíveis no âmbito das respectivas competências e atribuições.

E quanto à lealdade devida, sabemos bem ser ela decorrente do princípio da boa fé e tutela da confiança: dever de nortear a gestão e a fiscalização pelo interesse da sociedade, servindo esta como fiduciário (*Treühänder*) e não servindo-se dela.

Deste modo, a consagração de "deveres de cuidado" e "deveres de lealdade" não é inovadora na substância da responsabilidade de administradores e membros de órgãos de fiscalização: traduz apenas a codificação ou *"transplante legal"*[21] de uma bifurcação de origem anglo-americana[22] já longínqua no campo dos deveres fiduciários e com sabor escolástico: se bem que os administradores não sejam mais vistos como *trustee* – este deve ser cuidadoso em preservar a *trust property* e evitar expô-la a riscos desnecessários, ao passo que os administradores têm de correr riscos e decidir se assumem um risco com vista a multiplicar o capital investido e de cuja gestão estão incumbidos –, certo é que ocupam uma *posição fiduciária* na sociedade a cujos órgãos pertencem e devem, como consequência, actuar de boa fé (com o cuidado e a lealdade devidos) no melhor interesse social e evitar colocar-se em situação de interesses pessoais conflituantes com os da sociedade *(no-conflict rule)* ou tirar benefícios injustificados (*no-profit rule*)[23].

---

[21] ALAN WATSON, *Legal transplants. An aproach to comparative law*, 2.ª ed., 1993.

[22] Sobre a americanização do direito, *vide "Archives de Philosophie du Droit"*, tome 45 (2001): *L'américanisation du droit.*

[23] R. MONKS e N. MINOW, *Corporate governance*, 2004, especialmente p. 200 e segs.; JAMES COX e THOMAS HAZEN, *On corporations*, 2.ª ed., vol.I, 2003, cap. 10 *(director's and officer's duties of care and loyalty)*, p. 476 e segs.; GOWER e DAVIES, *Principles of modern company law*, 7.ª ed., por Paul L. Davies, 2003, p. 370 e segs.; ROBERT C. CLARK, *Corporate law*, 1986, p. 105 e segs.; BRUCE S. BUTCHER, *Director's duties: a new millennium, a new approach?*, 2000; K. J. HOPT e H. WIEDEMAN (eds.), *Grosskommentar Aktiengesetz*, 4.ª. ed., 1999, comentários ao § 93, especialmente n.º 12, 72 e segs., 144 e segs.

6. Dever de cuidado e *business judgment rule*

I – *O dever de cuidado requer que administradores e supervisores cumpram as suas responsabilidades legais com a diligência profissional devida.* Trata-se, pois, do *"modo"* como os membros da administração e da fiscalização devem desempenhar as suas funções por forma a ter-se por irreprovável ou incensurável a sua conduta nas circunstâncias concretas de cada caso. Em consequência o dever de cuidado só tem sentido como a *"due diligence"* no exercício de poderes e deveres legais, estatutários ou contratuais. Pelo que se os administradores ou supervisores (artigo 81.º, n.º 1) violam disposições legais ou contratuais destinadas a proteger interesses da sociedade (artigo 72.º, n.º 1), dos credores sociais (artigo 78.º) ou dos sócios e terceiros (artigo 79.º), teremos uma *ilicitude: o comportamento,* objectivamente visto no plano geral e abstracto da norma de protecção de interesses alheios (artigo 483.º, n.º 1, do Código Civil), é *antijurídico,* denegador dos valores tutelados pelo Direito.

Mas essa conduta ilícita (violação ilegítima da norma de protecção) só será negligente, merecedora do juízo de censura e reprovação própria da culpa, se os seus autores (agentes ou omitentes) falharem na diligência profissional devida em face das concretas circunstâncias do caso, vale dizer, no cuidado exigível a administrador ou supervisor razoável e prudente. E assim *a culpa ou negligência será a violação do dever de cuidado e diligência exigível, com diversas densificações possíveis* (dolo, culpa grave ou culpa leve): a acção ou omissão ilícita (violadora de norma de protecção) foi intencional, com propósito contrário aos melhores interesses da sociedade? Ou foi descuidada, consciente ou inconscientemente, grosseira ou levemente, por inobservância das precauções que a elementar prudência aconselhava?

Vistas a ilicitude e a culpa como pressupostos autónomos e distintos da responsabilidade civil (artigo 483.º, n.º 1, do Código Civil) e a violação do dever de cuidado exigível como elemento da culpa[24], porque a responsabilidade de membros da administração e de órgãos de fiscalização para com a sociedade reveste natureza contratual, percebe-se a presunção de culpa consagrada no artigo 72.º, n.º 1, aplicável igualmente aos membros de órgãos de fiscalização (artigo 81.º): é a regra de direito comum (artigo 799.º, n.º 1, do Código Civil). Presunção de culpa inexistente, em conformidade com a regra geral da responsabilidade aquiliana (artigo 487.º,

---

[24] Neste sentido, ANTUNES VARELA, *Das obrigações em geral, cit.*, p. 605 e segs.

n.º 1, do Código Civil), nas hipóteses de responsabilidade para com os credores sociais (artigo 78.º) ou para com os sócios e terceiros (artigo 79.º), igualmente aplicáveis à responsabilidade dos membros de órgãos de fiscalização (artigo 81.º): nestas hipóteses de responsabilidade extracontratual[25], os lesados têm de alegar e provar a culpa de administradores e/ou supervisores (*"inobservância culposa das disposições legais ou contratuais destinadas à protecção* dos credores" – artigo 78.º, n.º 1; responsabilidade, *nos termos gerais,* logo por culpa *provada* – artigo 79.º, n.º 1)[26].

Na acção social de responsabilidade obrigacional proposta contra administradores e/ou supervisores, nos termos dos artigos 75.º e 76.º ou nos termos do artigo 77.º (acção social *uti singuli,* intentada por um ou vários sócios como substitutos processuais), a sociedade (ou seu curador *ad litem* – artigo 76.º) ou o substituto processual (artigo 77.º) só tem de alegar e provar o incumprimento de dever legal ou contratual (preterição de deveres legais, estatutários ou contratuais destinados à protecção do interesse social, v.g. artigos 32.º, 33.º, 35.º, 65.º e segs., 259.º, 405.º), o dano no património social e o nexo de causalidade adequada entre aquele acto ilícito ou omissão ilícita e o dano sobrevindo.

Cabe aos administradores e/ou supervisores demandados ilidir a presunção legal da culpa (artigo 72.º, n.º 1), mostrando que procederam com o cuidado e diligência devido: se provarem que não houve culpa da sua parte, visto o acto de gestão ter sido praticado com a diligência de um gestor criterioso e ordenado e a vigilância cumprida com a diligência profissional exigível (artigo 64.º), a responsabilidade para com a sociedade não ocorrerá por falta de culpa, apesar da ilicitude cometida (preterição do dever legal ou contratual protector do interesse social).

II – Neste contexto de proporcionar um "porto seguro" a administradores – e a supervisores, *ex vi* do artigo 81.º – foi introduzido pelo

---

[25] Cfr. ANTÓNIO MENEZES CORDEIRO, *Da responsabilidade civil dos administradores, cit.*, p. 496; RAÚL VENTURA/BRITO CORREIA, *Responsabilidade civil dos administradores, in* "BMJ" n.º 194, p. 86 e segs.

[26] Sobre a responsabilidade perante os sócios, *vide* PEDRO CAETANO NUNES, *Responsabilidade civil dos administradores perante os accionistas*, 2001; CATARINA PIRES CORDEIRO, *Algumas considerações críticas sobre a responsabilidade civil dos administradores*, cit., p. 81 e segs.; E. GOMES RAMOS, *A responsabilidade de membros da administração, in* "Problemas do Direito das Sociedades – IDET", 2002, p. 88; COUTINHO DE ABREU e ELISABETE GOMES RAMOS, *ob. cit.*

Decreto-Lei n.º 76.º-A/2006 o actual n.º 2 do artigo 72.º, que reza como segue:

> A responsabilidade é excluída se alguma das pessoas referidas no número anterior provar que actuou em termos informados, livre de qualquer interesse pessoal e segundo critérios de racionalidade empresarial.

É a versão portuguesa da *business judgment rule*, iniciada há cerca de dois séculos pelos tribunais nos EUA e que continua viva e vigorosa como forma de administradores ("honestos") gozarem do benefício de actuarem devidamente informados, de boa fé e não no seu interesse pessoal: ali vale mesmo, designadamente no Estado de Delaware tido como paradigmático na matéria, a presunção relativa de que uma decisão empresarial foi tomada em base informada, de boa fé e honestamente no melhor interesse da sociedade[27].

Diferentemente, o legislador português inverteu o "*onus probandi*", fazendo recair sobre os gestores e supervisores a demonstração de que a decisão empresarial – decisão positiva (*de facere*) ou negativa *(de non facere*), mas sempre uma activa decisão empresarial, não se aplicando aos casos em que administradores/supervisores abdicam das suas funções nem a puras omissões ou inacções por esquecimento ou negligência – foi tomada:

- *numa base adequadamente informada acerca do objecto,* num eventual *iter negociatório* e no processo decisório razoável, fundamentado em estudos e pareceres, a evidenciar a importância da observação do cuidado exigível na leitura e ponderação de todo o material informativo relevante com vista a acto de gestão ou de fiscalização consciencioso e racional: a extensão da obrigação de estar razoavelmente informado e de exercer supervisão adequada depende naturalmente da natureza da decisão, seu objecto e complexidade;
- *livre de qualquer interesse próprio,* quer dizer, na ausência de conflito de interesses significativo, com gestores e supervisores pessoalmente desinteressados (independentes) no assunto da decisão;

---

27 Cfr. CLARK, *Corporate law, cit.*, § 3.4., p. 123 e segs, § 3.5., p. 136 e segs.; GOWER e DAVIES, *"Principles of modern company law"*, *cit.*; COX e HAZEN, *On corporations*, *cit.*, § 10.2., p. 482 e segs., § 15.07, p. 924 e segs., § 23.06, p. 1418 e segs.

– *segundo critério de racionalidade empresarial:* a decisão é racional, sensata, faz sentido, acreditando razoável e honestamente, de boa fé, ser no melhor interesse da sociedade.

Se um destes três requisitos não estiver preenchido, a *business judgment rule não protegerá os administradores ou supervisores*, sem que isso constitua prova automática da violação do dever de cuidado exigível e, por conseguinte, a não ilisão da presunção de culpa prevista no n.º 1 do mesmo artigo 72.º.

Ao invés, *se os três requisitos ficarem provados, a responsabilidade é excluída, sem mais:* o tribunal não substitui o seu julgamento ou ponto de vista ao julgamento (decisão) de gestores ou supervisores, se cumpridos cumulativamente os três elementos referidos. Ou seja, *o tribunal não escrutina ex post a oportunidade e o mérito de uma decisão empresarial racional (*razoavelmente informada, tomada então na convicção séria, de boa fé, de ser no melhor interesse da sociedade), consciente de que não tem (mais e melhor) habilitações para esse juízo e de que mesmo as decisões empresariais honestas, informadas e racionais comportam riscos, podendo vir a revelar-se de efeitos negativos (*error in judicando*).

E assim, através do teste da *business judgment rule,* os tribunais respeitam decisões/deliberações empresariais tomadas com cuidado, de *modo* são e prudente – decisões não arbitrárias, não irracionais, portanto –, no exercício do poder discricionário que preside à administração das sociedades numa economia de mercado livre e competitivo. Com a vantagem de desta maneira, por um lado, atrair gestores conscientes de que o dever de cuidado a que se sujeitam não constitui um *"absoluto", absurdo* por incumprível, porquanto não será mais elevado do que o esperável do típico administrador razoável, e, por outro lado, não corta as asas da criatividade e da liberdade de assunção responsável de riscos, indispensáveis ao progresso e à inovação no movimento acelerado da História, também da coeva globalização dos mercados extremamente competitivos.

O mesmo se diga, *mutatis mutandis,* para os membros de órgãos de fiscalização, na medida em que tomem decisões, por exemplo: seleccionar e propor à assembleia geral a nomeação do revisor oficial de contas; aprovar outros serviços adicionais (consultorias) a prestar pelo revisor oficial de contas; contratar a prestação de serviços de peritos; elaborar relatório sobre a sua própria acção fiscalizadora; fiscalizar o processo de preparação e divulgação da informação financeira ou a eficácia do sistema de gestão de riscos, do sistema de controlo interno e do sistema de auditoria interna, etc., e *decidir* como responder às deficiências encontradas. Logo, *a business judgment rule* só não se aplica nas áreas de responsabilidade dos órgãos de fiscalização em que os seus membros não exerçam *"business judgment"*, isto é, não actuem pela tomada de decisões, continuando, porém, o seu desempenho sujeito aos deveres fiduciários de cuidado e lealdade (artigo 64.º, n.º 2), flexíveis, dinâmicos e evolutivos.

Tudo isto a desnudar que a *"business judgment rule"* tem o seu enfoque no processo decisório: o tribunal só cuida de apurar se a decisão questionada foi ao tempo uma decisão de *boa fé, independente* (desinteressada), *informada, com racional propósito empresarial*, na convicção séria e honesta de ser no melhor interesse da sociedade. Portanto, administradores e supervisores beneficiarão desta *"business judgment rule"* – *standard de apreciação judicial das decisões empresariais* postas em causa por violação do dever de cuidado e diligência exigível – se demonstrarem ter actuado com *racionalidade empresarial*, de modo informado, de boa fé e não no seu próprio interesse pessoal. Em resultado do que *gestores e supervisores que tenham observado este "modus operandi" ou "modus deliberandi"* (actuação independente ou desinteressada, apropriada informação no *iter decisionis*, de boa fé e na razoável convicção de ser no melhor interesse da sociedade) *não responderão por violação do dever de cuidado*, pois (como que) lhes é reconhecido o direito de errar na decisão em si mesma (*'error in iudicando' honesto e meramente negligente – culpa leve*).

A querer tudo isto significar, noutra formulação: mesmo que gestores ou supervisores não provem ter procedido sem culpa substantiva (artigo 72.º, n.º 1), agindo com toda a diligência profissional exigível (artigo 64.º), a sua responsabilidade é excluída se demonstrada a actuação informada, desinteressada e racional (*reasonable decisionmaking process*), mesmo que a decisão substantiva seja negligente.

Deste modo, a exclusão de responsabilidade está agora (pelo novo n.º 2 do artigo 72.º) mais facilitada do que antes apenas pelo n.º 1 do mesmo preceito: no fundo, bem vistas as coisas, só haverá responsabilidade por decisões dificilmente explicáveis por fundamento diferente da má fé, decisões arbitrárias ou irracionais, portanto, normalmente tiradas em procedimento/processo doloso ou gravemente negligente. Por isso, impõe-se enfatizar aqui e agora, para esse efeito probatório, *a importância de actas cuidadas, completas, minuciosas*, que espelhem as presenças, os assuntos discutidos, aprovados e rejeitados, o tempo despendido nas reuniões para sopesar as vantagens e os inconvenientes dos temas tratados, *bem como de informações e estudos produzidos por entidades conceituadas para suporte das decisões.* No fundo, a exoneração de responsabilidade civil (por decisões empresariais racionais, honestas e informadas) assenta *na presunção de que os seus autores não violam o exigível dever objectivo de cuidado e diligência profissional* e reforça a *auctoritas* de decisões livres no exercício das suas funções e no cumprimento dos seus poderes e deveres, ao impedir que na valoração *a posteriori* de uma concreta decisão o juízo de oportunidade e mérito da administração ou fiscalização seja substituído por um juízo de oportunidade e mérito do tribunal.

Destarte, dever de cuidado e business judgment rule interrelacionam-se de modo tensional, complexo, intricado:

Se a business judgment rule não for de aplicar, por falta de um dos referidos requisitos do processo decisório, *isso não equivalerá a culpa in re ipsa* (leia-se, *a automática violação do dever de cuidado), cabendo ao tribunal apurar se esta ocorreu ou não,* se foi ou não tomada uma *"reasonable decision"* (artigo 72.º, n.º 1) – pode escrever-se direito por linhas tortas, pode acertar-se na decisão por instinto, superior inteligência/competência ou sorte grande…;

Se a business judgment rule for de aplicar, por verificação cumulativa de todos os pré-requisitos que exige (artigo 72.º, n.º 2), *a lei exclui a responsabilidade (como que) presumindo a observância do exigível cuidado profissional (artigo 64.º) no exercício do poder discricionário dos decisores* (membros da administração ou da fiscalização), *sem que o tribunal aprecie (ex post) a razoabilidade substantiva, leia-se, a oportunidade e o mérito da decisão em si mesma, (desde que) tomada de modo racional, informado, desinteressado, honesto.*

Naturaliter, o tribunal já não pode coibir-se de apreciar a legalidade da decisão, seja a ilicitude ou antijuridicidade do acto praticado com preterição de dever legal, dever estatutário ou contratual específico (artigos 72.º, 78.º e 79.º), *seja a ilicitude na modalidade de abuso do poder discricionário de decidir* (artigo 334.º do Código Civil).

Parece assim, para concluir, que, não devendo aplicar-se na apreciação da antijuridicidade, a *business judgment rule* se relaciona em tensão com o dever de cuidado e diligência, e não com a ilicitude enquanto pressuposto da responsabilidade civil distinto e autónomo da culpa.

7. Dever de lealdade

Os deveres de lealdade devem ser observados pelos administradores no interesse da sociedade, atendendo aos interesses de longo prazo dos sócios e ponderando os interesses dos outros sujeitos relevantes para a sustentabilidade da sociedade, tais como os seus trabalhadores, clientes e credores [artigo 64.º, n.º 1, al. *b*)]. Com esta redacção, *o legislador põe o acento tónico no interesse da sociedade* – o interesse comum ou interesse colectivo dos sócios, na predominante concepção contratualista – *mas não um acento exclusivo*, porque e na medida em que manda também *atender* aos *interesses individuais de longo prazo dos sócios* e ainda *ponderar os interesses dos demais stakeholders* da sociedade, trabalhadores, clientes, credores e fornecedores.

No que vai contida uma *hierarquização da importância descendente* para o bom cumprimento dos deveres de lealdade pelos administradores: em primeiro lugar, como *peso pesado e decisivo*, o *interesse social*; em segundo lugar, os *interesses individuais de longo prazo dos sócios* também devem merecer *"atenção"*; por fim, e só por fim, *os interesses dos demais stakeholders* da empresa ainda devem ser *"ponderados"*[28].

Já nos termos do n.º 2 do mesmo artigo 64.º, os titulares de órgãos sociais com funções de fiscalização devem observar deveres de lealdade, *no interesse da sociedade*. Não parece ser de sobrevalorizar a indicação apenas do interesse social e considerar totalmente irrelevantes os outros interesses, sob pena de possível incongruência sistémica: *naturaliter,* uma decisão da administração tida como leal, no juízo complexivo, global e englobante dos interesses vários referidos na al. *b*) do n.º 1 do artigo 64.º, não poderá ser vista (valorada) como desleal pela fiscalização, porque e na medida em que atenda apenas e tão-só ao interesse da sociedade...

Consabidamente, do princípio da boa fé no cumprimento das obrigações e no exercício dos direitos correspondentes (cfr., *verbi gratia*, artigo 762.º, n.º 2, do Código Civil) decorrem deveres de lealdade[29].

E a frequência destes nos contratos de sociedade para os membros dos órgãos sociais e para os sócios explica-se pela natureza *fiduciária* das

[28] *Vide* António Menezes Cordeiro, *Da responsabilidade civil dos administradores*, *cit.*, p. 498 e segs.; Coutinho de Abreu, *Curso de direito comercial*, *cit.*, p. 286 e segs.

[29] Cfr., por todos, Menezes Cordeiro, *Da boa fé no direito civil*, 1984, I, § 23, p. 606 e segs.

relações estabelecidas, com a boa fé a jogar papel proeminente na análise dessa *fiducia*. Em razão do que, substancialmente, o dever de lealdade impõe que os titulares de órgãos sociais promovam e protejam o interesse da sociedade e se abstenham de condutas que lesem a sociedade. E porque por aqui passa muito a eticização ou moralização do direito societário, *o dever de lealdade é de aplicação severa, rígida, não comprimível sequer pela aplicação da business judgment rule.*

Assim, o dever de lealdade implica prevenção de conflitos de interesses, com os membros da administração e da fiscalização a não poderem: fazer negócios com a sociedade (artigos 397.º, 423.º-H, 428.º, 445.º); exercer por conta própria ou alheia actividade concorrente com a da sociedade nem exercer funções em sociedade concorrente (artigo 398.º, n.º 3; artigo 434.º, n.º 5; artigo 254.º); votar sobre assuntos em que tenham um interesse em conflito com o da sociedade (artigo 410.º, n.º 6; artigo 445.º, n.º 2); apropriar-se de oportunidades de negócio da sociedade; usar segredos de negócios, informações internas reservadas ou confidenciais e outros activos ou mesmo a posição societária para fins pessoais; fixar remunerações exorbitantes, etc.

Não olvidando que conflitos podem ocorrer entre interesses opostos ou paralelos de clientes colocados do mesmo lado ou em lados diferentes da transacção: ninguém pode servir (lealmente, leia-se) a dois senhores.

Naturalmente, ainda, haverá violação do dever de lealdade por parte de quem sabe que a sociedade tem sido defraudada e não denuncia esse facto[30].

8. **Cláusulas de exclusão ou limitação de responsabilidade**

Nos termos do artigo 74.º, n.º 1, "é nula a cláusula, inserta ou não em contrato de sociedade, que exclua ou limite a responsabilidade de fundadores, gerentes ou administradores...", aplicável também à responsabilidade dos membros de órgãos de fiscalização (artigo 81.º, n.º 1).

---

[30] Cfr. KLAUS J. HOPT, *Trusteeship and conflicts of interest in corporate, banking, and agency law: toward common legal principles for intermediaries in the modern service-oriented society, in* "Reforming Company and Takeover law in Europe", ed. por FERRARINI/HOPT/WINTER/WYMEERSCH, 2004, p. 51 e segs.; WELLENHOFER-KLEIN, *Treupflichten im Handels –, Gesellschafts – und Arbeitsrecht, in* "RabelsZ", 2000, p. 564; KLARK, *Corporation law, cit.*, cap. 4, p. 141 e segs.; GOWER e DAVIES, *Principles, cit.*, p. 391 e segs.

Na sua letra, seriam nulas todas as cláusulas de exclusão ou limitação da responsabilidade, independente de dolo, culpa grave ou culpa leve.

Porém, a interpretação deste preceito não deve fugir à problemática interpretativa da norma de direito comum, o artigo 809.º do Código Civil.

E, portanto, quem defenda a interpretação restritiva do artigo 809.º, segundo a qual a proibição das cláusulas de irresponsabilidade não abrange a culpa leve[31], deve proceder do mesmo modo na interpretação do artigo 74.º, n.º 1: *é nula a cláusula de irresponsabilização por dolo ou culpa grave* inserta no contrato social, no contrato de gestão ou no contrato de que resulte o crédito, tendo em conta a aplicação do preceito em análise na responsabilidade para com os credores sociais (artigo 78.º, n.º 5) e na responsabilidade para com os sócios e terceiros (artigo 79.º, n.º 2).

Em abono da validade de cláusula de exclusão ou limitação de responsabilidade por culpa leve depõe agora a business judgment rule (artigo 72.º, n.º 2), com o alcance já analisado: reconhecimento do direito de decisores empresariais a erros "honestos", (ainda que) cometidos por mera negligência ou culpa leve.

9. Caução (garantia) ou seguro de responsabilidade civil

Nos termos do artigo 396.º, a responsabilidade de *cada* administrador deve ser *caucionada* por alguma das formas admitidas na lei, na importância fixada no contrato, não inferior a: 250.000 euros para as sociedades emitentes de valores mobiliários admitidos à negociação em mercado regulamentado nem para as sociedades que cumpram os critérios da al. *a*) do n.º 2 do artigo 413.º; 50.000 euros para as restantes sociedades.

A caução de que aqui se fala é sinónima de garantia especial, em sintonia com o disposto no artigo 623.º, n.º 1, do Código Civil: "Se alguém for obrigado ou autorizado por lei a prestar caução, sem se designar a espécie que ela deve revestir, *pode a garantia* ser prestada por meio de depósito de dinheiro, títulos de crédito, pedras ou metais preciosos, ou por penhor, hipoteca ou *fiança bancária"*.

---

[31] Neste sentido, António Pinto Monteiro, *Cláusulas limitativas e de exclusão de responsabilidade civil*, Coimbra, 1985, p. 159 e segs.; *Idem*, *Cláusula penal e indemnização*, Coimbra, 1990, p. 255 e segs.; João Calvão da Silva, *Responsabilidade civil do produtor*, Coimbra, 1990, p. 208, nota 3; *Idem*, *Banca, Bolsa e Seguros. Direito Europeu e Português, Tomo I. Parte Geral*, Coimbra, 2005, p. 162 e segs.

A mesma sinonímia "caução = garantia" é utilizada no artigo 624.º, n.º 1, do Código Civil: "Se alguém for obrigado ou autorizado por negócio jurídico a prestar *caução*, ou esta for imposta pelo tribunal, *é permitido prestá-la por meio de qualquer garantia, real ou pessoal*".

Em coerência, é lícita a prestação de caução por outra espécie de fiança, desde que o fiador renuncie ao benefício da excussão (artigo 623.º, n.º 2, do Código Civil): é o caso do *seguro-caução ou seguro fideiussório*, que estruturado embora na forma de seguro acaba por desempenhar a função de fiança.

Daí também o n.º 2 do artigo 396.º: *"a caução pode ser substituída por um contrato de seguro, a favor dos titulares de indemnização* (leia-se, sociedade, credores, sócios e terceiros), *cujos encargos* (leia-se, prémios) *não podem ser suportados pela sociedade, salvo na parte em que a indemnização exceda o mínimo fixado no número anterior.*

Deste modo, *o seguro de responsabilidade civil profissional de administradores – também dos administradores não executivos que integram a comissão de auditoria no modelo anglo-saxónico –, de membros do conselho fiscal* (artigo 418.º-A), *de administradores que integrem o conselho de administração executivo* (artigo 433.º, n.º 2) e de *membros do conselho geral e de supervisão* (artigo 445.º, n.º 3) no *modelo dualista pode substituir a caução.*

Noutros termos: *a responsabilidade profissional de administradores ou membros de órgãos de fiscalização deve ser garantida* (por meio de qualquer garantia, real ou pessoal) *ou segurada*. E a sociedade (só) pode pagar os encargos da garantia (comissões) ou do seguro de responsabilidade (prémios) na parte em que a indemnização exceda os 250.000 euros ou os 50.000 euros referidos no artigo 396.º, conforme o caso: até estes valores os encargos são suportados pelo administrador ou supervisor.

OS ADMINISTRADORES INDEPENDENTES

ANTÓNIO PEREIRA DE ALMEIDA*

SUMÁRIO: *Introdução. 1. Dissociação entre a propriedade do capital e a gestão. 2. Meios externos de controlo da administração: a) O Mercado; b) Activismo dos Fundos. 3. Mecanismos internos de controlo da administração. 4. Noção e qualificações dos administradores independentes: a) Noção de administrador independente: (i) Critérios legais; (ii) Soft law; b) Qualificações. 5. Nomeação de administradores independentes: a) Critério da dimensão; b) Modelo clássico; c) Modelo anglo-saxónico; d) Modelo germânico. 6. Funções e garantias de independência: a) Funções e poderes: (i) Modelo clássico; (ii) Modelo anglo-saxónico; (iii) Modelo germânico; b) Garantias de independência.*

Introdução[1]

Os administradores independentes são um elemento fulcral da *corporate governance,* juntamente com o desempenho das comissões especializadas, a responsabilidade dos administradores, a qualidade e divulgação da informação e os direitos dos accionistas.

Os administradores independentes têm sua origem nos sistemas anglo saxónicos e os passaram a integrar os *Principles of corporate governance* emanados do American Law Institute, em 1992, sendo a sua nomeação sucessivamente recomendada pelo *Cadbury Report* (1992) do Reino Unido, pelo Rappor Viénot (1995) em França, pelo *Winter Report*

---

* Doutor em Direito (Sorbonne – Panthéon)

[1] A indicação de artigos, sem menção de diploma, refere-se ao Código das Sociedades Comerciais (CSC), salvo indicação em contrário.

(2002) no âmbito da UE, pelos Princípios da OCDE sobre *corporate governance* publicados em 2004 e pela Recomendação da Comissão da UE de 15 de Fevereiro de 2005.

Em todos estes relatórios e "códigos" de boas práticas, não se estabelece um regime uniforme de governação, mas aos Estados recomenda-se a introdução da obrigação de nomeação de administradores independentes, principalmente para as empresas cotadas, quer através da *hard law* (normas injuntivas), quer simplesmente em *soft law* (recomendações sujeitas à regra *comply or explain*).

Porém, os Estados Unidos, na sequência de alguns escândalos financeiros, por meio da lei *Sarbanes – Oxley* (2002), vieram a impor a obrigatoriedade da nomeação de uma maioria de administradores independentes para as comissões de auditoria ou órgãos de supervisão da administração, sem o que as sociedades, ainda que estrangeiras, não são admitidas à cotação na bolsa de Nova Iorque.

Mais recentemente, a Comissão da UE, na sua recomendação de 15 de Fevereiro de 2005, convida os Estados membros a tomar medidas legislativas ou de *soft law* para que as sociedades cotadas nomeiem um número suficiente de administradores não executivos e independentes para assegurar a supervisão da gestão, particularmente nas áreas em que os conflitos de interesses são mais relevantes e nomeadamente para integrarem as comissões de nomeações, de remunerações e de auditoria.

Entre nós, na sequência das Recomendações da CMVM sobre o governo das sociedades cotadas (1999), o Regulamento da CMVM n.º 7/2001, com as sucessivas alterações, também recomenda a nomeação de administradores independentes.

Vejamos, então, qual a razão de ser dos administradores independentes, sua natureza e regime.

1. **Dissociação entre a propriedade do capital e a gestão**

A *sociedade anónima* é um mecanismo fundamental do capitalismo moderno, permitindo obter o máximo capital possível com o mínimo capital disponível, captando as poupanças individuais de quem não tem condições para as gerir e beneficiando todos da limitação da responsabilidade ao capital investido e da facilidade de circulação das acções.

Com o desenvolvimento das economias de escala numa sociedade globalizada é cada vez maior a necessidade de capitais, que é satisfeita através das *Bolsas de Valores*, que criam um mercado financeiro apto a captar as poupanças do público e de investidores institucionais, com a facilidade de circulação dos títulos em massa.

Ganham aqui um papel relevante os *Fundos de Investimento*[2], que proporcionam um meio mais seguro de investimento de capitais para quem não tem conhecimentos, preparação ou tempo disponível para gerir as suas aplicações, com a vantagem da dispersão dos riscos, dada a obrigatoriedade de diversificação das carteiras de títulos.

Aparecem, então, os titulares de *unidades de participação* dos Fundos de Investimento, que são uma espécie de *accionistas de 2.º grau*, isto é, aplicam directamente as suas poupanças em Fundos – ou Organismos de Investimento Colectivo (OIC)[3] – que, por sua vez, investem em acções cotadas em bolsa.

Com toda esta dispersão de capitais verifica-se um cada vez maior distanciamento entre a propriedade do capital e a gestão das sociedades cotadas ou, como refere Hilferding, uma "*dissociação entre a propriedade do capital e a direcção da produção.*"

Com o surgimento do *capital financeiro* desaparece a *affectio societatis* da matriz originária das sociedades de pessoas e passaram a conflituar na sociedade interesses de diversa natureza, quer de accionistas, quer de outros *stakeholders*, como trabalhadores, financiadores, fornecedores, clientes, etc.

Em particular, são conhecidas as divergências entre os *accionistas financeiros,* que realizam um mero investimento financeiro e privilegiam o *share value* ou os interesses de curto prazo (*short-termists*) e, por outro lado, os *accionistas empresários*, que realizam um investimento directo com intenções de controlo e interesses de médio e longo prazo (*long-termists*).

Por exemplo, para um *accionista financeiro,* pode interessar a venda de activos que possam vir a gerar lucros a médio prazo, mas que, no imediato, têm resultados exploracionais negativos, pois, com essa venda imediata, conseguem obter um lucro no exercício que se reflecte no valor das acções.

Pelo contrário, para um *accionista empresário* ou de controlo, poderá ser preferível suportar os custos desse activo, com os consequentes

---

[2] Fundos de valores mobiliários, Fundos de pensões, *hedje funds*, Fundos de fundos, etc.

[3] V. Decreto-Lei n.º 252/2003, de 17 de Outubro e Reg. da CMVM n.º 15/2003.

reflexos nos resultados, para vir a beneficiar dos ganhos a médio prazo.

O mesmo se diga das despesas de investigação e desenvolvimento (*I&D*), que só podem vir a gerar lucros a médio ou longo prazo, mas que, no imediato, provocam custos.

Naturalmente que esta dispersão de capitais e divergência de interesses dá lugar a uma maior autonomia da gestão, que se torna cada vez mais profissionalizada (*Manegerialism*), sendo a gestão efectiva entregue ao CEO (*Chief Executive Officer*) – Administrador Delegado ou Presidente da Comissão executiva – e cabendo ao Presidente do Conselho de Administração (*chairman*) a "gestão" dos interesses dos accionistas e de outros *stakeholders,* de acordo com as boas práticas da *corporate governance*.

Esta maior autonomia da gestão aumenta os riscos de *abusos*, quer a favor dos próprios administradores, quer dos accionistas de controlo.

Torna-se, pois, necessário criar meios adequados de fiscalização e controlo da gestão de modo a prevenir abusos e conflitos de interesses.

Para o efeito, existem meios externos e internos de controlo e fiscalização da administração.

2. **Meios externos de controlo da administração**

Como meios externos de controlo da administração são geralmente considerados o mercado e o activismo dos Fundos de Investimento.

a) ***O Mercado***

Inicialmente pensava-se que a *mão invisível* do mercado seria suficiente para evitar os abusos, imaginando-se que os prevaricadores seriam "punidos" com uma desvalorização das acções, o que levaria os accionistas a substituir a administração.

Mas, cedo se verificou que as engenharias financeiras e a "contabilidade criativa", a par da falta de transparência da informação e do absentismo dos accionistas, não permitiam que esses mecanismos de mercado operassem com o mínimo de eficácia.

Por outro lado, o mecanismo das OPAS hostis (*takeovers*), que provoca a queda das administrações através da substituição da *maioria de controlo,* quando há descontentamento dos accionistas, também não tem grande tradição nos países continentais e nomeadamente em Portugal[4].

b) ***Activismo dos Fundos***

A tradição dos Fundos é a de não se imiscuírem na gestão das sociedades participadas, preferindo "jogar" no mercado de *trading*, procurando comprar quando as acções estão em baixa e vender no período de alta, de modo a gerar um lucro financeiro e uma valorização do Fundo.

Assim, a postura tradicional dos Fundos face à administração das sociedades tem sido: "*if you don't like management, sell; if you don't sell, support management*". Ou dito por outras palavras, têm preferência por comportamentos tipo *exit* em vez de *voice.*

Porém, ultimamente, tem-se notado alguma mudança de atitude no sentido de um maior activismo dos Fundos, quer ao nível do exercício do direito de voto, quer integrando órgãos de fiscalização das sociedades[5].

A questão que se coloca, desde logo, é a de saber se os Fundos estão vocacionados e têm meios para uma intervenção mais activa, sendo certo que esta implica maiores custos de gestão.

A questão é tão mais pertinente quanto os Fundos têm normalmente uma visão *short-termist,* "jogando" nas mais valias e nos ganhos com o *trading* das acções, e a alteração de estratégia e agravamento de custos de gestão determinaria uma menor rendibilidade num mercado altamente competitivo.

Acresce que a intervenção em órgãos de fiscalização implicaria o acesso a informação confidencial, que impediria o *trading* antecipatório, sob pena de acusação de *inside trading.*

Por outro lado, uma política *long-termist,* com a estabilização dos investimentos, reduz a liquidez do mercado bolsista, com as inerentes consequências económicas e financeiras.

Para além disso, é duvidoso que os Fundos tenham efectiva capacidade de influência na gestão das sociedades participadas, dada a impo-

[4] Todavia, nos últimos tempos, assiste-se, em Portugal, a uma OPA hostil sobre a PT e outra sobre o BPI.

[5] Em França, a partir da Lei de 1 de Agosto de 2003, as sociedades gestoras dos Fundos devem exercer o direito de voto das acções que gerem ou explicar a razão porque não exercem.

sição legal de diversificação de carteiras e de *plafonamento* das aplicações na mesma sociedade.

Finalmente, como bem faz notar Carlos Francisco Alves: "*os investidores institucionais têm os mesmos problemas de agência e de controlo que as outras empresas. Donde, não é inequívoco que (v2) os investidores institucionais não tenham (outros) interesses que os impeçam de actuar. Também não é certo que (v3) não usem a sua influência para extrair benefícios privados. Os gestores de fundos de pensões de empresas privadas, agem em nome de sociedades que têm interesses comerciais. Os bancos têm outros interesses além da gestão de carteiras, uma vez que as empresas são, por exemplo, fontes de depósitos e de crédito. As companhias de seguros também têm relações comerciais com as empresas em cujas acções aplicam as suas carteiras. Os fundos de investimento são geridos por empresas integradas em grupos que têm outros interesses. Existe, pois, a suspeição de que os investidores, por força dos seus interesses comerciais (mesmo indirectos) possam optar por não confrontar as administrações, ou por usar a sua influência para extrair benefícios privados em termos análogos aos grandes investidores particulares*"[6].

3. **Mecanismos internos de controlo da administração**

O principal mecanismo de controlo da administração é a própria *estrutura orgânica de fiscalização*, que varia conforme o modelo de administração adoptado.

Nos *sistemas continentais* existem dois modelos de fiscalização da administração: o *modelo clássico* com Conselho Fiscal e ROC (*comissaire aux comptes*); o *modelo germânico* com Conselho Geral e de supervisão (*Conseil de surveillance/Aufsichtsrat)* e ROC. Nas sociedades abertas com acções cotadas, o *auditor externo* deve elaborar relatórios sobre toda a informação a ser submetida à CMVM (artigo 8.º CVM).

No *sistema anglo-saxónico*, a estrutura da administração é composta por *administradores executivos* e *não executivos*, competindo a comissões formadas por estes últimos a fiscalização da administração e do próprio auditor externo.

---

[6] *Os investidores institucionais e o governo das sociedades: disponibilidade, condicionantes e implicações*, Almedina, 2005.

Em Portugal, até à entrada em vigor do Decreto-Lei n.º 76-A/2006, as sociedades anónimas apenas podiam escolher entre o modelo clássico e o modelo germânico. Com este diploma passou também a ser possível optar pelo modelo anglo-saxónico, como melhor à frente se verá.

Mas, o controlo da administração não se restringe ao sistema orgânico, existindo outros mecanismos, como se passa a demonstrar.

Desde logo, nas sociedades abertas, as *minorias podem designar* administradores para o Conselho de Administração (artigos 391.º, n.º 2 e 392.º) e membros do Conselho Geral e de supervisão (artigo 435.º, n.ºs 1 e 2), bem como requerer ao tribunal a nomeação de membros do Conselho Fiscal (artigo 418.º).

Por outro lado, cumprindo Directivas da UE e Regulamentos da CMVM, nas sociedades abertas, é assegurada uma ampla *divulgação de informação*[7], para além do direito colectivo à informação (artigo 291.º) e do direito à informação em período de assembleias gerais (artigo 289.º e 290.º).

Dispõe, ainda, qualquer accionista do direito de suspensão e *impugnação de deliberações sociais*, nomeadamente em caso de *deliberações abusivas* [artigo 58.º, n.º 1, al. *c*)], podendo incorrer, neste caso, em responsabilidade civil, a maioria que fez vencimento (artigo 58.º, n.º 3).

Mas, dos mecanismos mais eficazes de dissuasão de abusos, ainda é a *responsabilidade civil*, *contra-ordenacional* e *criminal* dos administradores em caso de violação dos seus deveres legais, estatutários ou contratuais.

Sublinha-se a maior densificação dos *deveres* fundamentais dos administradores consignados na nova redacção do artigo 64.º e a possibilidade de accionistas minoritários detentores de 5% do capital social – 2% nas sociedades cotadas – exercerem a acção social *ut singuli*, no caso de a sociedade a não exercer, para efectivação da responsabilidade civil dos administradores para com a sociedade (artigo 77.º), para além de acção individual por prejuízos directamente causados (artigo 79.º).

Recorde-se que esta responsabilidade pode ser extensível à maioria que nomeia ou sustenta os administradores em caso de *culpa in eligendo* (artigo 83.º).

Assiste, ainda, aos accionistas o direito de requererem *inquérito judicial* em caso de recusa injustificada de informações – efectiva ou presumida (artigo 292.º) – e de *inside trading* (artigo 450.º).

[7] V. Regulamento da CMVM n.º 4/2004

Nas sociedade abertas, os investidores não institucionais gozam também do direito de *acção popular* (*class actions*) para protecção de interesses individuais homogéneos ou colectivos (artigo 31.º do CVM).

Os *administradores independentes* constituem outro meio de controlo interno da administração, principalmente nas sociedades que adoptam o modelo anglo-saxónico, como se verá de seguida.

4. **Noção e qualificações dos administradores independentes**

Os princípios da *corporate governance* não se limitam a recomendar a nomeação de administradores independentes, mas preocupam-se também com as suas qualificações.

a) ***Noção de administrador independente***

O administrador independente é definido, em **termos substanciais**, como a pessoa que não esteja associada a qualquer grupo de interesses específicos na sociedade, nem se encontre em alguma circunstância susceptível de afectar a sua isenção de análise ou de decisão (artigo 414.º, n.º 5/CSC e artigo 1.º, n.º 2, do Reg. n.º 7/2001/CMVM).

Mas, esta definição substancial, embora seja a mais importante, é um tanto vaga, pelo que a sua aplicação deve ser completada por *critérios formais*, quer legais, quer no plano da *soft law*, os quais se encontram formulados pela negativa.

(i) *Critérios legais*

Embora a lei o não diga, o artigo 414.º-A, estabelecendo um regime rigoroso de *incompatibilidades*, constitui uma primeira barreira que impede a nomeação de pessoas que a lei considera estarem em situações de falta de independência para órgãos sensíveis, como seja o Conselho Fiscal, os ROCs, a comissão de auditoria (por remissão do artigo 423.º-B, n.º 3) e o Conselho Geral e de supervisão, (por remissão do artigo 434.º, n.º 4).

Estão nessas situações, nos termos do n.º 1 do referido artigo 414.º-A:

a) Os beneficiários de vantagens particulares da própria sociedade;
b) Os que exercem funções de administração na própria sociedade;

c) Os membros dos órgãos de administração de sociedade que se encontrem em relação de domínio ou de grupo com a sociedade fiscalizada;
d) O sócio de sociedade em nome colectivo que se encontre em relação de domínio com a sociedade fiscalizada;
e) Os que, de modo directo ou indirecto, prestem serviços ou estabeleçam relação comercial significativa com a sociedade fiscalizada ou sociedade que com esta se encontre em relação de domínio ou de grupo;
f) Os que exerçam funções em empresa concorrente e que actuem em representação ou por conta desta ou que por qualquer outra forma estejam vinculados a interesses da empresa concorrente;
g) Os cônjuges, parentes e afins na linha recta e até ao 3.º grau, inclusive, na linha colateral, de pessoas impedidas por força do disposto na alínea *a*), alínea *b*), alínea *c*), alínea *d*) e alínea f), bem como os cônjuges das pessoas abrangidas pelo disposto na alínea *e*);
h) Os que exerçam funções de administração ou de fiscalização em cinco sociedades, exceptuando as sociedades de advogados, as sociedades de revisores oficiais de contas e os revisores oficiais de contas, aplicando-se a estes o regime do artigo 76.º do Decreto-Lei n.º 487/1999, de 16 de Novembro;
i) Os revisores oficiais de contas em relação aos quais se verifiquem outras incompatibilidades previstas na respectiva legislação;
j) Os interditos, os inabilitados, os insolventes, os falidos e os condenados a pena que implique a inibição, ainda que temporária, do exercício de funções públicas.

Mas, o artigo 414.º, n.º 5, para além do critério substancial, acrescenta outro critério formal negativo, segundo o qual não podem ser considerados administradores independentes aqueles que:

a) Sejam titulares ou actuem em nome ou por conta de titulares de participação qualificada igual ou superior a 2% do capital social da sociedade;
b) Tenham sido reeleitos por mais de dois mandatos, de forma contínua ou intercalada.

(ii) *Soft law*

No que respeita às *sociedades cotadas*, o Regulamento da CMVM n.º 7/2001, para além do critério substancial, também apresenta, nas alíneas do n.º 2 do artigo 1.º, uma enunciação exemplificativa de situações em que os administradores *não devem ser considerados independentes*:

a) Os membros do órgão de administração que pertençam ao órgão de administração de sociedade que sobre aquela exerça domínio, nos termos do disposto no Código dos Valores Mobiliários;

b) Os membros do órgão de administração que sejam titulares, exerçam funções de administração, tenham vínculo contratual ou actuem em nome ou por conta de titulares de participação qualificada igual ou superior a 10% do capital social ou dos direitos de voto na sociedade, ou de idêntica percentagem em sociedade que sobre aquela exerça domínio, nos termos do disposto no Código dos Valores Mobiliários;

c) Os membros do órgão de administração que sejam titulares, exerçam funções de administração, tenham vínculo contratual ou actuem em nome ou por conta de titulares de participação qualificada igual ou superior a 10% do capital social ou dos direitos de voto na sociedade concorrente;

d) Os membros do órgão de administração que aufiram qualquer remuneração, ainda que suspensa, da sociedade ou de outras que com aquela esteja em relação de domínio ou de grupo, excepto a retribuição pelo exercício das funções de administração;

e) Os membros do órgão de administração que tenham uma relação comercial significativa com a sociedade ou com sociedade em relação de domínio ou de grupo, quer directamente quer por interposta pessoa. Por relação comercial significativa entende-se a situação de um prestador importante de serviços ou bens, de um cliente importante ou de organizações que recebem contribuições significativas da sociedade ou da entidade dominante;

f) Os membros do órgão de administração que sejam cônjuges, parentes e afins em linha recta até ao 3.º grau, inclusive, das pessoas referidas nas alíneas anteriores.

Mas, trata-se de *soft law,* pelo que a enunciação não tem carácter injuntivo, apenas se obrigando as *sociedades cotadas* a publicar um relatório detalhado sobre a estrutura e práticas de governo societário, em capítulo especial do seu relatório anual de gestão ou em anexo, indicando nomeadamente quais são os administradores executivos e não executivos e, de entre estes, quais são os independentes, e respectivas remunerações (artigo 1.º e Capítulo IV do Anexo). Em caso de não existência de um número suficiente de administradores independente deverá o relatório dar as explicações adequadas (*comply or explain*).

Comparando esta enunciação com o CSC nota-se o seguinte:

- a al. *a*) é semelhante à al. *c*) do artigo 414.º-A;
- a al. *b*) é semelhante à al. *a*) do n.º 5 do artigo 414.º, com uma percentagem superior;
- a al. *c*) é semelhante à al. *f*) do artigo 414.º-A;
- as als. *d*) e *e*) são semelhantes à al. *e*) do artigo 414.º-A;
- a al. *f*) é semelhante à al. *g*) do artigo 414.º-A;

Os critérios deste Regulamento da CMVM estão em consonância com as Recomendações da Comissão de 15/2/2005 – Anexo II onde se indica o perfil dos administradores independentes – excepto na percentagem da participação qualificada, que, nas Recomendações, é de mais de 50% ou maioria dos direitos de voto por remissão para a 7.ª Directiva, acrescentando ainda a situação de sócio ou empregado do auditor externo

b) ***Qualificações***

Os Princípios e Recomendações de *corporate governance* não se limitam a apontar os administradores independentes, mas também recomendam que estes tenham as qualificações adequadas para as funções que desempenham.

O CSC alarga esta exigência de qualificações adequadas a outros órgãos com funções de fiscalização. Assim, o Conselho Fiscal (artigo 414.º, n.º 4), a Comissão de auditoria (artigo 423.º-B, n.º 4) e a Comissão para as matérias financeiras do Conselho Geral e de supervisão (artigo 444.º, n.º 5) deverão incluir de entre os sus membros, pelo menos, um membro que tenha curso superior adequado ao exercício das suas funções e conhecimentos em auditoria ou contabilidade e que seja independente.

Os restantes membros podem ser sociedades de advogados, SROCS ou accionistas, mas, neste último caso, devem ser pessoas singulares com capacidade jurídica plena e devem ter as qualificações e a experiência profissional adequadas ao exercício das suas funções (artigo 414.º, n.º 3), aplicável à Comissão de auditoria e ao Conselho Geral e de supervisão por remissão dos artigos 423.º-B, n.º 6 e 434.º, n.º 4.

5. Nomeação de administradores independentes

Em rigor, só existem *administradores independentes* no Conselho de Administração dos modelos clássico e anglo saxónico e no Conselho de Administração executivo do modelo germânico.

Mas, esta terminologia decorre dos sistemas anglo saxónicos, em que a fiscalização da administração se processa no seio do próprio Conselho de Administração através da comissão de auditoria.

Por isso, importa alargar a nossa análise a outros órgãos com funções de controlo e fiscalização da administração, para os quais a lei obriga a nomeação de membros independentes, que não são propriamente "administradores independentes".

a) *Critério da dimensão*

A nomeação de administradores e membros independentes de outros órgãos sociais só é *obrigatória* nas sociedades de maior dimensão, entendendo-se como tal [artigo 413.º, n.º 2, al. *a*)]:

> *Sociedades que sejam emitentes de valores mobiliários admitidos à negociação em mercado regulamentado e sociedades que, não sendo totalmente dominadas por outra sociedade que adopte o mesmo modelo, durante dois anos consecutivos, ultrapassem dois dos seguintes limites:*
>
> *i) Total do balanço – € 100 000 000;*
> *ii) Total das vendas líquidas e outros proveitos – € 150 000 000;*
> *iii) Número de trabalhadores empregados em média durante o exercício – 150.*

Nas outras sociedades a nomeação de membros independentes é facultativa, sem prejuízo do regime de *incompatibilidades* estabelecido no artigo 414-A para o Conselho Fiscal e ROC, aplicável à Comissão de auditoria e ao Conselho Geral e de supervisão por remissão dos artigos 423-B n.º 3 e 434 n.º 4, como atrás se viu.

b) *Modelo clássico*

No modelo clássico não é obrigatória a nomeação de administradores independentes.

Mas, as sociedades com acções admitidas à negociação em mercado regulamentado (*sociedades cotadas*) devem divulgar quais os membros do Conselho de Administração que são *executivos* e *não executivos* e, de entre estes, quais são os *independentes,* por força da Recomendação da CMVM n.º 7/2001, como se deixou dito.

Nas sociedades com este modelo de organização, a fiscalização da administração é exercida pelo Conselho Fiscal[8] e pelo ROC [artigo 413.º, n.º 1, al. *b*)], os quais estão sujeitos ao regime de *incompatibilidades* estabelecido no citado artigo 414.º-A.

Porém, nas sociedades de maior dimensão, de acordo com o critério atrás enunciado, o Conselho Fiscal deve integrar, pelo menos, 1 membro *independente* e que tenha curso superior adequado ao exercício das suas funções e conhecimentos em auditoria ou contabilidade (artigo 414.º, n.º 4).

Nas sociedades com acções admitidas à negociação em mercado regulamentado (*sociedades cotadas*), o Conselho Fiscal deve ser composto por uma maioria de membros independentes (artigo 414.º, n.º 6).

c) ***Modelo anglo-saxónico***

Conforme resulta dos artigos 278.º, n.º 1, al. *b*) e 423.º-B, n.ºs 1 e 3, no modelo anglo-saxónico, o Conselho de Administração integra uma *comissão de auditoria* sem funções executivas, à qual compete a fiscalização da administração (artigo 423.º-F).

A comissão de auditoria é nomeada conjuntamente com os restantes Administradores, com discriminação dos membros que a constituem, os quais não são necessariamente independentes (artigo 423.º-C), sem prejuízo das incompatibilidades estabelecidas no artigo 414.º-A, aplicável por força do artigo 423.º-B, n.º 3.

Nas sociedades de maior dimensão, de acordo com o critério atrás enunciado, a comissão de auditoria deve integrar, pelo menos, um membro *independente* e que tenha curso superior adequado ao exercício das suas funções e conhecimentos em auditoria ou contabilidade (artigo 423.º-B, n.º 4).

Nas sociedades com acções admitidas à negociação em mercado regulamentado (*sociedades cotadas*), a comissão de auditoria deve ser

---

[8] Nas sociedades de maior dimensão, de acordo com o critério supra enunciado, não é admissível o Fiscal Único (artigo 413.º, n.º 2).

composta por uma maioria de membros independentes (artigo 423.º-B, n.º 5).

d) ***Modelo germânico***

Nas sociedades com este modelo de organização, o CSC não obriga à nomeação de membros independentes para o Conselho de Administração executivo.

Porém, as *sociedades cotadas* devem divulgar quais os membros do Conselho de Administração executivo que são *executivos* e *não executivos* e, de entre estes, quais são os *independentes,* por força da Recomendação da CMVM n.º 7/2001, como se deixou dito.

Nas sociedades com este modelo de organização, a fiscalização da administração é exercida pelo Conselho Geral e de supervisão e pelo ROC, os quais estão sujeitos ao regime de incompatibilidades estabelecido no citado artigo 414.º-A[9].

Nestas sociedades, em consonância com as Recomendações e os princípios de *corporate governance,* o Conselho Geral e de supervisão pode nomear comissões, no seu seio, para diversas finalidades, nomeadamente fiscalização da administração e fixação de remunerações (artigo 444.º, n.º 1).

Nas sociedades de maior dimensão, de acordo com o critério atrás enunciado, o Conselho Geral e de supervisão deve nomear uma *comissão para as matérias financeiras* com um membro *independente* e que tenha curso superior adequado ao exercício das suas funções e conhecimentos em auditoria ou contabilidade (artigo 444.º, n.ºs 2 e 5).

Nas *sociedades cotadas*, a referida comissão deve ser composta por uma maioria de membros independentes (artigo 444.º, n.º 6).

6. **Funções e garantias de independência**

A eficácia dos administradores e outros membros independentes depende, por um lado, das funções que lhes são atribuídas e dos poderes de que dispõem e, por outro lado, das garantias de independência.

---

[9] Excepto quanto à al. *f)* do atigo 414.º-A, no que respeita ao Conselho Geral e de supervisão, a qual só é aplicável à comissão para as matérias financeiras (artigo 434.º, n.º 4).

a) ***Funções e poderes***

Em qualquer dos modelos de organização, aos respectivos órgãos de fiscalização são atribuídas largas funções de fiscalização e os mesmos dispõem de amplos poderes para as exercerem eficazmente.

(i) *Modelo clássico*

No modelo clássico, o *Conselho Fiscal* tem competências gerais de fiscalização da administração, da regularidade das contas e da legalidade da actividade social, competindo-lhe, ainda, a verificação do sistema de *gestão de riscos* (artigo 420.º, n.º 1).

Nas sociedades de maior dimensão, de acordo com os critérios do artigo 413.º, n.º 2, o Conselho Fiscal tem competências ainda mais alargadas (artigo 420.º, n.º 2), nomeadamente:

a) Fiscalizar o processo de preparação e de divulgação de informação financeira;
b) Propor à assembleia geral a nomeação do revisor oficial de contas;
c) Fiscalizar a revisão de contas aos documentos de prestação de contas da sociedade;
d) Fiscalizar a independência do revisor oficial de contas, designadamente no tocante à prestação de serviços adicionais.

Neste sub-modelo, obrigatório para as sociedades de maior dimensão, autonomiza-se o ROC [artigos 278.º, n.º 3 e 413.º, n.º 1, al. *b*) e n.º 2] e separam-se as funções (*políticas*) de fiscalização, que ficam a cargo do Conselho Fiscal, das funções de revisão e certificação de contas da competência do ROC (artigo 446.º, n.º 3), o qual passa também a ser fiscalizado pelo Conselho Fiscal (artigo 420.º, n.º 2), dando-se, assim, satisfação aos princípios da Directiva n.º 2006/43/CE.

Assim, as funções do ROC autónomo passam a ser apenas as seguintes:

- Verificar a regularidade dos livros, registos contabilísticos e documentos que lhe servem de suporte;
- Verificar, quando o julgue conveniente e pela forma que entenda adequada, a extensão da caixa e as existências de qualquer espécie dos bens ou valores pertencentes à sociedade ou por ela recebidos em garantia, depósito ou outro título;

– Verificar a exactidão dos documentos de prestação de contas;
– Verificar se as políticas contabilísticas e os critérios valorimétricos adoptados pela sociedade conduzem a uma correcta avaliação do património e dos resultados;

Para o bom desempenho das suas funções são atribuídos aos membros do Conselho Fiscal extensos poderes para obtenção de informações, nomeadamente (artigo 421.º, n.º 1):

a) Obter da administração a apresentação, para exame e verificação, dos livros, registos e documentos da sociedade, bem como verificar as existências de qualquer classe de valores, designadamente dinheiro, títulos e mercadorias;
b) Obter da administração ou de qualquer dos administradores informações ou esclarecimentos sobre o curso das operações ou actividades da sociedade ou sobre qualquer dos seus negócios;

Quando, no exercício das suas funções, o ROC tome conhecimento de factos que considere revelarem graves dificuldades na prossecução do objecto social, designadamente reiteradas faltas de pagamento a fornecedores, protestos de letras ou livranças, emissão de cheques sem provisão, falta de pagamento de contribuições para a Segurança Social ou de impostos, compete-lhe comunicar imediatamente ao Presidente do Conselho de Administração, por carta registada, os factos de que tenha conhecimento (artigo 420.º-A, n.ºs 1 e 2).

Se o Presidente do Conselho de Administração não responder ou a resposta for insatisfatória, o ROC deverá requerer a convocação do Conselho de Administração para reunir, com a sua presença, no prazo de 15 dias, com vista a apreciar os factos e tomar as deliberações adequadas (artigo 420.º-A, n.º 3).

Se a reunião do Conselho de Administração com a presença do ROC não se realizar ou se as deliberações tomadas não forem consideradas adequadas à salvaguarda dos interesses da sociedade, o ROC deverá requerer ao Presidente da Mesa a convocação de uma assembleia geral para apreciar e deliberar sobre o assunto (artigo 420.º-A, n.º 4).

(ii) *Modelo anglo-saxónico*

No modelo anglo-saxónico, para além do ROC, a fiscalização da administração é exercida, no seio do próprio Conselho de Administração, pela *comissão de auditoria*, a quem compete nomeadamente (artigo 423.º-F):

a) *Fiscalizar a administração da sociedade;*
b) *Vigiar pela observância da lei e do contrato de sociedade;*
c) *Verificar a regularidade dos livros, registos contabilísticos e documentos que lhes servem de suporte;*
d) *Verificar, quando o julgue conveniente e pela forma que entenda adequada, a extensão da caixa e as existências de qualquer espécie dos bens ou valores pertencentes à sociedade ou por ela recebidos em garantia, depósito ou outro título;*
e) *Verificar a exactidão dos documentos de prestação de contas;*
f) *Verificar se as políticas contabilísticas e os critérios valorimétricos adoptados pela sociedade conduzem a uma correcta avaliação do património e dos resultados;*
g) *Elaborar anualmente relatório sobre a sua acção fiscalizadora e dar parecer sobre o relatório, contas e propostas apresentados pela administração;*
h) *Convocar a assembleia geral, quando o presidente da respectiva mesa o não faça, devendo fazê-lo;*
i) *Fiscalizar a eficácia do sistema de gestão de riscos, do sistema de controlo interno e do sistema de auditoria interna, se existentes;*
j) *Receber as comunicações de irregularidades apresentadas por accionistas, colaboradores da sociedade ou outros;*
l) *Fiscalizar o processo de preparação e de divulgação de informação financeira;*
m) *Propor à assembleia geral a nomeação do revisor oficial de contas;*
n) *Fiscalizar a revisão de contas aos documentos de prestação de contas da sociedade;*
o) *Fiscalizar a independência do revisor oficial de contas, designadamente no tocante à prestação de serviços adicionais;*
p) *Contratar a prestação de serviços de peritos que coadjuvem um ou vários dos seus membros no exercício das suas funções, devendo a contratação e a remuneração dos peritos ter em conta a importância dos assuntos a eles cometidos e a situação económica da sociedade;*
q) *Cumprir as demais atribuições constantes da lei ou do contrato de sociedade.*

(iii) *Modelo germânico*

No modelo germânico, para além do ROC, a fiscalização da administração é exercida pelo Conselho Geral e de supervisão e, dentro deste, pela *comissão para as matérias financeiras*, a quem compete nomeadamente (artigo 444.º, n.º 2):

a) Verificar, quando o julgue conveniente e pela forma que entenda adequada, a regularidade dos livros, registos contabilísticos e documentos que lhes servem de suporte, assim como a situação de quaisquer bens ou valores possuídos pela sociedade a qualquer título;
b) Verificar se as políticas contabilísticas e os critérios valorimétricos adoptados pela sociedade conduzem a uma correcta avaliação do património e dos resultados;
c) Dar parecer sobre o relatório de gestão e as contas do exercício;
d) Fiscalizar a eficácia do sistema de gestão de riscos, do sistema de controlo interno e do sistema de auditoria interna, se existentes;
e) Receber as comunicações de irregularidades apresentadas por accionistas, colaboradores da sociedade ou outros;
f) Fiscalizar o processo de preparação e de divulgação de informação financeira;
h) Propor à assembleia geral a nomeação do revisor oficial de contas;
i) Fiscalizar a revisão de contas aos documentos de prestação de contas da sociedade;
j) Fiscalizar a independência do revisor oficial de contas, designadamente no tocante à prestação de serviços adicionais.

b) ***Garantias de independência***

As garantias de independência resultam logo do regime de *incompatibilidades* estabelecido no artigo 414.º-A para os membros do Conselho Fiscal e ROC, mas aplicável, por remissão, aos membros da Comissão de auditoria (artigos 423.º-B, n.º 3) e do Conselho Geral e de supervisão (434.º, n.º 4).

Repare-se que, para além do critério substancial, este regime de incompatibilidades tem muitas semelhanças com as situações de falta de independência enunciadas no regulamento da CMVM n.º 7/2000, como se deixou atrás assinalado.

Mas, enquanto o regime de incompatibilidade respeita a órgãos de fiscalização, o Regulamento da CMVM aplica-se aos administradores das sociedades cotadas, embora no sistema *comply or explain.*

Por seu lado, o artigo 414.º, n.º 5, para além da enunciação do critério substancial, no que respeita às situações concretas de falta de independência, pouco acrescenta ao elenco das referidas incompatibilidades, salvo no que respeita à redução do nível das participações qualificadas para 2% do capital social e ao limite da reeleição a dois mandatos.

Na verdade, esta limitação de mandatos, em consonância com as recomendações da Comissão, é uma forma de garantia de independência, porquanto, a intimidade do relacionamento prolongado e a rotina, podem diminuir as capacidades de controlo.

Mas, não basta a nomeação de pessoas independentes; é necessário providenciar para que essa independência se mantenha. Nessa linha, o n.º 2 do artigo 414.º-A é rigoroso: a superveniência de uma situação de incompatibilidade determina a caducidade da nomeação.

O regime de *remuneração fixa* estabelecido para os membros do Conselho Fiscal (artigo 422.º-A), da Comissão de auditoria (artigo 423.º-D) e do Conselho Geral e de supervisão (artigo 440.º, n.º 3), também é um factor de independência, impedindo "aliciamentos" por parte da administração.

Já no que respeita ao regime estabelecido de fiscalização recíproca do ROC, da Comissão de auditoria e da Comissão para as matérias financeiras, poder-se-ão suscitar algumas dúvidas de eficácia, uma vez que os controlos recíprocos tendem a anular-se.

De maior relevância é a proibição de destituição *sem justos motivos* dos membros do Conselho Fiscal, do ROC (artigo 419.º) e dos membros da Comissão de auditoria (artigo 423.º-E).

Também, o regime de *responsabilidade civil*, é outro factor de comprometimento e dissuasão de abusos.

Não só o artigo 64.º, n.º 2, impõe especiais deveres, obrigando os titulares de órgãos com funções de fiscalização a "*observar deveres de cuidado, empregando para o efeito elevados padrões de diligência profissional e deveres de lealdade, no interesse da sociedade*". Como o artigo 81.º, n.º 2, dispõe que: "*Os membros de órgãos de fiscalização respondem solidariamente com os gerentes ou administradores da sociedade por actos ou omissões destes no desempenho dos respectivos cargos quando o dano se não teria produzido se houvessem cumprido as suas obrigações de fiscalização.*"

Finalmente, em jeito de balanço, a experiência ditará como estes novos mecanismos de *independência* irão actuar.

Mas, sempre se diga que a garantia de independência de administradores não executivos era necessária nos *sistemas anglo saxónicos*, em que a fiscalização da administração é exercida no seio do Conselho de Administração (*Board of Directors*) pela Comissão de auditoria e o auditor externo, por vezes, é nomeado pela própria administração.

Nos *sistemas continentais*, com órgãos de fiscalização eleitos pela assembleia geral – Conselho Fiscal, Conselho Geral e de supervisão e ROC (comissaire aux comptes) – com extensos poderes e um rigoroso regime de incompatibilidades e responsabilidade civil, os mecanismos de controlo têm demonstrado alguma eficácia, como o atesta até o facto de os grandes escândalos terem ocorrido nos sistemas anglo-saxónicos, em particular nos Estados Unidos.

De qualquer forma, os novos mecanismos de independência poderão melhorar o nosso sistema, contanto que se mantenha a autonomia e o estatuto profissional dos ROCs.

Resta, no entanto, a dúvida de saber se não seria preferível, em vez do estatuto da independência, recomendar ou impor a nomeação de administradores não executivos "representativos" de diversos interesses conflituantes na sociedade, nomeadamente de minorias – já existe o artigo.º 392.º – e de *stakeholders*, como sejam os trabalhadores, embora todos com o dever de agir no *interesse da sociedade* [artigo 64.º, n.º 1, al. *b*)].

UMA PERSPECTIVA ECONÓMICA SOBRE AS (NOVAS) REGRAS DE *CORPORATE GOVERNANCE* DO CÓDIGO DAS SOCIEDADES COMERCIAIS

CARLOS FRANCISCO ALVES*

Resumo

Neste texto discute-se o critério pelo qual, numa perspectiva económica, se deve distinguir a «boa» da «má» lei de *corporate governance*. Defende-se que a legislação deve ter como preocupação nuclear a defesa do interesse dos investidores, não se julgando que exista espaço para um (eventual) *interesse* da empresa distinto do *interesse* dos seus accionistas. Tal defesa exige que se adoptem estruturas de governo que procedam ao alinhamento de interesses entre os accionistas e os gestores, e que minimizem a assimetria de informação de que gozam estes últimos. O (renovado) CSC permite, mas não garante, que as empresas nacionais adoptem estruturas de governo tidas como as mais susceptíveis de promover a criação de riqueza e a sua distribuição equitativa por todos os accionistas. Em consequência, subsiste espaço para que, no âmbito dos chamados *códigos de bom governo*, se definam os modelos de *governance* que se julgam adequados a determinados perfis de empresas. Neste contexto,

* Professor Auxiliar da Faculdade de Economia da Universidade do Porto.

remanesce para as sociedades a responsabilidade de explicar e fundamentar as suas escolhas, sempre que elas se desviem desses modelos.

1. **Introdução**

O presente texto procura responder ao desafio de fazer uma apreciação, à luz da teoria económica, das regras de *corporate governance* constantes do Código das Sociedades Comerciais (CSC) introduzidas pelo Decreto-Lei n.º 76-A/2006, de 29 de Março. Este repto soou aos ouvidos do autor como equivalendo às seguintes questões: i) *As novas regras (de corporate governance) do CSC, do ponto de vista económico, são «boas» ou «más»?* ii) *Pela mesma perspectiva, o que é que melhorou, e o que é que piorou, com a reforma do CSC?*

Para lhes responder tornou-se, obviamente, necessário começar por estabelecer o critério que distingue a «boa» da «má» *corporate governance law.* Na teoria económica tradicional, as estruturas de mercado (e, consequentemente, as leis e as demais fontes normativas que as moldam) são «óptimas» se induzirem a maximização do bem-estar social. Mais recentemente, porém, a literatura que tem investigado o impacto da legislação na esfera financeira da economia tem colocado o enfoque na protecção dos investidores (e, em especial, dos pequenos accionistas). Donde, um primeiro exercício que se impôs (e que se concretiza na Secção II) foi o de reflectir sobre a compatibilidade de ambos os critérios e, sobretudo, discutir a aceitabilidade (do ponto de vista da sociedade no seu todo) de colocar a protecção dos investidores no centro das preocupações do legislador.

Assumindo que o interesse dos accionistas é a maximização do valor das empresas, a sua compatibilização com a maximização do bem estar social não se encontra garantida quando se trate de monopólios não regulados ou quando da actuação da empresa resultem externalidades negativas (Jensen, 2001). Neste texto, defende-se que, nestes casos, a compatibilização dos interesses dos investidores com os dos demais agentes económicos não se deve obter subordinando os gestores a interesses distintos dos interesses dos seus accionistas. No centro das preocupações do legislador de matérias de *corporate governance* deve estar em exclusivo a protecção dos investidores. A eliminação daquelas incompatibilidades exige que o legislador de outras áreas do direito regule (competentemente) os mercados em que não exista concorrência e que, na medida do possível, enderece às empresas o custo das externalidades derivadas da sua actividade. Admitindo que esta última tarefa pode não ser totalmente exequível, designadamente por limitações de natureza técnica ou tecnológica, entende-se desejável que os accionistas (estes e não os gestores das empresas) definam, em assembleia geral, políticas (de responsabilidade social e de desenvolvimento sustentável) que se constituam como restrições à maximização do valor das suas empresas, sempre que o legislador não consiga eliminar todas a potenciais externalidades negativas.

Uma vez estabelecido que o objectivo das regras *corporate governance* é a protecção dos investidores, a realização de um juízo de valor sobre a sua eficácia (potencial) exige que se defina de quem, e porquê, têm os investidores de ser protegidos. Este exercício consta da Secção III, onde se explicita que os investidores necessitam de ser protegidos dos gestores que, por força da assimetria de informação de que beneficiam, por incompetência, ou por privilegiarem outros interesses (seus ou de terceiros), podem agir de forma não consistente com a maximização do valor das empresas.

A questão que se segue é a de saber que instrumentos são susceptíveis de contribuir para uma eficiente defesa dos interesses dos investidores. A Secção IV enuncia e caracteriza sinteticamente os principais elementos que, desejavelmente, devem estruturar um sistema de *corporate governance*. É à luz dos resultados destes exercícios que, finalmente, na Secção V, se procura responder às questões iniciais.

As principais conclusões acedidas são as de que o CSC, não obstante a parte final da alínea *b*) do n.º 1 do artigo 64.º, no essencial, coloca a protecção dos investidores no centro das suas preocupações. Este facto deve ser qualificado, do ponto de vista económico, como positivo. Além disso, o CSC permite que se adoptem as estruturas e as práticas de *governance* tidas como correspondendo aos mais exigentes padrões. Donde, conclui-se que os mecanismos que melhor asseguram a protecção dos investidores estão presentes na legislação nacional. Esta, reconhecendo que não existem soluções universais (isto é, soluções «*One-Size-Fits-All*»), consagrou estruturas de administração e fiscalização com características distintas, permitindo a cada empresa escolher as que melhor se lhe adaptam. Em consequência, o CSC permite as boas práticas, mas não garante que estas se verifiquem. Assim, subsiste espaço para que, no âmbito dos chamados *códigos de bom governo*, se definam os modelos de *governance* que se julgam adequados a determinados perfis empresariais (designadamente, em termos de dimensão). Neste contexto, às empresas fica (implicitamente) cometida a responsabilidade de explicar e fundamentar as suas escolhas, sempre que elas se desviem dos modelos recomendados.

2. O que distingue a boa lei da má?

O critério pelo qual na teórica económica se diferenciam modelos alternativos de organização de estruturas com implicações para a vida da generalidade dos agentes económicos é o do *bem-estar social*. As estruturas económicas (e, consequentemente, as leis e as demais fontes normativas que as sustentam e moldam) são «óptimas» se induzirem a maximização do bem-estar social (isto é, do nível de «utilidade» atingido pela generalidade dos agentes económicos), e são «sub-óptimas» se tal não acontece[1]. A solução maximizadora, por sua vez, é usualmente aferida pelo critério de Pareto, segundo o qual se atinge o máximo bem-estar social quando não é possível que um agente económico veja aumentado o seu bem-estar individual, sem que outro agente económico veja diminuído o seu nível de utilidade[2]. Donde, por este critério, uma legislação (de *corporate governance*) deve ser considerada «boa» (ou, melhor, «óptima») se induzir à adopção de modelos de organização e de práticas que maximizem o bem-estar da sociedade no seu todo, e se (simultaneamente) dissuadir a adopção dos modelos e das práticas (de *corporate governance*) que origem soluções sub-óptimas.

Este critério tem uma natureza eminentemente teórica, cuja concretização prática não é tarefa isenta de dificuldades. A literatura (da esfera financeira da ciência económica) que, nos últimos anos, tem investigado o impacto da legislação nos mercados financeiros tem, porém, adoptado um outro critério. A legislação é considerada «boa» se é susceptível de, em conjugação com as demais fontes do direito, assegurar uma adequada e eficaz protecção dos direitos dos investidores (e, em especial, dos accionistas minoritários). A lei é tida como «má» se essa protecção não se encontra acomodada no teor das normas.

Assim acontece, pelo menos, desde que, num conjunto de artigos seminais, La Porta et al. (1997; 1998; 1999; 2000) sustentaram que os países da *common law* (*v.g.*, EUA e Reino Unido) asseguram uma protec-

---

[1] Para uma aplicação às estruturas de mercado ver, entre outros, VARIAN (1992).

[2] *Idem* nota anterior.

ção mais ampla e mais efectiva dos investidores que os países influenciados pelo direito civil alemão (*v.g.*, Alemanha, Áustria e Japão) ou escandinavo (Suécia, Dinamarca, Finlândia e Noruega) e sobretudo que os países com influências do direito civil francês (*v.g.*, no entender dos autores, França, Portugal e Espanha)[3]. Além disso, evidenciaram uma ampla influência do ambiente legal na dimensão e na profundidade dos mercados de capitais dos diversos países, concluindo que os países da *common law* têm mercados mais amplos e líquidos, ao passo que os países de direito civil de matriz francesa têm mercados mais estreitos. A conjugação destes estudos induz à conclusão de que a disparidade de regimes jurídicos contribui para explicar a diversidade de estruturas accionistas e de mecanismos de protecção dos interesses dos investidores que existem na Europa continental e no mundo anglo-saxónico, e que tal tem consequências ao nível do grau de desenvolvimento e profundidade dos mercados de capitais (de que decorrem óbvias implicações para a economia no seu todo).

Importa, porém, perguntar se a «protecção dos interesses dos investidores (e, em especial, dos pequenos)» é um critério aceitável do ponto de vista da sociedade no seu todo. Por outras palavras, *será o critério das finanças empresariais (isto é, a protecção dos interesses dos investidores) compatível com o critério tradicional da teoria económica (isto é, a maximização do bem-estar social)?* Para responder a esta questão é necessário responder, previamente, a uma outra: *Qual(is) é(são) o(s) interesse(s) dos investidores?*

A teoria das finanças empresariais assenta numa concepção de empresa que a subsume a um único objectivo[4]. Esse objectivo é a maximização do valor da empresa, como forma de maximização da riqueza e, em última instância, do bem-estar dos accionistas. Consequentemente, todas as decisões (sejam de investimento, de financiamento ou de outra natureza) que originem o incremento do valor da empresa são conside-

---

[3] La Porta et al. (1997; 1998; 2000).

[4] Importa notar que algumas correntes defendem a multiplicidade de objectivos e a sua ponderação na hora da aferição da performance dos gestores. Porém, em geral, a fundação teórica das finanças empresariais assenta numa concepção de objectivo único. Os argumentos em favor do objectivo único são os seguintes (Damodaram, 2001): a multiplicidade de objectivos cria dilemas na hora de decidir; a hierarquização de objectivos coloca o mesmo tipo de problema (tanto na sua concepção, como na sua aplicação); e múltiplos objectivos originam confusão em matéria de aferição da performance e de avaliação do desempenho das equipas de gestores.

radas *boas*, ao passo que as decisões que diminuam este valor são tidas como *más*. As finanças empresariais assumem, pois, a maximização da riqueza dos titulares do capital próprio como o objectivo único das unidades empresariais. No caso das empresas cotadas, a maximização das cotações é usada como aproximação a essa maximização da riqueza[5]. Assim, se restringida a análise a este tipo de empresas, o interesse dos investidores resume-se à maximização do valor das acções[6].

Reduzir o interesse dos investidores à maximização do valor de mercado das suas empresas é muito atractivo, dado que se trata de algo que é claro e que (no caso das acções cotadas) é constantemente mensurado de forma objectiva, precisa e sem custos relevantes de quantificação. Porém, importa verificar se do ponto de vista da economia (isto é, da sociedade no seu todo) esse critério é aceitável. Importa, pois, perguntar se a maximização do valor da empresa leva ao máximo bem-estar social ou se, pelo contrário, a maximização da riqueza dos accionistas colide (e, neste caso, como e em que circunstâncias) com a maximização do bem-estar de outros agentes económicos.

Desde logo, pode argumentar-se que, quanto maior a protecção dos investidores, maior a dimensão e a profundidade dos mercados de capitais, e quanto maior a dimensão e profundidade desses mercados maior a flexibilidade na escolha e concretização da sua estrutura de capitais (La Porta et al., 1997; 1998; 1999). A escolha eficiente da estrutura de capitais

---

[5] Note-se que a cotação é uma medida real da riqueza dos accionistas, desde que estes possam (se assim o desejarem) vender as suas acções e receber o respectivo preço. Tal acontece se o mercado for suficientemente líquido para o efeito. Note-se, também, que esta aproximação tem implícita a concepção de que os preços das acções reflectem o efeito de longo prazo das decisões da empresa. Note-se, ainda, que, mesmo que os mercados apresentem desequilíbrios momentâneos, as cotações são ainda (provavelmente) o melhor aferidor do valor daquela riqueza. Para tal, basta pensar na mensuração do valor de uma empresa não cotada em oposição a uma empresa cotada. O problema com as cotações é que se a informação é escondida, divulgada com atraso, ou de forma imprecisa, os preços de mercado desviar-se-ão do justo valor das acções, mesmo que os mercados sejam eficientes. Além disso, importa não ignorar que muitos autores argumentam que os mercados não são eficientes – *vide*, neste contexto, a evidência de previsibilidade dos retornos documentada, entre outros, por DeBondt e Thaler (1985). Em ambos os casos, maximizar os preços das acções pode não ser consistente com a maximização do valor de longo prazo das empresas.

[6] No caso das empresas não cotadas, na ausência de transacções fora de bolsa de acções ou de quotas, o seu valor terá de ser obtido através de exercícios de avaliação, recorrendo aos modelos que para o efeito têm sido desenvolvidos por múltipla investigação teórica e empírica (*vide*, por exemplo, Damodaram, 2001).

da empresa induz a minimização do seu custo de capital. O desenvolvimento do um mercado de capitais induz, pois, uma redução do custo de financiamento (Jensen, 1989), o que por sua vez leva a que um maior número de projectos apresente um valor actual líquido (VAL) positivo[7]. Finalmente, quanto mais projectos com VAL positivo forem implementados, maior é o valor da empresa (*vide*, entre outros, Damodaran, 2001). A implementação de tais investimentos igualmente se materializa, como é óbvio, em crescimento económico. Esse crescimento é susceptível de beneficiar a generalidade dos cidadãos e, consequentemente, de induzir um maior bem-estar social. Não há, porém, garantia de que tal suceda[8].

Quer isto dizer que, aquilo que é bom para os interesses dos investidores de uma dada empresa, não é automática e necessariamente bom para a generalidade dos demais agentes económicos. É possível que a maximização do valor dessa empresa origine custos para outros agentes económicos, e que por isso a melhoria do bem-estar dos seus accionistas implique a perda de bem-estar de outros cidadãos. Todavia, excepto no caso dos monopólios não regulados, ou de situações em que haja externalidades negativas, a maximização do valor da empresa conduz ao máximo bem-estar social (Jensen, 2001). Donde, afora estes casos limite, a maximização do valor das empresas é compatível com o objectivo de maximização do bem-estar social.

A ideia subjacente é a de que a maximização dos lucros (e, consequentemente, do valor) das empresas implica a maximização das receitas e a minimização dos custos. A maximização das receitas induz a que as empresas procurem criar e desenvolver os seus produtos e serviços com os atributos que permitam a sua venda ao mais alto preço possível. Desde que esse preço seja formado em contexto de mercado concorrencial, este procedimento não induz transferência de bem-estar. Esse preço mais não é do que a tradução monetária do bem-estar retirado pelo consumo do bem[9]. O problema surge quando esses preços não são formados em contexto concorrencial. Nesse caso, poderão reflectir o poder de monopólio do produtor e não a satisfação extraída pelos compradores com o seu consumo.

---

[7] Acrescente-se que, de acordo com o *survey* McKinsey (2002), os investidores exigem um custo de capital menor quando consideram que as empresas dispõem de mecanismos de *governance* que asseguram a sua protecção.

[8] Basta pensar nas situações em que, em associação com o crescimento económico, se dá uma relevante concentração da riqueza, induzindo a que certas classes da população vejam a sua situação deteriorada.

[9] Assim o indica a teoria do consumidor (*vide*, entre outros, Varian, 1992).

A regulação económica nestas situações pode suprir a ausência de concorrência[10]. Porém, nas situações em que não há regulação, ou essa regulação é incompetente, os interesses dos investidores e dos consumidores não se encontram automaticamente e necessariamente alinhados, havendo razões para esperar que a maximização do valor das empresas origine não apenas a criação de valor mas igualmente a transferência de bem-estar dos consumidores para os produtores.

A minimização de custos, por sua vez, é igualmente compatível com a maximização do bem-estar da sociedade no seu todo, na medida em que significa que mais recursos ficam disponíveis para a produção de outros bens, cujo consumo origina acréscimo de utilidade. Porém, se essa minimização de custos não se fizer pela melhoria da eficiência do processo produtivo, mas assentar na imposição de custos a terceiros, uma vez mais os interesses dos produtores e dos demais agentes económicos podem divergir. Assim acontece quando da actividade de uma empresa resultam externalidades negativas. A poluição é um exemplo clássico neste domínio. Se não houver forma de mensurar os custos da poluição e de endereçar a respectiva factura ao agente poluente, há um benefício privado que é obtido à custa de um sacrifício público. Donde, também nestes casos, a maximização dos interesses dos investidores pode colidir com a maximização do bem-estar social (Jensen, 2001).

Os detentores do capital próprio das empresas não são, pois, os únicos agentes económicos afectados pela actuação das empresas. Outros agentes (a que em linguagem anglo-saxónica se dá designação de «*stakeholders*») têm igualmente interesses legítimos cuja defesa pode colidir com o objectivo de maximização do valor das empresas. Porém, ao eleger como objectivo único das unidades empresariais a maximização do seu valor, a teoria relega para o âmbito do mercado e da liberdade contratual as relações existentes entre a empresa e os seus *stakeholders*, deixando para o domínio da *corporate governance* apenas a relação entre esta e os seus *shareholders* (accionistas)[11]. A teoria económica assume, pois, que não há um *interesse* da empresa que seja distinto do *interesse* dos seus accionistas. O interesse da empresa coincide com o interesse dos seus

[10] Sobre a relação entre o bem-estar e o poder de mercado, bem como sobre teoria da regulação económica, ver, entre outros, Church e Ware (2000).

[11] Todavia, crescentemente, surgem estudos que se preocupam com o desenho de mecanismos que induzam os gestores a internalizar a maximização do bem-estar dos *stakeholders* (*v.g.*, Tirole, 2001).

accionistas, é nesse interesse que a empresa deve ser gerida, e é aos accionistas que os respectivos gestores devem lealdade[12].

Como conciliar, então, os interesses dos investidores com a protecção dos demais agentes económicos, evitando que a maximização da riqueza dos primeiros se faça à custa da diminuição do bem-estar dos outros?

Se essa divergência tem origem na existência de estruturas de mercado não concorrenciais, a conciliação faz-se pela regulação e fiscalização competente desses mercados. Se essa divergência tem origem em externalidades negativas, deve procurar melhorar-se os mecanismos tecnológicos, técnicos e legislativos de modo a imputar os respectivos custos a quem extrai os benefícios.

Importa, porém, reconhecer que em múltiplas situações poderão não existir soluções técnicas que permitam, por exemplo, a mensuração dos custos de poluição. Ou que os governos poderão ser ineficientes na aprovação de legislação ambiental. Ou que as autoridades administrativas poderão ser incompetentes na sua aplicação e fiscalização. *Como conciliar nestes casos os interesses dos investidores com os demais*?

Está-se em crer que tal conciliação pode ser promovida por várias formas. Para tal objectivo concorre, desde logo, uma opinião pública informada, atenta e interveniente. Se organizações civis denunciarem, por exemplo, empresas com más práticas de natureza ambiental, tal prejudicará a sua imagem junto dos seus clientes (caso estes relevem o tema). Nesse caso, a defesa dos interesses dos investidores exigirá que as empresas tenham práticas ambientais correctas, o que implica igualmente salvaguardar os interesses dos demais cidadãos. No mesmo sentido podem concorrer os mecanismos de auto-regulação, através dos quais as empresas de um mesmo sector de actividade estipulem determinados padrões (sociais e ambientais) de comportamento, impedindo desta forma que estas variáveis sejam factores de competitividade.

---

[12] É, aliás, isso que se verifica na generalidade dos países da OCDE (SHLEIFER e VISHNY, 1997), não obstante em alguns países, como o Reino Unido, a legislação vir evoluindo no sentido de os interesses dos trabalhadores igualmente deverem ser tidos em consideração pelos gestores (STAPLEDON, 1996), se terem registado apelos de especialistas no sentido de os gestores tomarem em conta o "interesse social" (Relatório Viénot, 1995), em países como o Japão as organizações atribuírem prioridade aos interesses de longo prazo dos seus recursos humanos (CHARKHAM, 1995 e HOSHI, 1998) e de na Alemanha se encontrar assegurada a representação dos trabalhadores em órgãos societários (CHARKHAM, 1995).

Julga-se, porém, desejável (e é neste plano, e não no da imposição normativa, que a questão se coloca) que os accionistas (estes e não aos gestores[13]) definam, eles próprios, em assembleia geral, as políticas de desenvolvimento sustentado e de responsabilidade social que desejam ver aplicadas nas suas empresas, e procedam à sua avaliação periódica. É essa, aliás, a recomendação que sobre este assunto foi emitida no âmbito do Livro Branco Sobre Corporate Governance em Portugal (Silva et al., 2006)[14].

Trata-se, pois, não de alterar a função que deve ser maximizada pelos gestores da empresa, mas de criar restrições a essa maximização. Essas restrições devem derivar de legislação adequada e competentemente aplicada, mas igualmente (idealmente) devem provir de restrições auto impostas pelos accionistas. A estes assiste a legitimidade, que não pode ser reconhecida aos gestores, de definir em que circunstâncias outros critérios se devem sobrepor ao da maximização do valor na tomada de decisões de gestão. Ao legislador (em geral) pede-se que crie ambientes competitivos ou que, quando tal não poder ocorrer, proceda à sua regulação; e que crie legislação específica que não permita externalidades negativas. Em ambos os casos, se solicita também que a legislação seja acompanhada de supervisão e fiscalização. Ao legislador (e, em particular, ao criador do enquadramento jurídico da *corporate governance*) pede-se (apenas) que estabeleça os quadros normativos que induzam a uma efectiva protecção dos investidores.

3. **Porquê e de quem necessitam os investidores de ser protegidos?**

Assumido que seja que o objectivo da legislação relativa a *corporate governance* é a protecção dos investidores, a realização de um juízo de valor sobre a sua eficácia (potencial) exige um (outro) esclareci-

[13] Cometer esta responsabilidade aos gestores é abrir a porta para maior discricionariedade, para aumentar a assimetria de informação (de que se falará adiante), e para incrementar a dificuldade e a imprecisão de qualquer exercício de avaliação da performance obtida.

[14] Acrescente-se que as práticas de desenvolvimento sustentável tendem a ser crescentemente reconhecidas e premiadas pelos investidores (Renneboog et al., 2006), e que de acordo com alguma evidência empírica os investidores em empresas com tais práticas podem esperar um retorno ajustado ao risco similar ao obtido pelas demais (Schroder, 2004).

mento prévio: *Porquê e de quem necessitam os investidores de ser protegidos?*

O crescimento das empresas exige a reunião de capitais em grande escala, originando uma separação entre gestores e accionistas. Esta separação proporciona múltiplas vantagens[15], mas também tem consequências potencialmente negativas. Entre os accionistas e os gestores estabelece-se uma relação de agência (Jensen e Meckling, 1976). Na ausência de accionistas relevantes os agentes (isto é, os gestores) podem decidir com um elevado grau de arbitrariedade, aproveitando a assimetria de informação que existe entre os eles (com mais informação) e os accionistas (com menos informação). Donde, quando os interesses dos gestores e dos accionistas forem divergentes, aqueles poderão utilizar a liberdade de que dispõem para tomar decisões que maximizem o seu próprio bem-estar, em vez de procurarem maximizar a riqueza dos principais (accionistas). Tal comportamento, origina os denominados «custos de agência» que, além dos custos de fiscalização e controlo, englobam as perdas residuais decorrentes das decisões contrárias aos interesses dos principais que não puderem ser evitadas (Jensen e Meckling, 1976).

A literatura reporta evidência empírica, em quantidade abundante, para que se possa ter a certeza de que a possibilidade de os accionistas serem sujeitos a custos de agência não é meramente teórica, pelo contrário corresponde a um cenário de elevada plausibilidade[16].

Se em vez de estruturas accionistas dispersas o capital da empresa estiver concentrado (o que é muito frequente em Portugal), aquele poder arbitrário transfere-se para os accionistas que controlam a empresa. Esses grandes accionistas podem usar o seu poder para expropriar os outros agentes económicos com interesses legítimos na sociedade. Também existe abundante literatura que sustenta este outro caso[17].

Os accionistas minoritários não são os únicos a suportar custos de agência. A actuação dos gestores (e dos grandes accionistas) pode

---

[15] Entre essas vantagens podem enunciar-se: o facto de permitir aos accionistas participar nos ganhos da actividade empresarial, sem que despendam tempo com a gestão e mesmo que não tenham capacidades empreendedoras e gestoras; a circunstância de permitir que profissionais possam conceber e concretizar projectos rentáveis, mesmo que não disponham de riqueza acumulada; a pulverização de riscos que de outro modo seriam inteiramente assumidos pelo proprietário-empreendedor; e a criação de um mercado de capitais, induzindo a uma redução do custo de financiamento.

[16] Para uma revisão da literatura ver, entre outros, SHLEIFER e VISHNY (1997).

[17] *Idem* nota anterior.

igualmente não coincidir com o interesse dos empregados, dos consumidores ou, para nomear apenas alguns, dos obrigacionistas. Todavia, os investidores (e, principalmente, os accionistas) encontram-se especialmente sujeitos a custos de agência, pela circunstância de o seu investimento ser afundado[18] e, após o financiamento inicial, a empresa (frequentemente) não necessitar mais do accionista (Shleifer e Vishny, 1997; e Tirole, 2001).

O mesmo não se passa, por exemplo, com os fornecedores que, disponibilizando mercadorias ou prestando os seus serviços de forma contínua, estão em melhor posição que os accionistas para (cessando os fornecimentos) defender os seus interesses. Além disso, os fornecedores são titulares dos direitos específicos determinados pelo contrato estabelecido. Podem, por exemplo, demandar a empresa em caso de ausência de pagamento. Porém, nenhum (pequeno) accionista pode demandar a empresa se esta decidir (por proposta aprovada em assembleia geral por um número reduzido de grandes accionistas) não distribuir dividendos.

Note-se, ainda, que a situação dos credores financeiros (designadamente dos bancos), em alguns aspectos, aproxima-se mais da situação dos fornecedores, do que dos accionistas[19]. Com efeito, quando os financiamentos acordados são disponibilizados em tranches, ou quando a empresa recorre frequentemente ao mercado, também existe uma relação caracterizada por alguma continuidade. Além disso, estes credores são ressarcidos previamente aos accionistas e dispõem de mecanismos contratuais que permitem a sua defesa, designadamente especificando garantias (reais) de pagamento e delimitando (no seu interesse) o que é que a empresa pode e não pode fazer no futuro[20].

Os accionistas, que (em regra) cumprem com a sua obrigação de uma única vez e detêm apenas os direitos residuais, são, pois, quem mais

---

[18] Assim acontece, na medida em que os accionistas cumprem a sua obrigação de uma só vez (o pagamento do preço de emissão das acções ou o preço de transacção em mercado secundário), expondo-se em seguida a uma potencial "expropriação", a qual pode originar que o investimento seja parcial ou (em casos limite) totalmente perdido.

[19] O mesmo não se pode dizer, de forma inequívoca, em geral, da situação dos pequenos obrigacionistas.

[20] Entre as cláusulas contratuais tipicamente estabelecidas com esse fim específico, podem referir-se: restrições à política de investimentos; restrições à política de dividendos; restrições a aumento da alavancagem (nova emissão de dívida); e cláusulas que permitem aos obrigacionistas revender as obrigações à emitente ao valor nominal, caso haja operações que prejudiquem o valor das obrigações.

necessita de protecção face a potenciais custos de agência decorrentes da actuação de equipas de gestão incompetentes ou desonestas.

Em suma, a resposta à questão que titula esta secção é a de que os investidores necessitam de ser protegidos dos gestores e (no caso dos investidores em empresas com capital concentrado) dos grandes accionistas. A razão pela qual tais investidores necessitam de ser protegidos é a existência de assimetria de informação entre quem toma as decisões (os gestores e os grandes accionistas) e os beneficiários últimos dessas decisões, de que pode resultar (e, muito frequentemente, resulta) expropriação dos direitos dos investidores (e, especialmente, dos pequenos accionistas).

Note-se, em complemento da discussão havida na secção 2, que assegurar esta protecção é essencial para sustentar um modelo de economia assente na propriedade privada e no funcionamento do mercado de capitais. Com efeito, "*why do investors part with their money, and give it to managers, when both the theory and the evidence suggests that managers have enormous discretion about what is done with that money, often to the point of being able to expropriate much of it?*" (Shleifer e Vishny, 1997, p. 748).

4. **Como proteger os investidores?**

Uma vez definido porquê e de quem devem os investidores ser protegidos, a questão que se segue é: *Como proteger esses investidores*?

Antes, porém, de, ainda nesta secção, se caracterizarem (ainda que sinteticamente) os principais mecanismos (de *corporate governance*) de protecção dos investidores, e de, na próxima secção, se cuidar de verificar em que medida estes se encontram presentes ou ausentes do (renovado) Código das Sociedades Comerciais, importa fazer duas breves notas.

A primeira é para salientar que o interesse dos investidores exige, em primeira instância, que as empresas atinjam um bom desempenho, pelo que o âmbito da *corporate governance* não se limita à fiscalização e controlo das equipas de gestão, mas antes envolve todos os mecanismos que conduzam a que a empresa obtenha uma elevada performance e que os respectivos resultados sejam apropriados (proporcionalmente) por todos os seus accionistas. Quer isto dizer que a *governance* de uma empresa compreende duas vertentes: *i*) os meios de formação e execução da sua vontade; e *ii*) a fiscalização em ordem a assegurar que tais meios funcionam eficazmente e prosseguem os interesses para os quais a empresa foi criada e é mantida[21].

A segunda nota, respeita à questão de saber se os mecanismos de *corporate governance* devem ser idênticos em todas as empresas (*«One-Size-Fits-All»*), ou se a obtenção da máxima performance exige que os mecanismos sejam adaptados às especificidades de cada empresa. Não sendo este um debate que possa dar-se por terminado, a literatura existente indica que as soluções ideais para uma empresa podem não ser as mais adequadas para outra empresa (*vide*, por exemplo, Alves e Barbot, 2007).

Feitas as notas prévias, deve dizer-se que existe um amplo conjunto de mecanismos (de *corporate governance*) que visam assegurar essa protecção. Esses instrumentos variam de acordo com o ambiente institucional, mas em geral tendem a ser divididos em dois sistemas (de *corporate governance*) principais: o sistema continental[22] (cujos protótipos são a Alemanha e o Japão, mas que são extensivos no essencial aos demais países da Europa continental) e o sistema anglo-saxónico[23] (de que são paradigma os EUA e o Reino Unido).

A literatura reporta diferenças significativas entre estes os dois modelos no que respeita à estrutura de propriedade, à estrutura e ao funcionamento do órgão de administração, aos mecanismos de avaliação e fiscalização dos gestores executivos.[24] A literatura reporta ainda que o

---

[21] Essa dupla vertente está, aliás, bem patente na definição de corporate governance proposta pela OCDE (2004): «*Corporate governance is one key element in improving economic efficiency and growth as well as enhancing investor confidence. Corporate governance involves a set of relationships between a company's management, its board, its shareholders and other stakeholders. Corporate governance also provides the structure through which the objectives of the company are set, and the means of attaining those objectives and monitoring performance are determined*».

[22] Igualmente designado por sistema baseado em relações (*relation-oriented system*), sistema de controlo pelos bancos (*bank-oriented system*) ou sistema de controlo interno (*insider system*).

[23] Também, por vezes, designado sistema de controlo pelo mercado (*market-oriented system*) ou sistema de controlo externo (*outsider system*).

[24] No modelo anglo-saxónico os conselhos de administração são compostos por administradores executivos profissionais e maioritariamente composto por administradores não-executivos, cuja função principal é monitorar e avaliar a actividade dos administradores executivos (Charkham, 1995). A fiscalização, a avaliação, a fixação da remuneração e o despedimento dos administradores executivos compete a comités criados no seio do conselho de administração e compostos por administradores externos. No modelo continental, os conselhos são compostos por administradores internos e por administradores externos ligados aos principais accionistas (Charkham, 1995). A supervisão, a avaliação

mercado de capitais e em particular as ameaças de *takeover* exercem um papel distinto na disciplina dos gestores em ambos os sistemas[25]. De igual modo, para terminar, são conhecidas diferenças no alinhamento de interesses entre gestores e accionistas via sistema remuneratório, sendo a remuneração variável e, em particular, a indexação da remuneração à performance bolsista, menos comum e apresentando um peso menor na remuneração total no sistema continental[26].

Não cabendo no objecto do texto, nem havendo espaço para uma caracterização exaustiva da totalidade dos instrumentos de *corporate governance* que se julgam susceptíveis de contribuir para uma eficiente defesa dos investidores, ainda assim se elegem cinco desses instrumentos e sobre eles se expandem breves considerações.

O *primeiro* tem a ver com a existência de uma instância decisória intermédia entre os gestores executivos e a assembleia geral. Trata-se de um órgão formal (de que é exemplo o Aufsichtsrat alemão) ou da mera organização do (único) órgão de administração mediante a criação no seu seio de uma comissão executiva. Em ambos os casos, há um conjunto de membros que tem por responsabilidade colocar desafios aos administradores executivos, aconselhá-los e chamar a si algumas das decisões mais importantes da vida da empresa; mas também fiscalizar, avaliar e controlar a acção dos gestores executivos. Está-se em crer que se os membros do órgão superior, no sistema *dualista* (dois órgãos), e os membros não executivos, no sistema *monista* (um órgão), actuarem, no estrito interesse de todos os accionistas da empresa, com independência, competência e dedicarem tempo suficiente aos assuntos da empresa, contribuirão para que a assimetria de informação de que gozam os gestores executivos seja substancialmente reduzida[27].

---

e o despedimento dos administradores executivos compete, em geral, a outros órgãos societários.

[25] No sistema continental, os *takeovers* são raros ou virtualmente inexistentes (Franks e Mayer, 1998). Pelo contrário, os anos oitenta registaram um número recorde de *takeovers* nos EUA e no Reino Unido (Franks e Mayer, 1996; e Holmstrom e Kaplan, 2001).

[26] Para uma análise mais desenvolvida das características destes sistemas ver, entre outros, Alves (2005).

[27] Importa não ignorar que alguma literatura enfatiza que os administradores não executivos não têm tempo nem conhecimentos para absorver toda a informação necessária para compreender o funcionamento da empresa, além de que os seus interesses são reduzidos, o que nesta linha de argumentação concorre no sentido do seu menor empenhamento na fiscalização e no acompanhamento da gestão (Porter, 1992; e Turnbull, 2000).

Um *segundo* elemento tem a ver com a avaliação e remuneração dos administradores (em particular dos executivos). A existência de uma componente variável desenhada e aplicada em termos que contribuam para o alinhamento da remuneração dos gestores com a criação sustentada de valor é um instrumento que, não obstante não ser imune a potenciais distorções[28], tem reconhecida capacidade para promover a defesa do interesse dos investidores (*vide*, entre outros, Hall e Liebman, 1998). A eficácia deste instrumento depende, porém, da qualidade técnica com que os instrumentos sejam desenhados e da independência com que sejam concebidos, aprovados e aplicados. Em particular, é crucial que haja uma avaliação sistemática e formal do desempenho dos gestores executivos, e que tal avaliação seja concretizada (ou, pelo menos, participada) pelos membros independentes não executivos dos órgãos de administração.

Em *terceiro* lugar, é essencial que seja reportada informação abundante sobre a vida da empresa, sobre as suas relações com os membros dos seus órgãos sociais, com os principais accionistas e com outros importantes *stakeholders*.

Para que essa informação seja credível é necessário que a mesma seja competentemente e independentemente auditada. Este desiderato exige que os auditores externos disponham de todas as condições para realizar o seu trabalho, e o façam aplicando com independência os mais elevados padrões internacionais. Para assegurar que esses auditores dispõem dessas condições, e para garantir a sua independência face aos gestores executivos, é aconselhável que o interlocutor e o (primeiro) destinatário dos relatórios de auditoria seja outro que não a comissão executiva. É isso que acontece, em geral, nas empresas anglo-saxónicas onde existe, no seio do órgão de administração, uma comissão de auditoria composta por administradores não executivos que desempenham este papel. Por razões óbvias, a presença (idealmente maioritária) de administradores independentes é essencial para assegurar a sua credibilidade.

Em *quarto* lugar, a actuação dos accionistas em assembleia geral é da maior importância para que os gestores executivos se sintam controlados e avaliados. Todos os accionistas têm responsabilidades nesta matéria, embora aos investidores institucionais sejam usualmente dirigidos apelos

---

[28] O elevado crescimento das remunerações dos administradores é entendido como evidência de que os CEO gozam de um excessivo grau de liberdade na fixação dos seus esquemas remuneratórios (Conyon et al., 1995).

no sentido de terem um comportamento activo[29]. Donde, todas as medidas que contribuam para a dinamização da assembleia geral, e para criar as condições para que esta cumpra com efectividade o seu papel, merecem ser qualificadas como contribuindo para a defesa do interesse dos investidores.

Finalmente, um *quinto* ponto tem a ver com o controlo dos gestores pelo mercado. As ameaças de *takeover* têm um papel que muitos acreditam ser disciplinador. Importa, porém, notar que a relação entre a performance e a probabilidade de *takeover* não permite que se infira de forma inequívoca e incontroversa a sua natureza disciplinadora. Existem estudos que apontam no sentido de os *takeovers* ocorridos na década de oitenta nos EUA terem contribuído para direccionar o comportamento dos administradores no sentido mais favorável à defesa dos accionistas (Holmstrom e Kaplan, 2001). Todavia, alguns estudos sugerem que não existe relação entre os *takeovers* e a performance, sustentando por isso a rejeição da tese de que as aquisições hostis têm um efeito punitivo (Franks e Mayer, 1996). Porém, do ponto de vista estrito da *corporate governance*, terá sempre de concluir-se que são indesejáveis as medidas que limitam o mercado de controlo de empresas.

5. **Análise das regras do (renovado) CSC**

Estabelecido o critério, e delimitados os conceitos essenciais, é chegada a altura de responder, na medida do possível, às questões que motivaram este texto.

Em termos globais, está-se em crer que o (renovado) CSC é uma legislação moderna, que culmina um processo evolutivo que se vem verificando em Portugal desde 1999, altura em que a CMVM emitiu, pela primeira vez, recomendações sobre o governo das sociedades[30/31]. O balanço é, por isso, amplamente positivo.

---

[29] Não será, porém, de esperar que estes se encontrem disponíveis, nem que desempenhem sempre este papel de modo a contribuir para a redução dos custos de agência (*vide*, ALVES, 2005).

[30] Tradução proposta pela CMVM para a expressão «*corporate governance*».

[31] Para uma análise do processo evolutivo das normas de *corporate governance* em Portugal ver CÂMARA (2001) e SILVA et al. (2006).

Da actual legislação, o primeiro aspecto que merece saliência (positiva) é a circunstância de o artigo 64.°, n.° 1, alínea *b*), na sua parte inicial, cometer aos gestores o dever de atender aos interesses de longo prazo dos accionistas. O primeiro aspecto que suscita reservas corresponde à parte final do mesmo preceito, na medida em que se acrescenta que devem ser ponderados os interesses de outros sujeitos relevantes para a sustentabilidade da empresa, tais como os seus trabalhadores, clientes e credores. Por tudo o antes referido, ter-se-ia preferido que tal preceito se tivesse limitado à sua primeira parte. Não por não se reconhecer que na órbita das empresas gravitam outros interesses legítimos e relevantes, mas por se considerar que a sua defesa deve, como se explicitou, ser contemplada com outros instrumentos (inclusive legislativos) e não ser «confiada» ao julgamento dos gestores das empresas. Porém, na medida em que a legislação se confina a «sujeitos relevantes para a sustentabilidade da sociedade», não se antevê que esta fórmula possa ter expressão prática susceptível de originar desvios relevantes ao critério da maximização valor das empresas, na medida em que esta maximização não se atinge atentando contra esses agentes relevantes para a sustentabilidade das empresas. O interesse dos accionistas não é atingido, por exemplo, atentando contra os interesses dos trabalhadores, provocando a sua desmotivação e má vontade. Além disso, se algo a globalização veio mostrar foi que os interesses dos trabalhadores e dos clientes se defendem assegurando a competitividade das empresas (e, consequentemente, a sua capacidade de criação de riqueza), e não de outra forma.

A divulgação de informação, em qualidade e quantidades suficientes, é um dos elementos nucleares de um bom sistema de *corporate governance*. Por isso, têm de qualificar-se como muitos positivas as regras existentes nesta matéria. Em especial, deve salientar-se a medida prevista na alínea *e*) do n.° 5 do artigo 66.°, onde se estipula a obrigatoriedade de reportar informação sobre negócios realizados entre a sociedade e os seus administradores. Da mesma forma, merece saliência positiva a circunstância de estes negócios terem de ser aprovados pelo conselho de administração, com parecer favorável do conselho fiscal (artigo 397.°).

Em termos de estruturas de administração e fiscalização, o CSC permite (mas não assegura) uma dupla instância decisória (além da assembleia geral), na medida em que continua a ser possível instituir um modelo de conselho de administração e conselho fiscal [alínea *a*) do n.° 1 do artigo 278.°]. O facto de permitir uma dupla instância é muito positivo, e a circunstância de permitir uma única instância é igualmente positivo.

Assim acontece, dado que o diploma se aplica não apenas às grandes empresas, mas igualmente abrange as sociedades de menor dimensão e complexidade, onde os problemas de separação da propriedade de gestão (normalmente) não se colocam. A questão que subsiste é sobre como assegurar que as grandes empresas, onde os problemas de agência realmente existem, adoptam um modelo de dupla instância. Por isso, remanesce espaço para que *códigos de bom governo*, completando com o plano recomendatório o plano normativo, definam o modelo adequado ao perfil de cada empresa, e estas, na lógica do «*comply or explain*», expliquem em que medida as suas opções defendem melhor o interesse dos seus accionistas, sempre que adoptem soluções distintas das recomendadas[32].

Neste contexto, não pode deixar de anotar-se que os modelos de dupla instância previstos no CSC são substancialmente distintos entre si. O modelo de conselho de administração (CA) e comissão de auditoria (CAUD) [alínea *b*) do n.º 1 do artigo 278.º] permite e (crê-se que) estimula que, tal como é tido por boa prática, os membros não executivos se assumam como conselheiros, decisores, fiscalizadores e desafiadores dos executivos. Porém, a lei não lhes cometeu expressamente um papel de avaliadores[33] (*vide* artigos 405.º a 407.º). O modelo de conselho geral de supervisão (CGS) e de conselho de administração executivo (CAE)[34], por sua vez, não consagra os membros do CGS como decisores e (pelo menos) não estimula a que actuem como conselheiros e desafiadores. Em contrapartida, comete-lhes um papel de fiscalizadores e avaliadores (*vide* artigos 429.º, 431.º, 432.º, 441.º e 442.º). Note-se, por exemplo, que o CGS não aprova (nem opina sobre) o Plano Estratégico da empresa, nem aprova (nem opina sobre) as principais decisões de investimento. Neste contexto, julga-se existir o risco de os CGS virem a ser transformados em amplos conselhos fiscais, aproximando-se por isso (na prática) este modelo do previsto na alínea *a*) do n.º 1 do artigo 278.º. A experiência concreta de cada empresa se encarregará de confirmar ou infirmar esta hipótese.

---

[32] Sobre Códigos de Bom Governo e a técnica «*comply or explain*» ver, entre outros, SILVA et al. (2006).

[33] *Vide* o que adiante se diz sobre avaliação e remuneração.

[34] Na sistemática da legislação verifica-se uma inversão de hierarquia entre o CGS e o CAE. O CAE é apresentado em primeiro lugar, o que, se está em crer, terá resultado de restrições técnicas decorrentes de se tratar da revisão de um Código, e não de um juízo valorativo do legislador sobre a hierarquia dos órgãos. Obviamente, o órgão superior é o CGS e não o CAE.

Em matéria de avaliação e remuneração o CSC contempla um sistema de remuneração fixa e variável para os administradores executivos e de remuneração exclusivamente fixa para todos os membros do CGS e da CAUD. Esta é uma solução inequivocamente positiva. Desde logo, pelo facto de a componente variável ser essencial para o alinhamento de interesses entre os accionistas e os administradores executivos. Por outro lado, a remuneração fixa exclusiva é essencial para assegurar a independência de julgamento dos membros do CGS e da CAUD.

Ainda como muito positivo deve anotar-se que o modelo CGS e CAE permite a adopção de comissões de remuneração criadas no seio dos CGS (artigo 429.º). Em contrapartida, e isso tem-se como menos positivo, no modelo CA e CAUD não foi reservado qualquer papel aos administradores não executivos em matéria de avaliação e remunerações. Aqui a opção do legislador foi a de manter a «velha» comissão de fixação de vencimentos.

Finalmente, não podem deixar de anotar-se como positivas as medidas que visam a revitalização das assembleias gerais, em especial aquela que respeita à independência dos membros da respectiva mesa (artigo 374.º-A).

6. **Síntese conclusiva**

Em síntese, neste texto concluiu-se que a preocupação central da legislação de *corporate governance* deve ser a defesa do interesse dos investidores (e, em especial dos pequenos accionistas), relativamente aos custos de agência que lhes podem ser infringidos em resultado da assimetria de informação de que gozam os gestores das empresas. Esse interesse passa pela maximização do valor das empresas, o que é compatível com a maximização do bem-estar social, excepto quando se está na presença de monopólios não regulados ou de externalidades negativas.

Esta possibilidade não justifica que se eleja um *interesse* para a empresa distinto do *interesse* dos seus accionistas, antes exige um incremento da eficácia do legislador e da administração pública na regulação desses monopólios e na eliminação dessas externalidades. Porém, julga-se recomendável que os accionistas (e não os gestores) definam políticas de responsabilidade social e de desenvolvimento sustentável que se constituam como restrições à maximização do valor das empresas quando o legislador não possa eliminar todas aquelas externalidades negativas.

A esta luz, julga-se que as regras de *corporate goverance* constantes do (renovado) CSC constituem-se como uma legislação moderna e, globalmente, em linha com os mecanismos que melhor garantem a defesa dos investidores. Entre os aspectos mais positivos, salienta-se a existência de estruturas de administração e fiscalização com características distintas, permitindo cada empresa escolher as que melhor se lhe adaptem. Algumas dessas estruturas estão em linha com as melhores práticas de *governance* reconhecidas pela literatura. Em outras estruturas, porém, é ainda possível que os níveis de assimetria de informação e os custos de agência atinjam níveis elevados.

O CSC permite, pois, as boas práticas, mas por si só não garante que estas se verifiquem, nem impede as más práticas. Por isso, julga-se que subsiste espaço para que, no âmbito dos chamados *códigos de bom governo*, se definam os modelos de *governance* que se julgam adequados a determinados perfis (designadamente, em termos de dimensão). Neste contexto, às empresas fica (implicitamente) cometida a responsabilidade de explicar e fundamentar as suas escolhas, sempre que elas se desviem dos modelos recomendados. À autoridade de supervisão, num patamar, e aos investidores e à opinião pública, num outro patamar, compete não só *exigir* das empresas essas explicações, mas igualmente assumir o papel de consciência crítica das opções efectuadas.

Bibliografia

ALVES, C. e C. BARBOT (2007), «Do Low Cost Carriers Have Different Corporate Governance Models?», *Journal of Air Transport Management*, Vol. 13, n.º 2, pp. 116-120.

ALVES, C. (2005), *Os Investidores Institucionais e o Governo das Sociedades: Disponibilidade, Condicionantes e Implicações*, Coimbra: Livraria Almedina.

CÂMARA, P. (2001), «O Governo das Sociedades em Portugal: uma Introdução», *Cadernos do Mercado de Valores Mobiliários*, n.º 12, pp. 45-55.

CHARKHAM, J. (1995), *Keeping Good Company: A Study of Corporate Governance in Five Countries*, Oxford e New York: Oxford University Press.

CHURCH, J. e R. WARE (2000), *Industrial Organization: A Strategic Approach*, Irwin McGraw-Hill.

CONYON, M., P. GREGG e S. MACHIN (1995), «Taking Care of Business: Executive Compensation in the UK», *Economic Journal*, Vol. 105, May, pp. 704-714.

DAMODARAN, A. (2001), *Corporate Finance – Theory and Practice*, John Wiley & Sons, Inc., 2ª Edição.

DEBONDT, W. e R. THALER (1985), «Does the Stock Market Overreact?», *Journal of Finance*, Vol. 40, n.º 3, pp. 793-805.

FRANKS, J. e C. MAYER (1996), «Hostile Takeovers and the Correction of Managerial Failure», *Journal of Financial Economics*, Vol. 40, n.º 2, pp. 163-181.

FRANKS, J. e C. MAYER (1998), «Bank Control, Takeovers, and Corporate Governance in Germany», in Hopt, K., H. Kanda, M. Roe, E. Wymeersch e S. Prigge (editors), *Comparative Corporate Governance – The State of The Art and Emerging Research*, pp. 641-658, Oxford e New York: Oxford University Press.

HALL, B. e J. LIEBMAN (1998), «Are CEOs Really Paid Like Bureaucrats?», *Quarterly Journal of Economics*, Vol. 113, n.º 3, pp. 653-691.

HOLMSTROM, B. e S. KAPLAN (2001), «Corporate Governance and Merger Activity in the United States: Making Sense of the 1980s and 1990s», *Journal of Economic Perspectives*, Vol. 15, n.º 2, pp. 121-144.

HOSHI, T. (1998), «Japanese Corporate Governance as a System», in Hopt, K., H. Kanda, M. Roe, E. Wymeersch e S. Prigge (editors), *Comparative Corporate Governance – The State of The Art and Emerging Research*, pp. 847--875, Oxford e New York: Oxford University Press.

JENSEN, M. e W. MECKLING (1976), «Theory of the Firm: Managerial Behavior, Agency Costs, and Ownership Structure», *Journal of Financial Economics*, Vol. 3, n.º 4, pp. 305-360.

JENSEN, M. (1989), «Eclipse of the Public Corporation», *Harvard Business Review*, Vol. 67, n.º 5 (September-October), pp. 61-74.

JENSEN, M. (2001), «Value Maximization, Stakeholder Theory, and the Corporate Objective Function», *European Financial Management*, Vol. 7, n.º 3, pp. 297-317.

LA PORTA, R., F. LOPEZ-DE-SILANES, A. SHLEIFER e R. VISHNY (1997), «Legal Determinants of External Finance», *Journal of Finance*, Vol. 52, n.º 3, pp. 1131-1150.

LA PORTA, R., F. LOPEZ-DE-SILANES, A. SHLEIFER e R. VISHNY (1998), «Law and Finance», *Journal of Political Economy*, Vol. 106, n.º 6, pp. 1113-1155.

LA PORTA, R., F. LOPEZ-DE-SILANES, A. SHLEIFER e R. VISHNY (2000), «Investor Protection and Corporate Governance», *Journal of Financial Economics*, Vol. 58, n.º 1, pp. 3-27.

LA PORTA, R., F. LOPEZ-DE-SILANES e A. SHLEIFER (1999), «Corporate Ownership Around The World», *Journal of Finance*, Vol. 54, n.º 2, pp. 471-518.

MCKINSEY (2002), *Global Investor Opinion Survey on Corporate Governance*, Mimeo.

OCDE (2004), «OECD Principles of Corporate Governance», *OECD Publications, www.oecd.org*.

PORTER, M. (1992), «Capital Disadvantage: America's Failing Capital Investment System», *Harvard Business Review*, Vol. 70, n.º 5 (September-October), pp. 65-82.

Relatório Viénot (1995), *Le Conseil d'Administration des Sociétés Cotees – Rapport du Comité sur le Gouvernement d'entreprise présidé par Marc Vienót*. Paris: MEDEF.

RENNEBOOG, L., J. HORST e C. ZHANG (2006), *Is Ethical Money Financially Smart?*, ECGI Finance Working Paper, n.º 117.

SCHRODER, M. (2004), «The Performance of Socially Responsible Investments: Investment Funds and Indices», *Financial Markets and Portfolio Management*, Vol. 18, n.º 2, pp. 122-142.

SHLEIFER, A. e R. VISHNY (1997), «A Survey of Corporate Governance», *Journal of Finance*, Vol. 52, n.º 2, pp. 737-783.

SILVA, A. S., A. VITORINO, C. F. ALVES, J. A. CUNHA e M. A. MONTEIRO (2006), *Livro Branco Sobre Corporate Governance em Portugal*, Lisboa: IPCG.

STAPLEDON, G. (1996), *Institutional Shareholders and Corporate Governance, Oxford e New York: Oxford University Press.*

TIROLE, J. (2001), «Corporate Governance», *Econometrica*, Vol. 69, n.º 1, pp. 1--35.

TURNBULL, S. (2000), «Ethics Under the Carpet», *Journal of the Securities Institute of Australia*, Vol. 1, Autumn, pp. 28-34.

VARIAN, H. (1992), *Microeconomic Analysis*, New York e London: W. W. Norton & Company.

OS MODELOS DE GOVERNO DAS SOCIEDADES ANÓNIMAS

PAULO CÂMARA*

SUMÁRIO: *§ 1.º Introdução: 1. Apresentação do tema; 2. A superação do quadro dicotómico tradicional; 3. Tipologia e classificações dos modelos de governo; 4. Traços do regime comuns aos vários modelos. § 2.º O Modelo Clássico: 5. Principais etapas de evolução histórica do modelo clássico em Portugal; 6. A revitalização do conselho fiscal. § 3.º O Modelo Anglo-Saxónico: 7. Experiências próximas em ordenamentos jurídicos estrangeiros: os* audit committees. *8. O acolhimento do modelo anglo-saxónico no direito nacional. § 4.º O Modelo Dualista: 9. O modelo dualista em ordenamentos jurídicos estrangeiros; 10. Acolhimento do modelo dualista no direito nacional. § 5.º Balanço: 11. Principais diferenças entre os modelos; 12. O direito de escolha do modelo de governo; 13. Plasticidade e equivalência funcional dos modelos.*

§ 1.º **Introdução**

1. ***Apresentação do tema***

I. O regime dos modelos típicos de governo das sociedades anónimas constitui uma das áreas mais profundamente afectadas com a reforma de 2006 do Código das Sociedades Comerciais.

---

* Director do Departamento Internacional e de Política Regulatória da CMVM. As opiniões aqui expressas são-no a título exclusivamente pessoal.

Os renovados dispositivos revelam alguns dos objectivos da reforma, confessados ao longo do processo legislativo. A ampliação da autonomia estatutária manifesta-se no alargamento do elenco de modelos e sub-modelos possíveis, adiante apreciados, bem como na permissão de órgãos com número par de titulares. A intenção de reforço da eficácia da fiscalização, por seu turno, concretiza-se no estabelecimento de exigências gerais de qualificações dos membros de órgãos de fiscalização (artigo 414.º, n.º 3), no robustecimento da sua independência (artigos 414.º, 414.º-A, 423.º-B, n.ºs 3 a 6, 434.º, n.º 4), na permissão conferida a estes de contratação de peritos [artigos 421.º, n.º 3, 423.º-F, alínea *p*) e 441.º, alínea *p*)] e na supressão de número máximo dos membros dos órgãos de fiscalização. A reformulação do Código nesta vertente surge, além disso, complementada pela importante densificação do conteúdo dos deveres dos membros dos órgãos sociais – não apenas os administradores (artigos 64.º, n.º 1, 72.º, n.º 2, 393.º, n.º 1 e – no tocante ao presidente da comissão executiva – artigo 407.º, n.º 6) e os membros dos órgãos de fiscalização (artigo 64.º, n.º 2, 441.º-A), mas também dos membros da mesa da assembleia geral (artigo 374.º-A)[1] e do secretário (artigo 446.º-B). Anote-se, ainda, que as novidades legislativas no âmbito dos modelos de governação incidem nas sociedades de grande dimensão e cotadas de modo diferenciado em relação ao que sucede quanto às pequenas sociedades; aquelas recebem a aplicação de normas injuntivas que obrigam à inclusão de membros dos órgãos de fiscalização independentes, ao passo que estas são dotadas de uma maior liberdade de escolha dos modelos e na composição dos órgãos sociais, como veremos.

II. Na acepção aqui utilizada, modelos de governo são fórmulas matriciais de organização da administração e fiscalização de sociedades anónimas. O desenho legislativo de cada modelo compreende o elenco, a composição e as competências dos órgãos sociais e a posição jurídica dos seus membros.

Esta estruturação tipológica dos órgãos de administração e de fiscalização mostra implicações decisivas na distribuição de poderes dentro da

[1] Esta constitui, de resto, uma feição marcante da reforma de 2006. Reenvia-se, para desenvolvimentos, para MENEZES CORDEIRO, *SA: Assembleia Geral e Deliberações Sociais*, Coimbra (2007), 45-81. Antes da reforma, um texto de referência é o de PEDRO MAIA, *O presidente das assembleias de sócios,* in IDET, *Problemas de Direito das Sociedades,* (2002), 421-468.

sociedade. O modelo de governo afecta o processo decisório da sociedade, condicionando a medida de influência dos administradores executivos, dos accionistas (dominantes, qualificados ou minoritários) e dos membros de órgãos de fiscalização. Da sua conformação depende a profundidade de avaliação do desempenho societário (mormente, no âmbito do processo de preparação e de aprovação dos documentos de prestação de contas) e o escrutínio sobre actos de potencial conflito de interesses (*inter alia*, transacções entre partes relacionadas fora das condições de mercado ou outros aproveitamentos privados dos benefícios do poder societário). Encarados deste prisma, os modelos de governação previnem, em grau variável, os desvios em relação aos interesses típicos dos accionistas, os comportamentos oportunistas e as simples ineficiências de funcionamento. E servem, na mesma medida, a gestão societária, em resposta a uma complexidade crescente da actividade financeira das sociedades, designadamente em virtude da utilização corrente de instrumentos financeiros derivados.

Assim, mais do que temperar a influência dos actores societários, os modelos oferecem – ou podem oferecer – mecanismos através dos quais tal influência possa ser sindicada[2], através da adequada inter-acção dos *checks and balances* societários.

2. *A superação do quadro dicotómico tradicional*

I. Não é apenas em Portugal que o tema dos modelos de governação tem sofrido evolução. No plano do direito comparado, a taxinomia dos modelos de governo tem-se revelado um tema crescentemente difícil de retratar. O problema reside em que as classificações terminológicas mais utilizadas têm assentado em categorizações binárias que se mostram patentemente desajustadas. Por esse motivo, a abordagem dos modelos de governo societário nacionais supõe um esclarecimento terminológico prévio.

---

[2] Como sentencia lapidarmente o código de governação britânico: *No one individual should have unfettered powers of decision* (FINANCIAL REPORTING COUNCIL, *Combined Code on Corporate Governance*, (2006), Princípio A.2). No mesmo sentido, cfr. a Recomendação da Comissão Europeia n.º 2005/162/CE, de 15 de Fevereiro de 2005, que dispõe que "*no individual or small group of individuals can dominate decision-making*".

II. Usualmente, a questão da estruturação da governação societária é tratada na literatura anglo-saxónica como um problema centrado na configuração da administração (*board models, board structures*)[3].

Esta abordagem decorre do paradigma implícito dominante nos Estados Unidos e no Reino Unido, assente no modelo em que o próprio órgão de administração concentra as funções de fiscalização da sociedade. Tal anda associado à concepção dominante nesses sistemas segundo a qual ao órgão de administração não cabe gerir mas antes fiscalizar a gestão da sociedade (*monitoring function*).

Nos Estados Unidos, tal encontra expressão nos *Principles of Corporate Governance* do *American Law Institute*, aprovados em 1992, que separam cuidadosamente as funções de gestão da sociedade das funções de orientação e controlo da mesma, confiando aos administradores apenas esta última[4] – autonomização de resto obedecida pela jurisprudência[5]. No Reino Unido, foi pioneiro o Relatório Cadbury ao assinalar ao órgão de administração as funções de liderança e de controlo do negócio, subli-

---

[3] A título de exemplo: KLAUS HOPT/PATRICK LEYENS, *Board Models in Europe. Recent Developments of Internal Corporate Governance Structures in Germany, the United States, France, and Italy*, ECGI Law Working Paper n. 18/2004 (2004); MARCO BECHT/PATRICK BOLTON/AILSA A. ROELL, *Corporate Governance and Control*, (2002), ECGI – Finance WP n.° 2 (2002), 41-45. A origem do conceito de *board* encontra-se na prática da reunião do órgão de administração das *companies* primitivas em torno de uma tábua de madeira (*board*), por falta de mobiliário, muito dispendioso na época. A única cadeira então disponível era reservada para o presidente do órgão (o *chair-man*). Cfr. ROBERT MONKS/NELL MINOW, *Corporate Governance*[2], (2001), 165.

[4] AMERICAN LAW INSTITUTE, *Principles of Corporate Governance: Analysis and Recommendation,* St. Paul, §§ 3.01 e 3.02. Fundamental, no contexto norte-americano, foi o contributo de MELVIN EISENBERG, que desempenhou um papel influente como relator dos Princípios de Corporate Governance do *American Law Institute*. Cfr., do autor, *Legal models of management structure in the modern corporation: officers, directors, and accountants*, *California LR* 63 (1975) 375-403 (texto republicado em *The Structure of the Corporation: A Legal Analysis*, Boston/Toronto (1976)); Id., *The Board of Directors and Internal Control*, *Cardozo LR* vol. 19 (1997), 237-264. Consulte-se ainda WILLIAM J. CARNEY, *The Monitoring Board, Duties of Care, and the Business Judgment Rule*, in AA.VV., *The American Law Institute and Corporate Governance. An Analysis and Critique*, National Legal Center for the Public Interest, (1987), 111-137; FRANKLIN GEVURTZ, *Corporation Law*, St. Paul (2000), 179-180; LAWRENCE MITCHELL, *The Trouble with Boards*, George Washington University Law School, (2005) <http://ssrn.com/abstract=801308>; EDWARD B. ROCK, *America's Fascination with German Corporate Governance*, *AG* n.° 7 (1995), 292-293.

[5] JAMES COX/THOMAS LEE HAZEN, *Corporations*[2], New York, (2003), 136-ss.

nhando o papel dos administradores não-executivos no exercício das funções de fiscalização[6].

Como se sabe, é diversa a experiência alemã, cujo modelo típico de governação postula a coexistência entre um órgão executivo (o *Vorstand*) e um órgão fiscalizador (o *Aufsichtsrat*), sendo que em algumas situações ao órgão fiscalizador pode ser sujeita a aprovação de algumas decisões de gestão[7]. Seja em virtude desta competência eventual e acessória ou por pura simplificação linguística, a literatura anglo-saxónica trata ambos os órgãos como *boards* fazendo corresponder à terminologia germânica a distinção entre o *managing board* (ou *executive board*) e o *supervisory board*. Daqui decorre também a utilização indeferenciada do termo "*director*" para designar os membros de órgãos sociais – qualquer que seja a sua natureza – contrapondo-se os *managing directors* aos *supervisory directors*.

É a esta luz que surge a contraposição entre os *boards* monocéfalos e os *boards* bicéfalos: respectivamente, os *one-tier boards*, ilustrados de modo central nas experiências britânica e norte-americana, e os *two-tier boards*, ilustrados no exemplo típico germânico.

III. Este quadro terminológico enfrentaria um teste severo perante o modelo tradicional português de governação, que postula a existência de conselho de administração e de conselho fiscal[8]. Com efeito, são notórias as hesitações dos comparatistas em relação ao modelo português clássico entre a sua qualificação como *one-tier board system* ou como *two-tier board system*. Eddy Wymmersch coloca este sistema na galeria dos *two-tier board systems*, considerando o conselho fiscal como parte do *board*[9]; pelo contrário, Klaus Hopt, bem como um estudo comparativo

---

[6] *Report of the Committee on the Financial Aspects of Corporate Governance*, London, (1992), 4.1, 4.10-4.17 (equivalentes, *grosso modo*, às regras ulteriormente desenvolvidas nos capítulos A e C do *Combined Code on Corporate Governance*, cit.). Cfr. ainda ADRIAN CADBURY, *Corporate Governance and Chairmanship*, cit., 36; PAUL DAVIES, *Unternehmensführung in Großbritannien und Deutschland: Konvergenz oder fortbestehende Divergenz?*, *ZGR*, (2001), 270-286 (282-283).

[7] § 111 (4) AktG.

[8] Explicitar-se-ão adiante os casos em que, na base da previsão dos artigos 390.º, n.º 2 e 413.º, n.º 2, o conselho de administração pode ser substituído por administrador único e o conselho fiscal por fiscal único: cfr. *infra*, § 2.º.

[9] EDDY WYMEERSCH, *A Status Report on Corporate Governance Rules and Practices in Some Continental European States*, in KLAUS HOPT/HIDEKI KANDA/MARK ROE/EDDY WYMEERSCH/STEFAN PRIGGE, *Comparative Corporate Governance. The State of the Art and the Emerging Research*, (Oxford), (1998),1134.

elaborado para a Comissão Europeia em 2002, não deixam de reconduzir este modelo nacional a uma estrutura unitária da administração[10].

A descrita flutuação terminológica não se deve ao pobre grau de conhecimento do direito societário português além-fronteiras[11]; demonstra sobretudo as limitações da classificação mais popularizada na literatura estrangeira.

A contraprova obtém-se a partir da mesma inadequação desta classificação em outros sistemas jurídicos. Tal contraposição dificilmente se ajusta em modelos semelhantes ao modelo nacional clássico, tal como os vigentes em Itália, na América Latina[12] e no Japão[13]. Em todos estes países a fiscalização societária pode ser confiada a um órgão externo ao conselho de administração (o que, à míngua de melhor, recebe usualmente a tradução anglo-saxónica de *board of auditors*).

Neste sentido, é sintomático o recente relatório da *International Organization of Securities Regulators* (IOSCO) sobre administradores independentes, que assume directamente a existência de órgãos de fiscalização designados por accionistas (*board of auditors*), em Portugal e

---

[10] KLAUS HOPT, *The German Two-Tier Board: Experience, Theories, Reform*, in KLAUS HOPT/HIDEKI KANDA/MARK ROE/EDDY WYMEERSCH/STEFAN PRIGGE, *Comparative Corporate Governance. The State of the Art and Emerging Research*, Oxford, (1998), 228; WEIL, GOTSHAL & MANGES, *Comparative Study of Corporate Codes Relevant to the European Union and Its Member States*, (2002), 76-77.

[11] O qual desconhecimento, diga-se de passagem, é por vezes alimentado por descrições inexactas do regime societário português. Sirva de exemplo o quadro-síntese apresentado na obra KAREL VAN HULLE/HARALD GESELL, *European Corporate Law*, cit., em que a estrutura de governação (*board structure*) para sociedades anónimas em Portugal é descrita desastradamente como sendo "*one-tier; two-tier if capital exceeds 200.000 euros*".

[12] OECD, *White Paper on Corporate Governance in Latin America*, (2003), com indicações críticas quanto à eficácia destas estruturas na América do Sul, dado o seu défice de recursos, de informação e de independência (27). Em contraste, alguns exemplos de práticas bem sucedidas na mesma zona geográfica são relatadas através de INTERNATIONAL FINANCE CORPORATION/OECD, *Case Studies of Good Corporate Governance Practices. Companies Circle of the Latin American Corporate Governance Roundtable*, (2005).

[13] No Japão vigora uma permissão de escolha entre um modelo unitário de administração e uma administração vigiada por *kansayaku* – membros do órgão de fiscalização encarregues de vigiar o desempenho da administração. Cfr. OECD, *Corporate Governance – A Survey of OECD Countries*, (2004), 89, 107; RONALD GILSON/CURTIS MILHAUPT, *Choice as Regulatory Reform: The Case of Japanese Corporate Governance*, ECGI Law WP n.º 22 (2004), 8-10.

nos países mencionados, como *tertium genus* nas tipologias organizativas de governação societária[14].

Mais importante ainda é o reconhecimento feito na Directiva n.º 2006/43/CE, de 17 de Maio de 2006, sobre auditoria, que admite que o órgão de fiscalização seja composto por membros directamente designados pela assembleia geral, a par da composição por membros da administração não executivos e por membros de um conselho geral e de supervisão[15].

IV. Não pode afirmar-se que o panorama português seja exemplar na utilização de terminologia atinente a este tema. Usualmente, como é sabido, utiliza-se a distinção entre modelo monista e modelo dualista para catalogar os sistemas de administração e de fiscalização.

Porém, a terminologia modelo monista aplicada ao sistema que compreende conselho de administração e conselho fiscal não se ajusta à circunstância de este modelo implicar dois órgãos. Por outro lado, a referência do modelo dualista contrastava com o facto de este pressupor não dois, mas três órgãos. Merece referir que Raúl Ventura foi dos poucos nomes a chamar a atenção para a inadequação da terminologia que foi popularizada entre nós[16].

Se encararmos este quadro terminológico tal como se prefigurava antes da reforma, a única forma de resgatar a sua validade seria a de considerar que a qualificação incide sobre a estrutura de fiscalização, pois esta concentra-se em um órgão no caso do modelo dito monista e reparte-se em dois órgãos no modelo referenciado como dualista.

A ser assim, porém, advirta-se que estamos no pólo oposto ao convénio terminológico subjacente à literatura anglo-saxónica – que, como

---

[14] IOSCO TECHNICAL COMMITTEE TASK FORCE ON CORPORATE GOVERNANCE, *Report on Board Independence*, (2007), 3, 6.

[15] Artigo 41.º, n.º 1 da Directiva n.º 2006/43/CE, de 17 de Maio de 2006 (JO L 157, de 9.6.2006).

[16] RAÚL VENTURA, *Novos Estudos sobre Sociedades Anónimas e Sociedades em Nome Colectivo*, Coimbra, (1994), 12 ("*esta terminologia pode ser adequada para outros ordenamentos, como por exemplo o francês, mas não para o português, onde existem obrigatoriamente dois órgãos*"). Neste contexto é nítido e revelador o embaraço de ENGRÁCIA ANTUNES, que traduz o modelo clássico como um *two-tier system*, contrapondo-o ao modelo de inspiração germânica, designando-o – de modo contraditório – como "*three-tier system ("dual model")* (*An Economic Analysis of Portuguese Corporation Law – System and Current Develpoments*, texto de base à intervenção na conferência "*Corporate Law Reforms in Europe and Law and Economics Methodology*" (2004) in www.unibocconi.it/dirittocommerciale, 36-37).

notado, assenta a sua perspectiva na administração e não na sua fiscalização externa. O ponto é relevante, porque denota um desencontro terminológico por disparidade de referentes jurídico-culturais.

V. Se antes da reforma o quadro terminológico em sede de modelos de governação já deveria ser reapreciado, tal necessidade agudiza-se claramente com a entrada em vigor do Decreto-Lei n.º 76-A/2006, de 29 de Março.

De uma banda, quanto à estrutura do órgão de fiscalização, o modelo clássico passa a decompor-se em três principais sub-modalidades (artigo 413.º, n.º 1)[17] – e uma destas supõe a autonomização entre conselho fiscal e revisor oficial de contas, inexistindo nesta a fiscalização monista antes inevitável na modalidade mencionada na alínea *a*) do n.º 1 do artigo 278.º.

De outra banda, entra em cena um novo modelo, caracterizado por concentrar as funções de fiscalização e de administração no órgão de administração, de onde é emanada a comissão de auditoria. Em relação a este, é preferível rejeitar a tentação de o qualificar como modelo monista, já que é a própria lei a esclarecer que a comissão de auditoria, embora constituído por administradores, constitui um órgão autónomo (artigo 423.º-B, n.º 1)[18].

Neste quadro, a classificação que apresenta maiores vantagens é a que se socorre do critério da origem geográfica dos modelos. Este é, aliás, o principal critério que subjaz à arrumação comparatística das famílias de direitos[19]. No entanto, neste caso esta matriz classificatória não pode ser acolhida em toda a sua extensão.

Em causa está sobretudo a vulnerabilidade dos modelos de governação a adaptações normativas, seja por efeito da permeabilidade a orientações políticas conjunturais, seja em virtude da juventude do tratamento dogmático correspondente, seja ainda em resultado da influência de experiências provindas de outros sistemas jurídicos. A dificuldade em

---

[17] Cfr. *infra*, 16.

[18] Diversamente, porém: Calvão da Silva, *"Corporate Governance" – Responsabilidade civil dos administradores não executivos, da comissão de auditoria e do conselho geral e de supervisão, RLJ* (2006), 31 (referindo-se ao sistema monista anglo-saxónico); Coutinho de Abreu, *Governação das Sociedades Comerciais,* Coimbra (2006), 33-35 (advogando a designação de modelo monístico).

[19] Mas não o único: v. Konrad Zweigert/Hein Kötz, *Introduction to Comparative Law*[2], (1992), 69-73.

detectar modelos de governação puros é por isso acentuada. Algumas concretizações, abaixo indicadas, permitem ilustrar o exposto.

A persistente instabilidade dos modelos de governação conduz, desde logo, a que o modelo dualista, composto por órgão executivo e conselho geral e de supervisão, não deva ser qualificado como germânico. Assim acontece por três motivos: de um lado, quanto à sua origem, como veremos, o modelo tem raízes históricas mais recuadas do que as encontradas no sistema alemão; de outro lado, diversas intervenções societárias, como é caso da reforma portuguesa de 2006 e da reforma holandesa de 1971, apropriam-se do modelo mitigando largamente as influências provindas do ordenamento jurídico alemão; nomeadamente, as suas concretizações em outros ordenamentos jurídicos não implicam, por regra, a representação de trabalhadores no órgão de fiscalização, o que constitui marca central do modelo na ordem jurídica alemã[20].

Além disso, o modelo com raízes no tráfego norte-americano, pressupondo uma comissão de auditoria, recebeu nesse contexto em 2002 um tratamento legislativo com algumas idiossincrasias, dificilmente extensíveis a outros sistemas jurídicos. É preferível, por isso, tomá-lo como modelo anglo-saxónico, pese embora as diferenças entre o regime consagrado além-Atlântico e o regime em vigor no Reino Unido[21].

Por fim, a qualificação do modelo clássico (postulando a coexistência de conselho de administração e de conselho fiscal) como modelo latino, não se afigurando incorrecta, não pode perder de vista todavia, de um ponto de vista comparatístico, que alguns sistemas jurídicos não latinos facultam a adopção desta estrutura (ex: Japão).

Em resultado desta apreciação, propõe-se a adopção da seguinte terminologia para os modelos típicos de governo das sociedades anónimas consagrados no Código das Sociedades Comerciais: *modelo latino (ou clássico), modelo anglo-saxónico e modelo dualista.*

VI. Os problemas terminológicos relacionados com a dificuldade de qualificação do modelo clássico nacional em confronto com modelos estrangeiros de governação não se manifestam apenas ao nível doutrinário.

É sabido que os diplomas comunitários utilizavam tradicionalmente categorizações binomiais. A tradição parece ter sido iniciada na Proposta de Quinta Directiva de Direito das Sociedades, que nunca obteve aprova-

[20] Cfr. *infra*, 9.

[21] Cfr. *infra*, 7.-8.

ção[22]. E foi continuada, por exemplo, no empobrecedor enunciado do Regulamento n.º 2157/2001, de 8 de Outubro, sobre sociedade anónima europeia, que confere o direito à escolha entre dois modelos de governação possíveis, no pressuposto de que tal esgotaria a constelação de formas organizativas admissíveis[23].

Este quadro apenas foi alterado com a Directiva n.º 2006/43/CE, de 17 de Maio de 2006, sobre auditoria, que permite que o órgão de fiscalização de sociedades cotadas seja composto através de um de três modelos: por membros não executivos da administração, por membros de um conselho de supervisão (*supervisory board*) ou por membros de um órgão designados directamente pela assembleia geral – numa alusão clara, respectivamente, ao modelo anglo-saxónico, ao modelo dualista e ao modelo latino.

Previna-se também que neste quadro emergem igualmente recorrentes dificuldades linguísticas em fontes normativas de direito interno. Vários textos nacionais em transposição de actos normativos comunitários traduzem imperturbadamente *supervisory board* (enquanto câmara fiscalizadora do modelo dualista) por conselho fiscal – desconsiderando as diferenças de regime entre ambas as estruturas orgânicas.

VII. Merece encerrar este ponto com uma nota de síntese. Julga-se ter ficado demonstrado que monismo e dualismo de modelos de governo são expressões com alcance diferente consoante a zona do globo em que são utilizadas. Além da disparidade de realidades para que remetem, são expressões terminológicas incompletas, porquanto se centram na adminis-

---

[22] Referimo-nos à primeira modificação da Proposta de Quinta Directiva, nos seus capítulos III e IV [JO C 240, 9.09.06]; a primeira versão impunha uma organização compreendendo necessariamente um órgão de administração e um órgão de fiscalização [JO n.º C 131, 13.12.1972].

[23] Do preâmbulo do Regulamento, tal como no sétimo considerando da malograda Proposta de Quinta Directiva comunitária [JO n.º C 131, 13.12.1972] consta a indicação (errada, como já demonstrado) de que na Comunidade Europeia há *dois* sistemas diferentes de estruturação da administração de sociedades anónimas; o artigo 38.º, alínea b) concede o direito à opção de entre os dois modelos possíveis. Cfr. THEO RAAIJMAKERS, *The Statute for a European Company: Its Impact on Board Structures, and Corporate Governance in the European Union*, EBOLR n.º 5 (2004), 159-194 (178-180, 188-191), com críticas dirigidas ao pobre aproveitamento que o texto comunitário faz dos avanços em matéria de governação; PETER BÖCKLI, *Konvergenz: Annäherung des monistischen und des dualistischen Führungs- und Aufsichssystems*, in PETER HOMMELHOFF/KLAUS HOPT/ /AXEL VON WERDER, *Handbuch Corporate Governance*, cit., 204-205.

tração (perspectiva anglo-saxónica) ou na fiscalização (perspectiva portuguesa, na leitura aqui proposta) – sendo certo que os modelos de governação devem considerar ambas as vertentes. A fundamentá-lo, basta referir que as grandes falhas de governação, como se revelou nos episódios Enron, Worldcom e Parlamat, não são apenas devidas à actuação do órgão de administração, mas também a deficiências de fiscalização[24].

Ao assentarem numa lógica binária, aquelas designações esquecem que a constelação de formas de governação hoje conhecida em termos comparatísticos orbita essencialmente em torno de uma triologia de modelos: as novidades constantes do Decreto-Lei n.º 76-A/2006, de 29 de Março, limitaram-se a confirmá-lo. Por outro lado, tais expressões geram dificuldades de correspondência linguística, as quais são exponencialmente problemáticas na transposição de textos normativos comunitários.

Estas constituem razões suficientes para evidenciar as insuficiências da contraposição entre monismo e dualismo como quadro classificatório dos modelos de governação.

3. *Tipologia e classificações dos modelos de governo*

I. Um dos traços de continuidade que a reforma societária de 2006 preserva em relação à versão originária do Código das Sociedades Comerciais prende-se com a existência de modelos de governo, designados, na terminologia do artigo 278.º CSC, como modalidades de estruturação da fiscalização e administração.

Os modelos básicos actualmente previstos são os seguintes:

- O modelo *clássico (ou latino)*, compreendendo conselho de administração (ou administrador único) e conselho fiscal (ou fiscal único).

---

[24] Remete-se, quanto ao caso Enron, para JEFFREY GORDON, *What Enron Means for the Management and Control of the Modern Business Corporation: Some Initial Reflections, University of Chicago Law Review* (Summer 2002), e quanto ao caso Parmalat, para FRANCESCO BENEDETTO/SIMONE DI CASTRI, *There is Something About Parmalat (on Directors and Gatekeepers),* Milano, (2005), 5-24. Numa das análises mais conseguidas de diagnóstico sobre as causas dos episódios mencionados, COFFEE alarga as responsabilidades pelos problemas de governação à vigilância externa da sociedade a cargo dos profissionais cuja actuação condiciona o acesso das sociedades ao mercado de capitais (os *gatekeepers* – onde inclui os auditores, advogados e analistas): JOHN COFFEE Jr., *Gatekeepers. The Professions and Corporate Governance*, cit., 15-54.

- O modelo *anglo-saxónico*, que inclui conselho de administração, comissão de auditoria e revisor oficial de contas;
- O modelo *dualista*, postulando a existência de conselho de administração executivo, conselho geral e de supervisão e revisor oficial de contas. Em sociedades de grande dimensão e em sociedades emitentes de valores mobiliários admitidos à negociação em mercados regulamentados, o conselho geral e de supervisão deve incluir uma comissão para as matérias financeiras.

II. Este quadro, por si, não é suficiente se tivermos em conta que dentro de cada modelo pode haver variações relevantes. Interessa, por isso, atender às sub-modalidades previstas na lei em relação a cada modelo típico de governação.

Assim, o modelo clássico por seu turno compreende diversas modalidades, consoante o órgão de fiscalização seja coincidente com o de revisão e conforme se apresente a estrutura da administração e de fiscalização, do que resultam as seguintes possibilidades:

- Quanto à estrutura do órgão de fiscalização, o modelo clássico pode apresentar-se com um órgão de fiscalização colegial (conselho fiscal) ou unipessoal (fiscal único). Havendo conselho fiscal, deve sub-distinguir-se ainda o modelo clássico simplificado, quando envolva conselho fiscal que inclua o revisor oficial de contas na sua composição, e o modelo clássico reforçado, nos casos em que o conselho de administração é fiscalizado por um conselho fiscal e por um revisor oficial de contas que não integre a sua estrutura;
- No tocante à estrutura do órgão de fiscalização, o modelo clássico pode incluir um órgão de administração colegial (conselho de administração) ou unipessoal (administrador único).

Por seu lado, o modelo dualista compreende sub-tipos diferenciados consoante a designação dos membros do conselho de administração executivo seja da competência da assembleia geral ou do conselho geral e de supervisão[25].

No total, considerando conjuntamente os modelos e sub-modelos previstos no Código, computam-se nove modelos de governação possíveis.

---

[25] Cfr. *infra*, 10.

III. A técnica legislativa assenta claramente numa tipologia taxativa de modelos de governação. Resulta, por isso, proibida a adopção de modelos não previstos no artigo 278.º.

A esse propósito, pode questionar-se se é justificada a limitação à autonomia estatutária consubstanciada na regra da tipicidade taxativa de formas de governação.

A pertinência da questão decorre da diversidade de abordagens legislativas detectadas a este propósito. No Reino Unido, por exemplo, não se prescreve qualquer modelo de governo – assentando o tratamento legislativo numa disciplina normativa que prescinde de qualquer referência a modelos. Trata-se de um traço estrutural da abordagem britânica nesta matéria que é continuado no recente *Companies Act* de 2006[26].

Deve no entanto sublinhar-se os méritos da opção mantida no Código das Sociedades nacional. À cabeça, convém notar que a regulação típica de modelos de governo é vantajosa no plano analítico e sistemático, porquanto favorece a clarificação das funções de cada órgão social – permitindo, com à-vontade, que se opere a destrinça entre as funções de direcção, as funções de fiscalização, e as funções de revisão de contas em cada sociedade anónima.

Além disso, graças a esta opção a simples identificação dos órgãos sinaliza externamente o modelo de governação utilizado. Neste sentido, pode afirmar-se que a tipicidade de modelos de governo apresenta a vantagem de favorecer a percepção sobre os modelos de estruturação do poder dentro da sociedade por terceiros – apesar do elevado número de normas permissivas estabelecido no regime actualmente vigente[27]. Daqui se entende a importância de uma utilização rigorosa dos *nomen iuris*

---

[26] Por este motivo, aliás, o Reino Unido optou por não prever qualquer regra sobre modelo dualista na transposição do regime comunitário sobre sociedade anónima europeia – por assentar na premissa da sua admissibilidade à luz do direito vigente. Cfr. PAUL DAVIES, *Unternehmensführung in Großbritannien und Deutschland: Konvergenz oder fortbestehende Divergenz?*, cit., 269, 285; KATHARINA PISTOR/YORAM KEINAN/KEN KLEINHEISTERKAMP/MARK D. WEST, *The Evolution of Corporate Law. A Cross-Country Comparison*, *University of Pennsylvania Journal of International Economic Law*, Vol. 23, n.º 4, (2003), 791-871; MICHAEL EDBURY, *United Kingdom*, in KRZYSZTOF OPLUSTIL/ /CHRISTOPH TEICHMANN (ed.), *The European Company – all over Europe*, Berlin (2004), 320-321. Nos Estado Unidos, o espaço conferido à autonomia estatutária era igualmente generoso na tradição das legislações estaduais, mas a Lei *Sarbanes-Oxley* e as regras que a complementam não denotam idêntica flexibilidade. Cfr. *infra*, 7.

[27] Cfr. o que é dito *infra*, 13., a propósito da elasticidade dos modelos consagrados no Código das Sociedades.

típicos na designação dos órgãos sociais, para tutela da confiança de terceiros.

Aliás, os sistemas anglo-saxónicos que prescindem de referências a modelos são precisamente aqueles em que o panorama de modelos utilizados na prática é menos rico – e em que esta função de sinalização externa do modelo utilizado se revela menos importante. De facto, a tipicidade de modelos comporta uma dupla vertente: uma vertente permissiva (a licitude dos modelos que correspondam a um dos tipos legais) e uma vertente proibitiva (a proibição de tipos que exorbitem o padrão fixado no artigo 278.º). Pode argumentar-se, neste contexto, que a tipicidade, no actual momento histórico, influi sobretudo na primeira das vertentes assinaladas, sendo justificada para alicerçar uma pluralidade efectiva de fórmulas de governação.

Resta ainda referir que ao lado da regra nacional de tipicidade de modelos, sobra um espaço relevante à autonomia estatutária, em duas principais manifestações. A um tempo, não se afasta a possibilidade de estruturas orgânicas adicionais às obrigatoriamente previstas. Nomeadamente permite-se a constituição de estruturas orgânicas atípicas – comissões de remunerações, de nomeações, de governo societário, de risco, de responsabilidade social, entre outras. A outro tempo, mantém-se identicamente a possibilidade de alterar, a qualquer momento, o modelo seguido em cada sociedade (artigo 278.º, n.º 6). Como é sabido, uma vez que a mudança de modelo de governo não importa alteração do tipo social, não são aqui aplicáveis as regras atinentes à transformação de sociedades (artigos 130.º-140.º-A).

IV. O novo quadro dos modelos típicos de governo das sociedades pode ser passível de várias classificações.

Convém distinguir preliminarmente:

- modelos de fiscalização externa; e
- modelos de fiscalização interna.

São dois os modelos que envolvem uma fiscalização através de órgão integralmente externo à administração: o modelo clássico e o modelo dualista. Como modelo de fiscalização interna inclui-se o modelo anglo-saxónico – com a ressalva, já notada, de que em Portugal a comissão de auditoria consubstancia um órgão autónomo em relação ao conselho de administração (artigo 423.º-B, n.º 1).

Outras classificações são possíveis, designadamente a que contrapõe:

- modelos que implicam desagregação entre fiscalização e revisão dentro do órgão de fiscalização;
- modelos a que subjaz uma coincidência entre fiscalização e revisão dentro do órgão de fiscalização.

Segundo este critério, permite esta desagregação – preconizada pela Directiva n.º 2006/43/CE – o modelo clássico reforçado, o modelo anglo-saxónico e o modelo dualista[28]. As competências de fiscalização e de revisão não estão autonomizadas no modelo clássico simplificado.

4. *Traços do regime comuns aos vários modelos*

I. Na sistematização do Código das Sociedades dirigida a sociedades anónimas não se apresenta directamente uma parte geral sobre governação societária. Não obstante, são diversos os pontos comuns na disciplina dos vários modelos, os quais acabam por funcionar como meio de aproximação entre cada um[29].

A comunhão de regimes decorre da utilização de três técnicas distintas:

- a aplicação das regras constantes da parte geral do Código, sobre administração e fiscalização (*maxime*, artigos 64.º e 72.º-ss.);
- as normas remissivas, puras (v.g. artigos 423.º-B, n.º 3, 435.º, n.º 2 e 445.º, n.º 1) ou com adaptações (v.g. artigos 433.º, 434.º, n.º 4 e 445.º, n.º 2); e
- a simples enunciação de regras de conteúdo idêntico (é o caso, *inter alia*, dos artigos 414.º, n.ºs 4 a 6 e 423.º-B, n.ºs 4 e 5).

II. É útil proceder a um recenseamento das regras comuns aos diversos modelos constantes do Título IV do Código.

Há uma fundamental simetria nas competências dos órgãos de fiscalização (420.º, 423.º-F e 441.º) que apenas podem ser destituídos com base

[28] Sobre o sentido e o conteúdo desta segregação funcional, cfr. *infra* 6, III.

[29] O mesmo sucede no regime da sociedade anónima europeia, apesar do já abordado direito à selecção do modelo de governo, como lembra THEO RAAIJMAKERS, *The Statute for a European Company: Its Impact on Board Structures, and Corporate Governance in the European Union*, cit., 180-181.

em justa causa (419.º, n.º 1, 423.º-E – sem paralelo directo no modelo dualista), podendo contratar peritos.

Quanto à composição dos órgãos, tornou-se comum a regra que permite membros de órgãos de número par, bem como a inexistência de número máximo de membros de órgãos sociais, a permitir uma margem de manobra mais generosa na composição quantitativa dos órgãos.

Encontram-se ainda regras harmonizadas no âmbito da remuneração dos administradores (artigos 399.º, 429.º) e dos membros dos órgãos de fiscalização (422.º-A, 423.º-D e 440.º, n.º 3)[30]. Mostram identicamente uniformizadas as disposições referentes nomeação judicial dos administradores (artigos 394.º e 426.º) e sobre exercício de outras actividades por administradores e sobre negócios com a sociedade (artigos 397.º, 398.º e 428.º).

Por fim, embora merecendo ligeiras adaptações, são essencialmente idênticas as regras sobre os temas mencionados no artigo 433.º, a saber sobre: reuniões do órgão de administração; caução; reforma e renúncia dos administradores.

III. De conteúdo comum são, por fim, as normas especiais dirigidas a sociedades emitentes de valores admitidos a mercado regulamentado e a sociedades de grande dimensão, quanto à mesa da assembleia geral (artigo 374.º-A), à caução (artigo 396.º, n.º 3) e quanto à obrigação de existência de um membro independente com conhecimentos em auditoria ou contabilidade (artigos 414.º, n.º 4, 423.º-B, n.º 4, 444.º, n.ºs 2 a 5).

O dever de composição do órgão de fiscalização por membros maioritariamente independentes, aplicável às sociedades emitentes de acções negociadas em mercado regulamentado (423.º-B, n.º 5, 444.º, n.º 6, 446.º-A) que, por seu turno, são apoiadas por secretário (artigo 446.º-A-ss), constitui outro traço transversal aos diversos modelos. Idêntico é, igualmente, o conceito de independência neste contexto empregue (artigo 414.º n.º 5).

IV. O acervo de normas descrito remete usualmente para uma equiparação com o regime tratado inicialmente – o modelo clássico. Este

---

[30] Para uma leitura transversal do novo regime societário, a comprovar a natureza de *insiders* dos membros dos órgãos de fiscalização: José de Faria Costa/Maria Elisabete Ramos, *O Crime de Informação Privilegiada (Insider Trading). A Informação enquanto Problema Jurídico-Penal*, Coimbra, (2006), 62-72.

constitui, assim, o paradigma principal de governação, especialmente na sua vertente reforçada – operando no sistema como uma parte geral encoberta sobre a governação societária das sociedades anónimas. No plano formal, o título da Secção II do Capítulo VI do Título IV (dedicado à fiscalização, e não apenas ao conselho fiscal e fiscal único) corrobora esta conclusão. Merece, por estes motivos, que a análise *ex professo* de cada um dos modelos de governação se inicie precisamente por aqui.

§ 2.º **O modelo clássico**

5. ***Principais etapas de evolução histórica do modelo clássico em Portugal***

I. Em Portugal, o regime do modelo clássico de governação constitui o produto de uma evolução histórica, mais que centenária. A história deste modelo, aliás, até certo ponto confunde-se com a da fiscalização das sociedades anónimas, por ser este o único modelo de governação admissível até à entrada em vigor do Código das Sociedades Comerciais. Esta trajectória é aqui relembrada, através de um magro sumário, nas suas fases principais.

II. O figurino originário assentava num conselho fiscal de sociedades anónimas composto necessariamente por sócios, no mínimo de três titulares. Segundo a Lei de 22 de Junho de 1867, a este órgão competiria: examinar a escrituração; convocar a assembleia geral; fiscalizar a administração da companhia, tendo o poder de assistir às reuniões da direcção quando entender; dar parecer sobre o balanço, o inventário e o relatório da situação comercial, financeira e económica da sociedade.

Embora preocupada com a independência dos membros do conselho fiscal, a disciplina nacional não revelava então qualquer exigência quanto às qualificações dos titulares do órgão de fiscalização. A fiscalização surgia, assim, como um prolongamento do acervo de posições jurídicas associadas à participação social, para acautelar a consistência patrimonial do investimento accionista realizado. Embora com algumas variações introduzidas no Código Comercial de 1888, este sistema perdurou no essencial até 1969.

III. O Código Comercial sofreu entretanto a intercessão do Decreto-Lei n.º 49.381, de 15 de Novembro de 1969, derrogando a disciplina codificada[31]. Este diploma estabeleceu algumas garantias adicionais de independência, nomeadamente: dispensando a condição de sócio para ser membro do conselho fiscal; forçando a inclusão de um revisor no elenco do órgão de fiscalização, ainda que assumisse a forma de fiscal único; prevendo o direito de minorias representando 10% do capital social de nomeação, através do tribunal, de mais um membro efectivo e outro suplente no conselho fiscal; e estendendo a lista de incompatibilidades, de que se destaca a fixação de um número limite de mandatos a poderem ser assumidos por membros do conselho fiscal (cinco)[32].

A possibilidade de fiscal único foi admitida; mas com restrições: estava reservada para sociedades com capital social não superior a 2.500.000$00.

O elenco de funções assinaladas a este órgão foi também feita com maior desenvolvimento que a constante do Código Comercial, mantendo-se no essencial até à reforma de 2006[33].

IV. Na versão primitiva do Código das Sociedades Comerciais – além de consideravelmente ampliado o leque de serviços a poder ser prestado por ROC[34] – contribuiu-se para a uma maior profissionalização do órgão de fiscalização, ao se impor, nas sociedades de estrutura monista, como obrigatória a presença de um ROC no conselho fiscal da sociedade. O órgão de fiscalização era então necessariamente colegial (composto por 3 ou 5 membros) quanto a sociedades de capital social igual ou superior a 20.000 contos – o que cobria praticamente todas as sociedades abertas.

V. Esquema particularmente exigente foi o consagrado na versão originária do Código do Mercado de Valores Mobiliários (1991). Aí se previa que os documentos de prestação de contas devessem ser acompanhados, não apenas da certificação legal de contas rubricada pelos revisores oficiais de contas ao serviço dos emitentes, mas também de relatório

---

[31] PINTO FURTADO, *Código Comercial Anotado*, Volume II, Tomo I, (1986), 421-439.

[32] Artigo 2.°, alínea *g*) do Decreto-Lei n.° 49381, de 15 de Novembro de 1969; não aplicável aos revisores oficiais de contas, em virtude do artigo 39.°, n.° 1 do Decreto-Lei n.° 1/72, de 3 de Janeiro.

[33] É patente a semelhança entre o artigo 10.°, n.° 1 do Decreto-Lei n.° 49.381, de 15 de Novembro de 1969 com o artigo 420.°, n.° 1 CSC.

[34] SUSANA LAGE BARBOSA, *O Revisor Oficial de Contas e o Código das Sociedades Comerciais*, dissert. mestrado, Aveiro (1999), 5-ss.

de auditoria elaborado por auditor exterior a estes[35]. Além de ambiciosa, esta imposição abrangia um amplo leque de entidades – incidindo não apenas sobre emitentes de valores mobiliários cotados em bolsa, mas também sobre entidades envolvidas em ofertas públicas.

A solução, todavia, não viria a vingar. Com efeito, foi considerada muito onerosa para as sociedades[36] e deu lugar a frequentes manobras fraudatórias, nomeadamente envolvendo diversas SROC ligadas à mesma rede de empresas de auditoria.

Por este motivo, procedeu-se à sua revisão em 1997, passando-se a exigir a auditoria de contas de qualquer revisor registado na CMVM, mesmo que pertencente ao órgão de fiscalização da sociedade[37]. Esta modificação legislativa originou ainda a situação bizarra, ainda mantida no presente, de o auditor da sociedade – no caso mais comum de ser membro do conselho fiscal – estar forçado a elaborar duas peças: a certificação legal de contas e o relatório de auditoria[38].

VI. Entretanto, a configuração do sistema de fiscalização modificara-se com a alteração ao Código das Sociedades Comerciais introduzida em 1996, que tornou totalmente aberta a opção entre uma estrutura de fiscalização colegial ou com fiscal único, independentemente do capital social da sociedade fiscalizada[39]. Esta alteração passou igualmente a proibir que o fiscal único seja accionista e exigiu que um dos suplentes do conselho fiscal seja ROC.

---

[35] Artigo 100.°, n.° 1 do Cód. MVM, aprovado pelo Decreto-Lei n.° 142-A/91, de 10 de Abril.

[36] Considerando o sistema francês muito exigente e oneroso, cfr. KLAUS HOPT, *Modern Company and Capital Market Problems. Improving European Corporate Governance after Enron*, ECGI Law Working Paper n.° 05/2002, < http://ssrn.com/abstract_id=356102 >, 46, n. 90.

[37] Artigo 100.°, n.° 1 Cód. MVM, na redacção dada pelo Decreto-Lei n.° 178/97, de 24 de Julho.

[38] A distinção baseia-se fundamentalmente na circunstância de o relatório de auditor incidir sobre quantidade mais extensa de informação que a certificação legal de contas. Esta tem por referência o balanço analítico, a demonstração de resultados líquidos por natureza e o respectivo anexo. O relatório de auditor versa não só sobre estes elementos mas também sobre o relatório de gestão, sobre a demonstração de resultados líquidos por funções (e anexo correspondente) e sobre a demonstração de fluxos de caixa (e anexo).

[39] Em referência está o artigo 413.° do CSC. Paralelamente, deve notar-se uma evolução semelhante no tocante às sociedades anónimas de capitais públicos: o Decreto--Lei n.° 26-A/96, de 27 de Março aboliu os conselhos fiscais em substituição de ROC; e a Lei n.° 14/96, passou a sujeitá-las à fiscalização do Tribunal de Contas.

Além disso, a cumulação de mandatos de titular do conselho fiscal em sociedades do mesmo grupo passou a ser permitida com a alteração à alínea *c*) do n.º 3 do artigo 414.º, introduzida com o Decreto-Lei n.º 238/91, de 2 de Julho, que passou a considerar haver impedimento apenas quando o membro do órgão de fiscalização seja membro do órgão de administração de sociedade em relação de domínio ou de grupo com a fiscalizada.

O órgão de fiscalização deixou de ser necessariamente um órgão colegial, pelo que a coincidência entre a pessoa que efectua a revisão societária das contas e a que presta o trabalho de auditoria passou a poder ser integral.

VII. Merece sublinhar devidamente a importante evolução culminada em 1996: o conselho fiscal, desde o século XIX caracterizado como conselho de accionistas, passou a ser um órgão a poder incluir apenas técnicos; a revisão de contas, aliás, surge apenas pela mão de profissionais que não podem ser sócios (artigo 414.º, n.º 1 CSC). O próprio direito a ser nomeado para órgão de fiscalização que o Código das Sociedades Comerciais prevê em termos gerais, para todos os tipos societários [artigo 21.º, n.º 1, alínea *d*) CSC], acaba por resultar naturalmente diminuído com esta evolução legislativa.

Este traço positivo de crescente profissionalização dos membros do órgão foi, porém, aniquilado com a permissão irrestrita de fiscais únicos, que conduziu a uma diminuição da eficácia do órgão[40] e a um desaproveitamento das competências de fiscalização que não se filiassem na revisão de contas. Relembre-se que desde a disciplina societária oitocentista que era imposto um número mínimo de 3 membros no órgão de fiscalização[41] – e em 1996, em termos irrestritos, o conselho fiscal pôde deixar de ser órgão colegial. Na prática, o órgão de fiscalização pôde passar a ser apenas um órgão de revisão de contas. O cenário era agravado na prática por estar em causa um modelo hegemónico, observado pela quase totalidade das sociedades anónimas. A doutrina jurídica não se

[40] Mantêm actualidade as palavras de RUI ULRICH, para quem era "perigoso o exame por uma única pessoa, que se pode enganar, mesmo de boa fé" (*Sociedades Anónimas e sua Fiscalização,* ROA, (1941), 26-27)

[41] Sendo discutível que o órgão de administração fosse necessariamente colegial: em sentido negativo, perante o Código Comercial de 1888, cfr. RLJ, ano 32.º, 1454-1455.

apercebia do problema: salvo contadas excepções[42], o tema da fiscalização das sociedades não era sequer elegível para ser tratado nos manuais ou nas monografias da especialidade.

O esvaziamento funcional do conselho fiscal era manifesto. Houve quem duvidasse, *de jure condendo*, da possibilidade da subsistência deste órgão[43]. A aptidão do modelo clássico e a eficácia do conselho fiscal estavam, definitivamente, em crise.

6. *A revitalização do conselho fiscal*

I. A reforma de 2006 assume-se como reacção ao quadro descrito, tendo confessadamente procurado promover um esforço de reabilitação do modelo clássico[44]. Trata-se de uma abordagem que merece ser sublinhada, dadas as vantagens reconhecidas no aperfeiçoamento das estruturas de governação vigentes, em detrimento de transposições acríticas de construções estrangeiras.

Este esforço de aprimoramento do modelo clássico acaba por ter efeitos reflexos, já que este é o modelo de fiscalização através de órgão colegial que serve identicamente de referência às sociedades por quotas (artigo 262.º, n.º 1).

II. No cumprimento deste objectivo foi reservado um tratamento separado para o governo das sociedades anónimas de pequena e média dimensão.

Para entendê-lo, convém preliminarmente recordar que a versão originária do Código estabelece uma diferença de tratamento para o governo de empresas de pequena e média dimensão, consoante optem pelo

---

[42] Cfr. os decisivos contributos de MENEZES CORDEIRO, *Da Responsabilidade Civil dos Administradores das Sociedades Comerciais*, cit., 218-224; Id., *Manual de Direito das Sociedades*, Vol. I (2004), 107-114, 769-773, agora complementado, já à luz dos novos dados de direito positivo, no Vol. II, (2006), 749-801; e de ENGRÁCIA ANTUNES, *A Fiscalização das Sociedades Comerciais*, Porto (1997) (monografia de 204 pp., elaborada a pedido do Banco de Portugal – a quem se agradece o respectivo acesso – e infelizmente não publicada).

[43] É visível o distanciamento crítico em relação à figura no *Livro Branco sobre Corporate Governance em Portugal*, (2006), 156-157.

[44] CMVM, *Governo das Sociedades Anónimas – Propostas de Alteração ao Código das Sociedades Comerciais* (2006), 7-15, 27-33.

tipo de sociedade por quotas ou por sociedade anónima. Quando adoptam a forma de sociedade por quotas, estão dispensadas de revisor oficial de contas – no pressuposto de que não se verifiquem os critérios quantitativos fixados no artigo 262.º. Semelhante diferenciação não vigora, porém, para as sociedades anónimas, as quais, seja qual for a sua dimensão, estão sujeitas à certificação legal feita por revisor oficial de contas.

Sucede que a possibilidade de estabelecimento de um tratamento diferenciado entre pequenas e médias empresas, de um lado, e empresas de grande dimensão, de outro lado, tem alicerces no direito comunitário derivado, sem que aí se faça uma discriminação entre sociedades por quotas e sociedades anónimas. Assim, a Quarta Directiva de Direito das sociedades, relativa às contas anuais, permite que o legislador interno dos Estados-membros conceda uma dispensa de certificação legal de contas em sociedades de responsabilidade limitada de pequena dimensão[45] e admite a prestação de informação financeira em termos simplificados para sociedades de pequena e média dimensão[46]. Além disso, a Sétima Directiva de Direito das sociedades permite que o direito interno dos Estados-membros dispense a consolidação de contas de grupos societários de pequena dimensão[47]. Mais recentemente, a Directiva n.º 2006/43/CE, sobre auditoria, que substitui a Oitava Directiva de Direito das sociedades, determina apenas sujeitos ao regime de fiscalização mais exigente as entidades de interesse público – definidas como as sociedades cotadas, as instituições de crédito e as seguradoras, perímetro que pode ser alargado designadamente em função da dimensão das entidades em causa[48].

Neste quadro, a opção legislativa consagrada no Decreto-Lei n.º 76-A/2006 foi a de manter a exigência de certificação legal de contas nas sociedades anónimas de pequena dimensão, tida como importante para acautelar a confiabilidade da informação financeira, de que dependem não apenas os sócios, mas também os credores, os trabalhadores e, na arrecadação de receitas tributárias, o Estado. Manteve-se um traço da disciplina preexistente, que permite que as pequenas empresas que adoptam a forma de sociedade por quotas possam não estar sujeitas à certificação legal de contas (artigo 262.º). Admitiu-se, contudo, em compensação, que as socie-

---

[45] Artigo 51.º da Directiva n.º 78/660/CE, de 25 de Julho de 1978.

[46] Artigos 11.º e 27.º da Directiva n.º 78/660/CE, de 25 de Julho de 1978.

[47] Artigo 6.º, n.º 1 da Directiva n.º 83/349/CE, de 13 de Junho de 1983.

[48] Artigo 2.º, n.º 13 da Directiva n.º 2006/43/CE, de 17 de Maio de 2006. Frise-se que a aplicação do regime de fiscalização a instituições de crédito e seguradoras não é injuntiva (artigo 39.º da Directiva citada), dependendo de opção de cada Estado-membro.

dades anónimas de pequena e média dimensão possam recorrer a uma estrutura de governação simplificada, mantendo em relação a estas a faculdade de optarem pelo fiscal único.

A técnica legislativa agora empregue para estabelecer esta diferenciação entre as sociedades anónimas de pequeno e de grande porte envolveu o recurso a critérios quantitativos reveladores de dimensão, baseados no valor do balanço, no montante das vendas líquidas e outros proveitos e no número de trabalhadores empregados em média [artigo 413.º, n.º 2, alínea *a*)], à semelhança do que o n.º 2 do artigo 262.º determina para as sociedades por quotas – embora, claro está, com valores diversos. A opção contrária, de estabelecer um montante de capital social como critério distintivo, em moldes próximos do que sucede n.º 2 do artigo 390.º, chegou a ser aventada na proposta submetida à consulta pública[49]; mas foi abandonada, por se entender que tratar-se de um critério formal, podendo outrossim estimular uma infra-capitalização artificial das sociedades. Em resultado desta opção, todavia, passámos a dispor de critérios díspares de dimensão para permitir a existência de administrador único (artigo 390.º, n.º 2) e de fiscal único [artigo 413.º, n.º 2, alínea *a*)]. Persiste, por conseguinte, à luz do novo regime[50], a possibilidade de existirem sociedades anónimas que tenham administrador único, mas estão impedidas de ter fiscal único, e vice-versa.

III. O novo regime introduziu um desdobramento do modelo latino, ao estabelecer que esta poderia ser composto por:

- um órgão de fiscalização que acumule as funções de revisão de contas, sendo constituído por conselho fiscal com inclusão do revisor oficial de contas (ou SROC), ou por fiscal único; ou
- um órgão de fiscalização e um órgão de revisão de contas autónomo, consistindo respectivamente num conselho fiscal e num ROC (ou SROC) que não integre a composição daquele.

Pelos motivos expostos, a primeira opção apenas se apresenta como válida relativamente às sociedades de pequena e média dimensão, aferidas pelos critérios da alínea *a*) do n.º 2 artigo 413.º, que não sejam emitentes

[49] CMVM, *Governo das Sociedades Anónimas – Propostas de Alteração ao Código das Sociedades Comerciais*, cit., 28.

[50] Tal como no regime anterior: CMVM, *Governo das Sociedades Anónimas – Propostas de Alteração ao Código das Sociedades Comerciais*, cit., 15.

de valores mobiliários admitidos à negociação em mercado regulamentado. O segundo sub-modelo é obrigatório para sociedades cotadas e de grande dimensão (salvo dominadas totalmente por outra sociedade[51]) que sigam o modelo clássico[52], embora possa ser seguido pelas sociedades que não tenham valores mobiliários admitidos à negociação nem resultem ser de grande porte.

Como se vê, um dos resultados da reforma é o de limitar a concentração de poderes de fiscalização e de revisão de contas no mesmo órgão. A revitalização do conselho fiscal implicou, assim, remeter o revisor da sociedade, no sub-modelo principal, para fora da sua composição[53]. Tal surge em resposta à nova Directiva comunitária sobre auditoria, que determina a necessidade de existência de um órgão encarregado designadamente de fiscalizar a independência do revisor oficial de contas, em particular na prestação de serviços adicionais à sociedade[54]. Sendo certo que não poderia ser o próprio órgão de revisão a fiscalizar a sua própria

---

[51] A delimitação negativa abarca o domínio total directo ou indirecto – valendo aqui, em interpretação do preceito, a mesma solução determinada *expressis verbis* no artigo 483.°, n.° 2.

[52] Sobre o âmbito de utilização deste modelo é devida uma nota, porquanto o sentido decisivo do n.° 2 do artigo 413.° CSC deva ser extraído com a devida ponderação do elemento sistemático na interpretação. Em causa está a norma que consagra a obrigatoriedade do sub-modelo clássico reforçado relativamente às seguintes entidades: "*sociedades que sejam emitentes de valores mobiliários admitidos à negociação em mercado regulamentado e a sociedades que, não sendo totalmente dominadas por outra sociedade que adopte este modelo, durante dois anos consecutivos, ultrapassem dois dos seguintes limites: i) Total do balanço – (euro) 100000000; ii) Total das vendas líquidas e outros proveitos – (euro) 150000000; e iii) Número de trabalhadores empregados em média durante o exercício – 150*". Sucede que o artigo 413.°, n.° 2 deve ser interpretado em conjugação com o n.° 1 e com o artigo 278.° n.° 3 CSC. Com efeito, a restrição normativa apenas vale dentro dos sub-modelos organizativos – o que supõe a escolha (livre) do modelo de governação de base. A obrigação de adopção do sub-modelo clássico reforçado apenas vale nos casos em que a sociedade adopte o modelo clássico. Dito de outro modo, a adopção dos modelos dualista e anglo-saxónico também pode ser escolhida por sociedades emitentes de valores mobiliários e por sociedades de grande dimensão. A confirmação deste entendimento, aliás, obtém-se através do disposto nos artigos 423.°-B, n.° 4 e 444.°, n.° 2, que prevêem regimes especiais dentro dos aludidos modelos dirigidos a sociedades cotadas e de grande dimensão.

[53] Tal não impede que o membro do conselho fiscal independente com conhecimentos em auditoria ou contabilidade designado ao abrigo do artigo 414.°, n.° 4 seja revisor oficial de contas – desde que não seja o responsável pela revisão das contas da sociedade nem seja relacionado com este.

[54] Artigo 41.°, n.° 2 d) da Directiva n.° 2006/43/CE, de 17 de Maio de 2006.

independência (sob pena de auto-revisão), daqui decorre uma obrigatória e saudável segregação entre fiscalização societária e revisão de contas para as sociedades abrangidas pelo texto comunitário. Tenha-se presente, aliás, que os restantes modelos de governo já seguem esta autonomização entre as funções de fiscalização e de revisão de contas.

É oportuno notar que a mencionada segregação funcional entre fiscalização e revisão de contas não impede que alguns poderes funcionais sejam atribuídos conjuntamente ao auditor e ao órgão de fiscalização. Cabem aqui os poderes elementares ligados ao acompanhamento do processo de preparação de informação financeira: a verificação da regularidade dos livros, registos contabilísticos e documentos que lhe servem de suporte; a verificação, quando o julgue conveniente e pela forma que entenda adequada, a extensão da caixa e as existências de qualquer espécie dos bens ou valores pertencentes à sociedade ou por ela recebidos em garantia, depósito ou outro título; a verificação da exactidão dos documentos de prestação de contas; e a verificação se as políticas contabilísticas e os critérios valorimétricos adoptados pela sociedade conduzem a uma correcta avaliação do património e dos resultados. Nem poderia ser de outro modo: a função fiscalizadora agora envolve igualmente um escrutínio sobre o desempenho do trabalho do revisor (artigo 420.º, n.º 2), exercício esse que, para ser dotado de efectividade, pressupõe a atribuição dos descritos poderes funcionais ao órgão de fiscalização[55]. A não ser assim, quedar-se-ia o exercício da auditoria insusceptível de sindicabilidade e controlo na esfera endo-societária, o que é precisamente o que a Directiva n.º 2006/43/CE, no seu âmbito de aplicação, impede. Se nem se reparar, não resulta daqui uma duplicação de órgãos de revisão, porque apenas um órgão pode praticar tal acto societário, contrariamente ao que sucedia entre 1991 e 1995 para as sociedades cotadas[56]. Tão-pouco se vislumbra neste regime uma dupla fiscalização, dado haver tão-só um órgão de fiscalização, em sentido próprio. Sobra, apenas uma atribuição de poderes funcionais relacionados com o processo de relato financeiro a dois órgãos sociais, mas em termos instrumentais ao exercício de funções distintas: a revisão de contas, em uma situação; a fiscalização do revisor e do seu trabalho, em outra. O exposto, aliás, vale não só para o conselho

---

[55] Ligeiramente dissonante é a posição de GABRIELA FIGUEIREDO DIAS, que entrevê aqui um duplo grau de fiscalização: *Fiscalização de Sociedades e Responsabilidade Civil*, cit., 28-29.

[56] Cfr. *supra*, 5.

fiscal no modelo latino reforçado mas também, *mutatis mutandis*, para os modelos dualista e anglo-saxónico.

A disciplina nacional descrita, em virtude dos imperativos comunitários, significa igualmente uma limitação à possibilidade de adopção de fiscal único. Esse constitui outro traço evolutivo que merece inequívoco apoio. Com efeito, esta permissão irrestrita de fiscal único levava a desaproveitar as competências de fiscalização em Portugal, que em alguns aspectos importantes exorbitam a revisão de contas (competência de convocatória de assembleias gerais (artigo 377.º, n.º 1), de divulgação ou arguição de invalidade de deliberações (artigos 57.º e 59.º) e de dar parecer sobre transacções entre partes relacionadas (artigo 397.º), para as quais os revisores não estão vocacionados. O fiscal único, além disso, acumulava as desvantagens que, em geral, são próprias dos órgãos sociais de composição unipessoal: a maior vulnerabilidade a impedimentos por motivos de natureza pessoal; a maior probabilidade de diminuição de independência no exercício das suas funções; e o não aproveitamento de pessoas com valências diversas na composição do órgão.

IV. Actualmente, de entre as diversas opções de governação possíveis, o modelo clássico é o que admite mais variações, podendo haver:

– Quanto ao órgão de administração: administrador único (em sociedades cujo capital social que não exceda 200.000 euros) ou conselho de administração;
– Quanto ao órgão de fiscalização: fiscal único ou conselho fiscal no modelo simplificado (ambos apenas permitidos em sociedades que não tenham valores mobiliários admitidos à negociação nem resultem ser de grande porte) ou, ainda, conselho fiscal no modelo reforçado.

Do cruzamento das várias hipóteses resultam daqui, em suma, seis possíveis sub-modelos. Todos estão abertos às pequenas sociedades anónimas.

V. Cumpre observar, em derradeira nota, que em caso de sociedades cujo capital social que não exceda 200.000 euros o modelo clássico admite administrador único (artigo 390.º, n.º 2), o que é vedado no modelo anglo-saxónico (artigo 423.º-B, n.º 2) – mas admitido no modelo dualista (artigo 424.º, n.º 2).

Como regra geral, acima da mencionada fasquia de capital social é permitido que a composição do órgão de administração inclua, como mínimo, dois titulares (artigo 390.º, n.º 2 *a contrario sensu*). Quando o órgão for composto pelo número mínimo, e sempre que o número de titulares do órgão for par, o presidente do conselho de administração tem voto de qualidade [artigo 395.º, n.º 3, alínea *a*)], para evitar bloqueios decisórios. Não se vislumbram motivos para discordar desta solução: o alargamento da liberdade de escolha na composição quantitativa do órgão de administração – incluindo órgãos com dois administradores, em que um detenha influência preponderante por virtude do voto de qualidade – surge como contrapeso geral e natural do robustecimento da eficácia da fiscalização promovido pela reforma de 2006.

§ 3.º **O modelo anglo-saxónico**

7. *Experiências próximas em ordenamentos jurídicos estrangeiros: os* audit committees

I. Um dos legados centrais da reflexão sobre governação societária liga-se à necessidade de aprumo organizativo do órgão de administração, em prol da eficiência societária. Deste ponto de vista, tem sido crescentemente defendida a criação de comissões especializadas dentro do órgão de administração, constituídas por parte dos seus titulares.

Tal permite realizar quatro principais objectivos. O objectivo mais directo é o de libertar os administradores encarregados da gestão corrente de algumas tarefas relativamente às quais possa haver conflito de interesses. Além disso, as comissões criadas no órgão de administração favorecem um funcionamento mais ágil do órgão directivo da sociedade cotada, em atenção ao elevado número de titulares que o compõem; obrigam os administradores não executivos a um contacto mais próximo com o negócio da sociedade; e propiciam um tratamento mais aprofundado dos assuntos, perante a complexidade técnica de algumas matérias com que deve lidar.

Citam-se invariavelmente três exemplos clássicos destas comissões especializadas: as comissões de remunerações[57], as comissões de selecção

---

[57] Não constituindo objecto deste trabalho, diga-se de antemão que a possibilidade de utilização das comissões de remuneração como sub-comités do órgão de administração

de novos administradores e as comissões de auditoria[58]. Concentremo-nos nestas.

II. As comissões de auditoria têm uma origem reconhecidamente norte-americana, que se liga de perto à própria história do governo das sociedades. Nos Estados Unidos, os *audit committees* foram introduzidos paulatinamente no tráfego sobretudo na década de sessenta do século passado[59]. Deparam-se porém indicações da *Securities and Exchange Commission* (SEC) a recomendar comissões desta natureza pelo menos desde os anos quarenta[60]. A sua constituição foi objecto de uma recomendação da SEC em 1972, adiantando esta autoridade reguladora que as comissões deveriam ser compostas de administradores não-executivos (*outside directors*)[61]. A atenção conferida a estas comissões só viria a ser largamente ampliada alguns anos mais tarde, com a exigência firmada pela

fica prejudicada entre nós, uma vez que o Código das Sociedades Comerciais atribui à assembleia geral ou a comissão por esta nomeada a competência para fixar os vencimentos (artigo 399.º). Esta seria, aliás, uma solução excelente em termos de governação, porquanto os titulares deste comité não são, neste caso, juízes em causa própria (contrariamente ao que pode suceder nos *remuneration committees* anglo-saxónicos, compostos por administradores não executivos, que usualmente não deixam de fixar a remuneração dos próprios) – não fora a circunstância de o nosso Código ser omisso quanto às regras sobre a composição deste comité. Só a título recomendatório surgem indicações quanto à independência dos titulares do órgão (Recomendação n.º 9 da CMVM: *Os membros da comissão de remunerações ou equivalente devem ser independentes relativamente aos membros do órgão de administração*). Demais, saliente-se que, embora nomeados pela assembleia geral, o comité de remunerações não está forçado a reportar aos accionistas os padrões de remuneração fixados, que são por isso mantidos confidenciais (salvo a divulgação agregada feita por força do Regulamento da CMVM n.º 7/2001).

[58] Por todos, *vide* os Princípios da OCDE sobre Governo das Sociedades, V.E.1.

[59] Há quem reconheça antecedentes ao *audit committee* na estrutura de fiscalização da *Society for Establishing Useful Manufactures* cuja constituição foi autorizada em 1791 em New Jersey (Robert Monks/Nell Minow, *Corporate Governance*[2], cit., 165-166); mas os seus membros não eram administradores.

[60] Securities and Exchange Commission, *Accounting Series Release* n. 19 (5 Dez 1940) citado por Melvin Eisenberg, *Legal Models of Management Structure in the Modern Corporation: Officers, Directors and Accountants*, cit., 433. Uma célebre fraude contabilística detectada no caso McKesson/Robbins, que foi objecto de uma decisão do Supreme Court de 1938 terá impulsionado estas primeiras iniciativas (segundo reporta Gregory Francesco Maasen, *An International Comparison of Corporate Governance Models*, Amsterdam, (2002), 110).

[61] Securities and Exchange Commission, *Accounting Series Release* n.º 123 (23-Mar.-1972).

NYSE em 1978 para todas as sociedades aí cotadas, no que viria a ser seguida por outras bolsas (AMEX, Nasdaq).

Identicamente, os influentes Princípios de Governo das Sociedades do *American Law Institute*, com vocação unificadora, dedicar-lhe-iam atenção, recomendando que as sociedades com capital disperso – de grande ou pequena dimensão – sejam dotados de comissões de auditoria[62]. Outro sinal significativo viria a ser dado com o resultado de um grupo de trabalho criado pela NYSE e pela *National Association of Securities Dealers* para estudar a sua eficácia: o *Blue Ribbon Committee on Improving the Effectiveness of Corporate Audit Committees* divulgou em 1999 um conjunto de recomendações sobre a independência dos membros da comissão e sobre o controlo da independência dos auditores que viriam a ter influência decisiva no desenvolvimento ulterior desta figura[63].

O passo decisivo viria a ser dado com a exigência de constituição de comissão de auditoria com a Lei *Sarbanes-Oxley*[64]. A Lei Sarbanes-Oxley não obriga em rigor à sua existência: a definição de *audit committee* possibilita a sua substituição por um órgão equivalente, admitindo-se que as regras sobre *audit committees* se apliquem a todo o órgão de administração, no caso de faltar tal comissão (Section 205 (a) (58)). Todavia, a regulamentação da SEC e das bolsas determinou uma expansão ainda mais vigorosa da figura[65]. Note-se que os *audit committees*, de acordo com este regime, devem ser compostos exclusivamente por administradores independentes[66].

Da disciplina norte-americana decorre ainda um regime particularmente exigente (e controverso) quanto à eficácia do sistema de controlo

---

[62] AMERICAN LAW INSTITUTE, *Principles of Corporate Governance: Analysis and Recommendations*, St. Paul, Minn., (1994), § 3.05, § 3A .02.

[63] Cfr. em particular as Recomendações n.os 1, 2 e 7.

[64] MICHAEL GRUSON/MATTHIAS KUBICEK, *Der Sarbanes-Oxley Act, Corporate Governance und das deutsche Aktienrecht*, AG (2003), 340-352, incluindo um confronto entre o *audit committee* e o *Aufsichtsrat* alemão (345-352).

[65] SECURITIES AND EXCHANGE COMMISSION, *Standards Relating to Listed Company Audit Committees, Release* n.º 33-8220; 34-47654; IC-26001.

[66] Cfr. *section* 301 Sarbanes-Oxley Act, solução a merecer apoio do CALIFORNIA PUBLIC EMPLOYEES' RETIREMENT SYSTEM, *Corporate Governance. Core Principles and Guidelines*, 4; mas a merecer crítica, fundada em estudos empíricos sobre a composição da administração, por parte de ROBERTA ROMANO, *The Sarbanes-Oxley Act and the Making of Quack Corporate Governance*, ECGI WP n.º 52 (2004), 13-40.

interno[67], sendo nomeadamente requerido aos auditores que incidam a sua análise também sobre esse sistema – o que envolve indirectamente um escrutínio da actuação do *audit committee* enquanto órgão fiscalizador do sistema de controlo interno[68]. Uma vez que ao *audit committee* cabe, por seu turno, a supervisão sobre os serviços extra-auditoria prestados pelo auditor à sociedade[69], resulta do regime norte-americano uma circularidade do sistema de fiscalização que merece ser notada.

III. A exportação deste modelo para a Europa processou-se sobretudo por influência britânica. No Reino Unido, o Relatório Cadbury de 1992 já se referia estas comissões, recomendando no seu código de boas práticas o seu uso para todas as sociedades cotadas[70]. Esta orientação foi confirmada pelo Relatório Hampel, de 1998. Seguiu-se o *Combined Code*

---

[67] Em referência está a *Section* 404 da *Sarbanes-Oxley Act*, o respectivo desenvolvimento regulamentar pela SEC, e o *Auditing Standard* n.º 2 do *Public Company Accounting Oversight Board* (PCAOB) – de resto, estes últimos revistos recentemente para aplacar as vozes críticas. A controvérsia prende-se com os elevados custos que estes normativos implicaram para as empresas sujeitas a registo segundo o *Securities and Exchange Act*. De entre muitos, cfr. ROBERT C. CLARK, *Corporate Governance Changes in the Wake of the Sarbanes-Oxley Act: A Morality Tale for Policymakers Too*, Harvard Law School, (2005), 8-16, 31-32; STEPHEN BAINBRIDGE, *Sarbanes-Oxley: Legislating in Haste, Repenting in Leisure, UCLA School of Law* (2006), 11-16 (12) (invocando uma estimativa da *Financial Executives International* de custos anuais de 4,7 milhões de dólares por sociedade advenientes da secção 404). O distanciamento europeu em relação a esta solução encontra comprovação recente numa declaração do *European Corporate Governance Forum* sobre controlos internos, onde se consideram desproporcionados os custos inerentes à abordagem norte-americana em relação aos benefícios que visa atingir: EUROPEAN CORPORATE GOVERNANCE FORUM, *Statement on Risk Management and Internal Control,* (Junho 2006), 2.

[68] LAWRENCE CUNNINGHAM, *A New Product for the State Corporation Law Market: Audit Committee Certifications*, Boston College of Law Research Paper n.º 33 (2004), 9-22 (muito crítico quanto às limitações à avaliação empreendida pelo auditor); PIERRE-MARIE BOURY/CRAIG SPRUCE, *Auditors at the Gate: Section 404 of the Sarbanes-Oxley Act and the Increased Role of Auditors in Corporate Governance*, *International Journal of Disclosure and Governance* Vol. 2 n.º 1 (2005), 27-51 (36-37).

[69] Sobre a *Section* 201 da *Sarbanes-Oxley Act* e o respectivo desenvolvimento infra-legislativo, remete-se para ROBERTA ROMANO, *The Sarbanes-Oxley Act and the Making of Quack Corporate Governance*, cit., 41-86; MICHAEL G. ALLES/ALEXANDER KOGAN/MIKLOS VASARHELYI, *Implications of Section 201 of the Sarbanes-Oxley Act: The role of the audit committee in managing the informational costs of the restriction on auditors engaging in consulting, International Journal of Disclosure and Governance* Vol. 2 n.º 1 (2005), 9-26.

[70] *Financial Aspects of Corporate Governance*, (1992), 4.33.-4.38.

em que se obriga as sociedades a justificar as razões por que não adoptam as comissões de auditoria, em aplicação do modelo *comply or explain* à fiscalização de sociedades cotadas[71]. Ao Livro Verde da Comissão Europeia sobre Auditoria de 1996 devem também ser creditadas responsabilidades no reconhecimento da importância desta sub-estrutura[72]. A partir daí, as comissões de auditoria foram objecto de indicações recomendatórias nomeadamente em França[73], na Bélgica[74], na Holanda[75] e na Suécia[76].

Após o episódio Enron, a Comissão Europeia declarou publicamente a intenção de relançar o papel das comissões de auditoria como mecanismo capaz de prevenir irregularidades financeiras[77]. Subsequentemente, a Directiva n.º 2006/43/CE, consagrou a obrigatoriedade de existência de uma dita "comissão de auditoria" em sociedades cotadas. Mas o emprego do termo neste contexto afigura-se falacioso – e neste sentido a tradução oficial portuguesa é objectável[78] –, já que a Directiva não se compromete com o modelo de governação que lhe está subjacente: o diploma comunitário admite indistintamente que este órgão seja composto por membros não executivos da administração (modelo anglo-saxónico), por membros de um *supervisory board* (modelo dualista) ou por membros de um órgão designados directamente pela assembleia geral (numa alusão ao modelo

---

[71] Refira-se complementarmente o apoio à criação de comités de auditoria subscrito por outros textos britânicos: NATIONAL ASSOCIATION OF PENSION FUNDS, *Corporate Governance Code* (2000), § 12; PIRC, *Shareholder Voting Guidelines* (1994, revisto em 2001), p. 7.

[72] JO C 321 28.10.1996, 4.22-4.24.

[73] Relatório Viénot, III.3. Cfr. a propósito OLIVIER AZIÈRES/CAROLE LAMBERT, *Comités d'Audit: Vers un meilleur exercice de la responsabilité des administrateurs*, in *RDAI* n.º 8, (1995), 923-932.

[74] COMMISSION BANCAIRE ET FINANCIÈRE, *Recomendations* (1998), I.B. 4.3; Recomendações da Federação de Sociedades (1998), 4.3.

[75] Peters Report (1997), Recomendação 3.2.

[76] SWEDISH SHAREHOLDERS ASSOCIATION (1999), 1.2.2.

[77] EUROPEAN COMMISSION, *A First EU Response to Enron Related Policy Issues*, (2002), disponível em http://ec.europa.eu/internal_market/company/docs/enron/ecofin_2004_04_enron_en.pdf.

[78] À semelhança das retroversões francesa e alemã, a tradução portuguesa procurou um correspondente linguístico excessivamente literal do termo *audit committee* – comité de auditoria – que fica conotado, de modo enganador, com o modelo anglo-saxónico. Mais apropriada, em comparação, foi a abordagem seguida na tradução italiana da Directiva, que se refugia numa fórmula mais descritiva e neutra (*comittato per il controllo interno e per la revisione contabile*).

latino). Além disso, em relação a pequenas e médias empresas admite que outros órgãos sociais desempenhem as mesmas funções, desde que o presidente desse órgão não seja um membro executivo da administração[79].

IV. Tomando por referência as experiências estrangeiras, os *audit committees* caracterizam-se em atenção a dois critérios: um de carácter orgânico, por referência ao órgão no seio do qual é constituído; e outro recortado por referência às funções que lhe são atribuídas.

Quanto ao primeiro critério, trata-se de uma comissão permanente especializada constituído pelo órgão de administração de entre os seus titulares. Compõe-se exclusivamente de administradores não-executivos – havendo exigências variáveis quanto à sua independência. Por regra reclama-se que estes sejam maioritariamente membros independentes[80] – salvo as soluções mais radicais como do *Sarbanes-Oxley Act* norte-americano[81]. Há bolsas que exigem conhecimentos contabilísticos e financeiros a pelo menos um dos seus membros[82].

Em atenção à delimitação funcional da comissão de auditoria, refira-se que, na sua essência, toma por objecto assegurar a confiabilidade da informação financeira, acompanhando o processo da sua elaboração e fiscalizando em termos independentes o rigor da auditoria incidente sobre esta. Esta comissão serve nesta medida de interligação entre a administração e os auditores. É a esta luz que se entende o conceito de *audit committee* constante da *section* 205 do *Sarbanes-Oxley Act*: *a committee (or equivalent body) established by and amongst the board of directors of an issuer for the purpose of oversseing the accounting and financial reporting processes and audits of the financial statements of the issuer*.

---

[79] Artigo 41.º, n.º 1 da Directiva n.º 2006/43/CE. De igual modo, a recomendação de criação de comissões de auditoria na Alemanha (§ 5.3.2. DCGK) não envolve uma apropriação do modelo anglo-saxónico, mas apenas uma aproximação a uma vertente deste por parte do modelo dualista aplicado no ordenamento jurídico germânico.

[80] Recomendando uma composição maioritária de membros independentes: American Law Institute, *Principles of Corporate Governance: Analysis and Recommendations*, cit., 3.05; Cadbury Report, 4.35 b); Hampel Report, 6.3; D.3.1.; Commission Bancaire et Financière, *Recomendations* (1998), I. B. 4.3. b).

[81] A exigência da totalidade de membros independentes é também estabelecida no *Combined Code on Corporate Governance*, cit., C.3.1 – embora numa lógica de *comply or explain*. Acresce que, segundo esse texto, o *audit committee* pode ser composto apenas por dois membros em caso de pequenas sociedades.

[82] NYSE Rule 303.01. O *Blue Ribbon Committee* também alinhava neste sentido, na sua Recomendação n.º 3.

À comissão de auditoria são também atribuídas funções ligadas à selecção dos auditores, à definição dos termos do seu mandato, incluindo a sua remuneração, ao controlo da sua independência e à vigilância sobre o adequado tratamento contabilístico dos documentos financeiros. Quanto a este último ponto, o Relatório Viénot adianta a explicação útil de que "*não se trata tanto de entrar nos detalhes das contas, mas sobretudo de apreciar a confiabilidade do sistema aplicado para a sua elaboração, assim como a validade das posições adoptadas para as operações significativas*"[83]. Em termos complementares, esta comissão serve de meio de controlar o sistema interno de controlo de riscos da sociedade, constituindo nesse âmbito o elo de ligação entre os auditores internos e os auditores externos.

V. Não pode negligenciar-se que o aparecimento e o desenvolvimento deste modelo se inscreve numa tendência de reforço do papel dos administradores não executivos – e, de modo particular, dos administradores independentes – na governação societária. Os administradores independentes não constituem um fim em si mesmo – mas têm sido reconhecidos como um instrumento de afinamento das sãs práticas de governação. Em causa está a vocação funcional dos administradores não-executivos em reforço de uma gestão adequada de conflito de interesses, nomeadamente em situações críticas (v.g. na pendência de OPAs hostis), na garantia da confiabilidade da informação financeira e do rigor dos controlos internos[84] e, mais latamente, como instrumento de fiscalização do desempenho dos administradores executivos[85].

Esta vocação tem particular importância nas sociedades cotadas, dado o tendencial maior distanciamento entre os accionistas e os detentores dos poderes decisórios na sociedade e, mercê da dispersão da propriedade accionista, a potencial elevada danosidade dos delitos societários aí verificados. Acresce que nesta categoria de sociedades, a pressão de curto prazo (*short-termism*) induzida nomeadamente pela actuação dos analistas e a intensificação dos esquemas remuneratórios dependentes do

---

[83] III.3.

[84] OLIVIER AZIÈRES/CAROLE LAMBERT, *Comités d'Audit: Vers un meilleur exercice de la responsabilité des administrateurs*, cit., 925-926.

[85] REINIER KRAAKMAN, *Der Profissionalisierung des Board*, in DIETER FEDDERSEN /PETER HOMMELHOFF/UWE SCHNEIDER, *Corporate Governance. Optimierung der Unternehmensführungs und der Unternehmenskontrollle im deutschen und amerikanischen Aktienrecht,* Köln, (1996), 136-138.

desempenho societário podem fazer aumentar, conjuntamente, o risco de confiabilidade da informação financeira. Neste cenário, reveste-se de grande utilidade a actuação dos administradores não executivos, sobretudo dos que estão excluídos de conflitos de interesses[86].

O papel dos administradores não executivos nas sociedades cotadas, aliás, foi sublinhado através da Recomendação da Comissão Europeia n.º 2005/162/CE, de 15 de Fevereiro de 2005, que reconheceu a estes actores societários aptidões importantes na fiscalização societária, preconizando nomeadamente a designação de pelo menos uma maioria de administradores não executivos independentes na comissão de auditoria de sociedades cotadas[87].

O decisivo papel fiscalizador desempenhado pelos administradores não executivos nas comissões de auditoria conduz a que se considere haver uma aproximação ao modelo dualista[88]. Para tal contribui igualmente o poder de destituição dos membros executivos da administração que assiste aos membros não executivos, no Reino Unido e nos Estados Unidos, análogo ao poder confiado, no regime alemão, aos membros do órgão fiscalizador (*Aufsichtsrat*) de destituir os membros do órgão de administração executivo (*Vorstand*)[89].

8. *O acolhimento do modelo anglo-saxónico no direito nacional*

I. A qualificação do sistema consagrado nos artigos 423.º-B a 423.º-H como anglo-saxónico deve ser feita *cum grano salis*.

De um lado, deve notar-se que há diferenças não desprezíveis entre os modelos norte-americano e britânico de governação.

---

[86] Para uma ilustração, à luz do ordenamento mobiliário norte-americano, reenvia-se para HILLARY SALE, *Independent Directors as Securities Monitors*, *University of Iowa Legal Studies Research Paper* n.º 05-38 (2006).

[87] Anexo I, 4.1.

[88] HENRY HANSMANN/REINIER KRAAKMAN, *The End of History for Corporate Law*, in JEFFREY GORDON/MARK ROE, *Convergence and Persistence in Corporate Governance*, Cambridge, (2004), 52; COMPANY LAW REVIEW, *Developing the Framework*, London (2000), 3.139; GÉRARD HERTIG/JOSEPH MCCAHERY, *On-Going Board Reforms: One-Size-Fits-All and Regulatory Capture*, ECGI Law Working Paper n.º 25/2005, http://ssrn.com/abstract=676417, 16.

[89] Cfr. *infra*, § 4.º.

Nos Estados Unidos, coexiste usualmente o presidente executivo (*Chief Executive Officer*) com o presidente do conselho de administração (*Chairman*), do que resulta uma liderança da sociedade mais personalizada e melhor remunerada[90], ao passo que no Reino Unido as duas figuras normalmente são autonomizadas[91].

Por outro lado, no Reino Unido, apesar da prática implicar um órgão unitário que inclua administradores não-executivos[92], não se prescreve um modelo por lei, nem resulta proibida a adopção de um modelo que de facto corresponda ao modelo dualista[93].

Frise-se, igualmente, haver elementos introduzidos que configuram claras singularidades nacionais. Há, desde logo, inúmeras diferenças de contexto, nomeadamente quanto à diversa importância da jurisprudência como fonte reveladora do direito societário *off the books*. Além disso, frise-se designadamente que a função do órgão de administração, no direito dos Estados norte-americanos e no direito inglês, envolve o poder de destituição dos administradores executivos[94] – o que contrasta igualmente com a disciplina nacional firmada para o modelo de fiscalização baseado em comissão de auditoria[95]. Por último, são conhecidas as limitações que surgem no contexto norte-americano para a apresentação de propostas pelos accionistas, *in primis* na designação e na destituição de titulares dos órgãos sociais[96].

---

[90] JOHN COFFEE Jr., *Gatekeepers. The Professions and Corporate Governance*, cit., 84-85.

[91] ROBERT MONKS/NELL MINOW, *Corporate Governance*[2], cit., 175.

[92] EILÍS FERRAN, *Company Law and Corporate Finance*, Oxford, (1999), 219.

[93] PAUL DAVIES, *Introduction to Company Law*, cit., 203, informando ademais ter sido detectada a prática da criação, por algumas sociedades, de órgãos executivos de administração, a complementar as estruturas orgânicas que reuniam os membros não-executivos.

[94] MELVIN EISENBERG, *The Structure of the Corporation: A Legal Analysis*, cit., 170; FINANCIAL REPORTING COUNCIL, *Combined Code on Corporate Governance*, cit., A.1.

[95] O poder de destituição dos administradores fiscalizados por parte do órgão fiscalizador apenas existe, em Portugal, no modelo dualista em que a competência de designação seja atribuída ao conselho geral e de supervisão (o que agora não é forçoso que aconteça: cfr. *infra*, § 4.º).

[96] LUCIAN BEBCHUK, *The Case for Increasing Shareholder Power, Harvard Law Review* Vol. 118, n.º 3 (2005), 833-917; SOFIE COOLS, *The Real Difference in Corporate Law between the United States and Continental Europe: Distribution of Powers, Delaware Journal of Corporate Law* Vol. 30 (2005), 698-766 (745-750).

II. A autonomia do modelo anglo-saxónico é clara. É-o, para já, em termos estruturais, já que este modelo confia a fiscalização a membros do órgão de administração, resultando assim numa fiscalização endógena da gestão societária. A autonomia deste figurino revela-se igualmente em termos históricos, em função da origem dos *audit committees*, que é distinta e mais recente que a origem do modelo do conselho fiscal[97]. Mas também quanto ao correspondente regime: retenha-se para já que as competências no modelo anglo-saxónico de fiscalização da assembleia geral (artigos 57.º, 59.º e 377.º, n.º 1), do processo de preparação das contas (artigos 452.º e 453.º) e das transacções entre partes relacionadas (artigo 397.º) não têm paralelo nos poderes confiados aos administradores não delegados ou membros não executivos no modelo clássico. Abaixo ficam documentadas, em detalhe, outras singularidades inerentes ao regime próprio deste modelo[98].

III. O modelo não limita o número máximo de membros da comissão de auditoria, mas estabelece um número mínimo de membros deste órgão. Assim, permite-se que seja superior o número de membros não executivos do que o dos membros executivos – embora não seja vedado o quadro oposto.

Além disso, o Código fixa o número mínimo de membros da comissão de auditoria em três (artigo 423.º-B, n.º 2) – do que resulta proibida a existência de administrador único (artigo 278.º, n.º 5). Porém, não se estabelece número mínimo para os membros executivos.

Uma vez que não se admite que a sociedade possa funcionar sem qualquer membro executivo, resulta que o número mínimo de administradores neste modelo de governação é de quatro – seja qual for o montante do capital social da sociedade. O ponto de vista contrário – que já foi sustentado – pretenderia exigir um mínimo de cinco administradores em sociedades cujo capital social exceda 200.000 euros, implicaria uma interpretação extensiva do n.º 5 do artigo 278.º para chegar a uma pretensa

---

[97] Cfr. *supra*, 7.-8.

[98] Cfr. *infra*, sobretudo 8.VI. Em sentido idêntico, mas perante o direito italiano, cfr. CLAUDIO BISCARETTI DI RUFFÌA/MARIANNA GURRADO, *La Società Europea: un nuovo strumento per investire nell'Europa allargata*, cit., 372, n. 30. Anote-se a posição contrária de MENEZES CORDEIRO, *Manual de Direito das Sociedades*, II, cit., 761; Id., *A grande reforma das sociedades comerciais*, cit., 452, para quem o modelo anglo-saxónico não configura qualquer *tertium genus*, ao se apresentar como um modelo monista.

proibição de administrador único *executivo*. Mas não se vislumbram fundamentos para tal leitura – que assenta implicitamente numa menoridade do estatuto de administrador não executivo, o que é contrário ao espírito da reforma, não podendo aceitar-se[99].

É certo que, à luz das regras vigentes sobre vinculação da sociedade, a existência de sociedades com um único administrador executivo obriga à correspondente adequação por via estatutária, de modo a permitir que o titular executivo possa isoladamente obrigar a sociedade. É hipótese que a previsão do artigo 409.º acolhe sem dificuldade.

IV. O modelo anglo-saxónico não impõe que os únicos membros não-executivos sejam os membros da comissão de auditoria.

Este modelo pode, assim, implicar a existência de outros administradores que não integrem a comissão executiva. Como tal, o sistema admite a concorrência da função fiscalizadora exercida pelos membros da comissão de auditoria e da vigilância exercida pelos membros não executivos que não fazem parte da comissão de auditoria (artigo 407.º, n.º 8).

É clara a vantagem desta permissão, na medida em que abre a porta à existência de outras comissões – concebidas à luz das necessidades de cada sociedade – o que se adequa com as necessidades de especialização dos administrados não executivos. Tratando-se de solução fundada em norma permissiva, podem alternativamente as sociedades com menores recursos optar por não fazer uso da mesma, confinando o elenco de administradores não executivos aos membros da comissão de auditoria[100].

V. Tendo em vista sacrificar ao mínimo a lógica sistemática do Código das Sociedades Comerciais, a técnica legislativa adoptada apoia-se na regulação do conselho de administração constante dos artigos 390.º a 412.º – tratando apenas de indicar em que pontos tal disciplina merece desvios. Para tal tarefa ser facilitada, os normativos referentes ao novo

---

[99] Contra, Paulo Olavo Cunha, *Direito das Sociedades Comerciais*, cit., 460 e 579, considerando que o número mínimo é de cinco membros, por entender que a tal conduz a proibição de administrador único firmada no n.º 5 do artigo 278.º. Tal posição negligencia, porém, que os membros da comissão de auditoria são igualmente administradores (artigo 423.º-B, n.º 1), e não o são apenas *nominalmente*, como parece pretender o autor (op. cit., 460, n. 540).

[100] CMVM, *Relatório Final da Consulta Pública n.º 1/2006 sobre Alterações ao Código das Sociedades Comerciais relativas ao Governo das Sociedades Anónimas*, cit., 7.

modelo foram sistematicamente inseridos entre os regimes dos modelos preexistentes.

Assim, a título de exemplo, a responsabilidade dos membros da comissão de auditoria, pautar-se-á pelo regime mais brando fixado no artigo 407.º, n.º 8, para os administradores não executivos em geral.

Adverte-se, contudo, que esta opção legislativa obriga a que o trabalho interpretativo de articulação entre a parte geral sobre administração e a parte especial sobre fiscalização a cargo de administradores seja efectuado com cautelas.

VI. Os membros da comissão de auditoria têm uma posição jurídica *sui generis*, ao acumularem as funções de administradores e de fiscalizadores da actuação da administração.

Enquanto administradores não executivos, devem ser elementos desafiadores na sociedade, contribuindo para a definição da estratégia da sociedade e colaborando no processo de tomada de decisão nas matérias não delegadas. Por outro lado, enquanto membros de um órgão de fiscalização (autónomo: artigo 423.º-B, n.º 1), e beneficiando do manancial de informação de que dispõem, devem apreciar criticamente as decisões da administração.

A sua intervenção em actos de natureza dissemelhante sujeita-os a regras diversas de responsabilidade consoante os actos em causa: os actos de administração que pratiquem estão submetidos ao regime da responsabilidade dos administradores (artigos 64.º, n.º 1 e 72.º-ss); ao invés, no exercício das suas funções de fiscalização quedam-se disciplinados pelo regime de responsabilidade correspondente (artigos 64.º, n.º 2 e 81.º, que nomeadamente prevê a aplicação remissiva das regras sobre administração).

A predita natureza bicéfala das funções que são cometidas aos membros da comissão de auditoria conduz a que o regime jurídico aplicável em outros aspectos se venha a diferenciar do dos demais administradores. De entre os desvios ao regime geral, compete salientar os seguintes:

- devem ter qualificações e a experiência profissional adequados ao exercício das suas funções (artigo 414.º, n.º 3 *ex vi* do artigo 423.º-B, n.º 6);
- são sujeitos a exigências mais severas de independência em sociedades emitentes de valores mobiliários (artigo 423.º-B, n.ºs 4 e 5);

- a sua remuneração deve consistir numa quantia fixa (artigo 423.º-D, que afasta o regime do artigo 399.º, n.º 2);
- só podem ser destituídos com justa causa (artigo 423.º-E, n.º 1, que se desvia do disposto no artigo 403.º, n.ºs 1, 2 e 5) de acordo com um procedimento próximo do referente ao da destituição dos membros do conselho fiscal (artigo 419.º, n.ºs 2, 4 e 5 aplicável *ex vi* do artigo 423.º-E, n.º 2);
- têm competências de fiscalização (artigo 423.º-F e 423.º-G, n.º 3) em termos mais amplos do que em caso de delegação (artigo 407.º, n.º 8);
- devem reunir pelo menos bimestralmente [artigo 423.º-G, n.º 1, alínea *a*)]; e
- dão parecer autónomo sobre o aumento de capital social deliberado pelo conselho de administração (artigo 456.º, n.º 3).

Em todos estes pontos, o estatuto dos membros da comissão de auditoria difere do dos (eventuais) restantes administradores não executivos. O mesmo sucede em relação ao dever de participar as reuniões da comissão executiva que apreciem as contas de exercício [artigo 423.º-G, n.º 1, alínea *c*)]. Esta atribuição, aliás, não colide com o facto de a competência de aprovação de contas ser indelegável (artigo 407.º, n.º 4); pretende-se aqui forçar a intervenção da comissão de auditoria no acompanhamento permanente do processo de apuramento de resultados financeiros sempre estes que se discutam, nomeadamente para análise de irregularidades pretéritas ou da constatação de desvios significativos às estimativas, que em sociedades cotadas imporá um comunicado correspondente (*profit warning*), ao abrigo do artigo 248.º CVM.

Assim, as normas dirigidas aos administradores que são membros da comissão de auditoria constituem, em termos técnicos, um regime especial: não implicam valorações de fundo contraditórias com o regime comum da administração; apenas traduzem meras adaptações pontuais impostas pela natureza das coisas.

VII. Mesmo fora dos casos em que a lei o prescreve directamente, deve haver um cuidado particular na articulação das regras sobre este modelo de governação com as regras gerais sobre administração.

De um lado, não se encontra proibida a hipótese de designação de membros da comissão de auditoria por minorias, ao abrigo do regime fixado no artigo 392.º. Daqui resulta uma certa diferença do regime anglo-

-saxónico e dualista (artigo 435.º, n.º 3, que remete para o artigo 392.º) em relação ao regime do modelo clássico, segundo o qual a designação por minorias se faz através de designação judicial (artigo 418.º), mas não se crê que tal seja pernicioso.

Não é de surpreender, por outro lado, que venha a constituir prática corrente a designação discriminada de membros suplentes para a comissão de auditoria, em atenção às qualificações específicas dos seus membros. Porém, se todos os membros suplentes designados respeitarem as exigências do artigo 423.º-B, não se alcança motivo para vedar a prática contrária – isto é, de designação genérica de membros suplentes do órgão de administração, sem curar de individualizar os que respeitam à comissão de auditoria.

Outro ponto importante a propósito da designação de membros da comissão de auditoria prende-se com a possibilidade de serem designadas pessoas colectivas. Nesta eventualidade (nomeadamente, em caso de designação de uma sociedade de revisores oficiais de contas como membro da comissão de auditoria), advirta-se que goza de aplicação o dever de nomeação de pessoa singular para o exercício de funções em nome próprio, conforme é regra para os administradores (artigo 390.º, n.º 4 *ex vi* do artigo 423.º-H). Dito de outro modo, é inaplicável o regime do artigo 414.º-A, n.º 4, que dispõe apenas a necessidade de designação de representante em reuniões – o que valerá para o modelo clássico e dualista.

VIII. Os membros da comissão de auditoria não podem ser destituídos sem justa causa (artigo 423.º-E, n.º 1). Este constitui um traço decisivo a sedimentar a liberdade de apreciação dos membros da comissão de auditoria.

Sujeitam-se, todavia, ao regime de substituição por faltas fixado no artigo 393.º. Não há aqui qualquer contradição: o regime da substituição oferece especificidades, ao operar por declaração do órgão de administração, tendo por base um número de faltas que faz presumir, *iuris et de jure*, um incumprimento reiterado dos deveres de disponibilidade – ou, mais grave ainda, o abandono de funções.

A lei não afasta a aplicação do regime de nomeação judicial em caso de impossibilidade de funcionamento do órgão de administração (artigo 394.º). Para tal não acabar por resultar na possibilidade de administrador único e no esvaziamento da comissão de auditoria – ainda que transitório – deve nessa situação o tribunal nomear também o número mínimo de membros desta comissão (três: artigo 423.º-B, n.º 2).

IX. No modelo anglo-saxónico, a designação discriminada dos administradores não executivos é obrigatória (artigo 423.º-C, n.º 2). O mesmo há-de entender-se em relação aos membros executivos – mesmo no silêncio da lei – dado não ser admissível que este modelo funcione sem membros executivos do órgão de administração. Trata-se, nesse sentido, de um caso em que a delegação é obrigatória, imposta *ex lege* pela natureza do modelo.

O rol de matérias indelegáveis permanece o mesmo do que vale para o modelo clássico – o que não contrasta com as funções de fiscalização do processo de preparação de contas, que relevam de um típico processo de auto-controlo.

§ 4.º **O modelo dualista**

9. ***O modelo dualista em ordenamentos jurídicos estrangeiros***

I. A contraposição entre duas câmaras decisórias na estrutura societária tem raízes históricas recuadas, sendo detectável na Companhia Holandesa das Índias Oriental (*Verenigde Oost-Indische Compagnie*, abreviadamente designada por VOC) que foi constituída em 1602. Esta companhia colonial, tida como um dos principais arquétipos da moderna sociedade anónima, passou a incluir a partir de 1623 estruturas de fiscalização, entre as quais uma comissão de nove membros, separada do órgão de administração, encarregada de prestar conselhos à gestão da sociedade e aprovar o relatório anual, tendo para o efeito o direito de assistir às reuniões da administração e de inspeccionar os bens e documentos societários[101].

A criação deste conselho de supervisão, composto pelos maiores sócios, foi determinada pela necessidade de proporcionar um acompanhamento mais próximo das despesas de gestão, da remuneração dos adminis-

---

[101] HENK DEN HEIJER, *De VOC en de Beurs/The VOC and the Exchange*, Amsterdam (2002), 25-28; ELLA GEPKEN-JAGER, *Verenigde Oost-Indische Compagnie (VOC)*, in ELLA GEPKEN-JAGER/GERARD VAN SOLINGE/LEVINUS TIMMERMAN (org.), *VOC 1602-2002. 400 Years of Company Law*, Deventer (2005), 54-58 [que informa sobre a criação, também em 1623, de uma comissão de contabilidade, de composição mais reduzida (57-58)]; KLAUS HOPT/PATRICK LEYENS, *Board Models in Europe. Recent Developments of InternalCorporate Governance Structures in Germany, the United States, France, and Italy*, cit., 2-3.

tradores e do pagamento de dividendos. Tratar-se-ia, pois, de uma clara resposta a problemas de governação: reside aqui, aliás, o relevo histórico desta fórmula organizativa – e não propriamente na sua eficácia ou influência, aparentemente muito reduzidas[102].

II. Na Alemanha, o modelo dualista foi originariamente consagrado na lei através do Código Comercial de 1861. Primeiro crismado como modelo opcional, este evoluiu escassos anos depois para se tornar no modelo obrigatório para as sociedades anónimas, simultaneamente ao reconhecimento normativo da personalidade colectiva das sociedades e, por conseguinte, da liberdade de constituição de sociedades[103]. Assim se manteve no Código Comercial alemão de 1897, na lei das sociedades anónimas de 1937 e na actualmente vigente de 1965[104].

Importante feição do modelo dualista aplicado na Alemanha prende-se com o regime de representação de trabalhadores em sociedades de maior dimensão, segundo as regras de co-gestão introduzidas em 1976[105]. Em função do número de trabalhadores da sociedade, a percentagem de representantes da força laboral no *Aufsichtsrat* pode ser de um terço ou de metade. Este aspecto do regime alemão tem sido sujeito a críticas, ao diminuir o poder dos accionistas na conformação dos órgãos sociais, sendo apto a servir como um obstáculo à eficiência do funcionamento societário do ponto de vista das qualificações, motivação e incentivos dos membros

---

[102] HECKSCHER qualifica como *ilusório* o poder da comissão de acompanhamento da VOC: cfr. ELI HECKSCHER, *The Mercantilism*, trad. inglesa da versão alemã, 2 Vols., Garland Publishing: New York/London, (tradução editada em 1983 do original de 1935), 360-372 (372).

[103] Há estudos historiográficos que consideram que esta opção legislativa reflectida na versão modificada de 1870 do *Allgemeines Deutsches Handelsgesetzbuch* (ADHGB) foi tomada por acidente, dado que o propósito inicial seria alegadamente o de circunscrever a obrigatoriedade do modelo dualista às sociedades em comandita por acções: cfr. JULIAN FRANKS/COLIN MAYER/HANNES WAGNER, *The Origins of the German Corporation – Finance, Ownership and Control*, (2005), ECGI – Finance WP n.º 110 (2005), 4.

[104] Destacam-se, no tratamento do tema: KARSTEN SCHMIDT, *Gesellschaftsrecht*[4], Köln (2004), 804-837; MARCUS LUTTER/GERD KRIEGER, *Rechte und Pflichten des Aufsichtsrats*[4], Köln (2002), 17-50, 65-330; EBERHARD SCHWARK, *Corporate Governance: Vorstand und Aufsichtsrat*, in PETER HOMMELHOFF/MARCUS LUTTER/KARTEN SCHMIDT/ /WOLFGANG SCHÖN/PETER ULMER (org.), *Corporate Governance*, Heidelberg (2002), 75-117.

[105] § 7.º da *Gesetz über die Mitbestimmung der Arbeitnehmer* (MitbestG), de 4 de Maio de 1976.

designados. Ademais, torna muito difícil a aprovação de estratégias empresariais que envolvam uma possível supressão de postos de trabalho; e favorece representantes dos trabalhadores residentes na Alemanha, o que pode ser desajustado em sociedades dominantes de grupos multinacionais[106].

As origens do modelo alemão ligam-se também à influência dos bancos na conformação do domínio societário (embora temperada pela presença dos representantes dos trabalhadores no *Aufsichtsrat*) – quer através da sua participação accionista directa, quer através da sua utilização de instrumentos de representação para participação em assembleia geral emitidos pelos seus clientes – tendência que apenas na última década começa a esbater-se[107].

Retenha-se que o modelo dualista vigente na Alemanha tem sido modernizado através de um conjunto de intervenções legislativas[108], em articulação com o código de governo e das suas sucessivas actualizações[109]. Determinante na planificação e conformação destas modificações

---

[106] Saliente-se que a remuneração dos representantes dos trabalhadores reverte em larga parte para os sindicatos, o que consiste num mecanismo questionável de incentivo a uma fiscalização adequada. Sobre esta discussão, entre muitos, cfr. STEFAN PRIGGE, *A Survey of German Corporate Governance, in* KLAUS HOPT/HIDEKI KANDA/MARK ROE/ /EDDY WYMEERSCH/STEFAN PRIGGE, *Comparative Corporate Governance. The State of the Art and Emerging Research*, cit., 1004-1014; KLAUS HOPT, *The German Two-Tier Board: Experience, Theories, Reform*, cit., 247-248; THEODOR BAUMS/KENNETH SCOTT, *Taking Shareholder Protection Seriously? Corporate Governance in the United States and in Germany*, ECGI WP n.º 17 (2003), 45-46; KATHARINA PISTOR, *Corporate Governance durch Mitbestimmung und Arbeitsmärkte*, in PETER HOMMELHOFF/KLAUS HOPT/AXEL VON WERDER, *Handbuch Corporate Governance*, cit., 157-175.

[107] KLAUS HOPT, *The German Two-Tier Board (Aufsichtsrat) – A German View on Corporate Governance, in* KLAUS HOPT/EDDY WYMEERSCH, *Comparative Corporate Governance. Essays and Materials,* (1997), 10-11 (alegando que a influência dos bancos alemães no governo societário transcende largamente a sua participação nos órgãos de fiscalização); JULIAN FRANKS/COLIN MAYER/HANNES WAGNER, *The Origins of the German Corporation – Finance, Ownership and Control*, cit., 9-10, 20-21.

[108] DIETER FEDDERSEN, *Neuegesetzliche Anforderungen an der Aufsichtsrat*, AG (2000), 385- 396; MARCUS LUTTER/GERD KRIEGER, *Rechte und Pflichten des Aufsichtsrats*[4], cit., 17-20; KARL-HEINZ FORSTER, *Zum Zusammenspiel von Aufsichtsrat und Abschlussprüfer nach dem KonTraG,* AG (1999), 193-198; ULRICH NOACK/DIRK ZEZTSCHE, *Corporate Reform in Germany: The Second Decade*, CBC Düsseldorf, (2005), 6-48.

[109] *Deutscher Corporate Governance Kodex* (DCGK), cuja última versão, datada de Junho de 2006, se encontra disponível em http://www.corporate-governance-code.de .

foi o Relatório da comissão sobre governo das sociedades constituída sob impulso governamental e presidida pelo Professor Theodor Baums, contendo quase centena e meia de recomendações de intervenção normativa, das quais uma porção relevante se liga, directa ou indirectamente, ao *Aufsichtsrat*[110]. Daqui decorreu um fortalecimento dos poderes de fiscalização do conselho geral e de supervisão e uma agilização do seu funcionamento, nomeadamente através do afinamento dos fluxos informativos na sociedade e dos estímulos às comissões constituídas no seio do órgão de fiscalização[111]. Não é seguro, para já, que as alterações venham a projectar-se igualmente no tradicional regime de representantes dos trabalhadores no órgão de fiscalização.

III. O modelo dualista distingue-se por cindir as competências de gestão e de supervisão em órgãos diversos. A primeira cabe ao conselho de administração executivo, ao passo que a fiscalização é atribuída ao conselho geral e de supervisão. No figurino actual, a este cabe a designação dos membros do órgão executivo e a sua destituição, podendo haver destituição com justo fundamento antes de terminado o mandato[112]. Para regular funcionamento deste modelo, os membros do órgão executivo não podem fazer parte do órgão fiscalizador – e vice-versa.

A estanquicidade desta separação não é, contudo, absoluta dadas as possibilidades de aprovação por parte do conselho geral e de supervisão de actos importantes na gestão da sociedade que sejam especificados nos estatutos ou solicitados pelo órgão de fiscalização[113]. Tal leva a que este órgão assuma também uma vocação consultiva em relação ao órgão de administração[114].

IV. Após a recepção legislativa alemã, o modelo dualista foi consagrado em outros sistemas jurídicos, embora com adaptações. A participação obrigatória dos trabalhadores no órgão de fiscalização constitui

---

[110] *Bericht der Regierungskommission Corporate Governance* (2001).

[111] Reenvia-se para o § 5. DCGK.

[112] § 84 AktG. Frise-se que em finais do século XIX e a lei das sociedades anónimas de 1937 a designação podia igualmente ser feita directamente pelos accionistas. Cfr. *infra*, 10.

[113] § 111 (4) AktG.

[114] A confirmação deste traço do regime é obtida através do § 5.1.1. DCGK. Sobre o tema, veja-se ainda Marcus Lutter/Gerd Krieger, *Rechte und Pflichten des Aufsichtsrats*[4], cit., 36-39.

uma característica quase invariavelmente recusada – salvo no caso da Áustria, em que se exige que um terço do conselho geral e de supervisão seja composto por representantes dos trabalhadores[115].

Neste âmbito, merece ainda uma breve referência o modelo dualista consagrado na Holanda, dado que assume feições particulares. Segundo o direito holandês, as sociedades de responsabilidade limitada podem, pela sua dimensão, estar forçadas a seguir o regime estrutural ("*Structuur-model*") que envolve necessariamente a obediência ao modelo dualista. Além de contar com um órgão consultivo com representantes dos trabalhadores ("*Ondernemingsraad*"), este modelo caracteriza-se por envolver a atribuição de poderes acentuados ao conselho geral e de supervisão, em detrimento das competências da assembleia geral. Ao órgão de fiscalização são confiados poderes decisórios em matérias relevantes como a emissão de acções ou de outros valores mobiliários, o estabelecimento de parcerias estratégicas significativas, a designação e destituição dos membros do órgão de administração e dos candidatos a figurar no próprio órgão de supervisão. Esta magnitude de poderes, de que se destaca a ampla possibilidade de influenciar a designação de membros, foi em certa medida mitigada numa reforma recente, que procurou equilibrar os poderes da assembleia geral ante os poderes dos membros do órgão fiscalizador[116]. Ainda assim, persistem traços do regime que determinam uma influência decisiva dos membros do órgão de fiscalização na eleição dos seus membros, propiciando uma perpetuação da manutenção em funções dos titulares do órgão de fiscalização, o que não tem paralelo conhecido no direito comparado[117].

---

[115] Em referência está o § 110 da *Arbeitsverfassungsgesetz* (ArbVG) austríaca, de 14 de Dezembro de 1973.

[116] Cfr. as alterações introduzidas aos artigos 158 e 161a do Código Civil holandês através da Lei de 9 de Julho de 2004, publicada no *Staatsblad* (2004), 370, onde se permite nomeadamente que a proposta apresentada pelo órgão fiscalizador possa ser rejeitada através de voto maioritário da assembleia geral representando um terço do capital social (artigo 158, n.º 9); mas nesse caso é o órgão fiscalizador que deve apresentar nova lista de candidatos.

[117] Abe de Jong/Ailsa Röell, *Financing and Control in the Netherlands. A Historical Perspective, in* Randall K. Morck, *A History of Corporate Governance around the World*, Chicago (2005), 473-474, 488-489; Gregory Francesco Maasen, *An International Comparison of Corporate Governance Models*, cit., 144-175.

10. *O acolhimento do modelo dualista no direito nacional*

I. Em Portugal, contrariamente ao que sucedeu na Alemanha, o modelo dualista nunca foi obrigatório, nem procurou vez alguma envolver os representantes dos trabalhadores na governação societária. Foi previsto como modelo opcional logo na versão originária do Código das Sociedades, no que constituiu, à época, uma das novidades relevantes do diploma.

Nos primeiros anos de vigência do Código das Sociedades Comerciais, houve algumas sociedades atraídas pelo modelo dualista. Mas cedo a maioria desistiu da experiência, alterando o seu modelo de governo em benefício do modelo clássico[118]. O fenómeno não deve causar estranheza. Com efeito, antes da reforma de 2006, vários eram os aspectos de regime que penalizavam este modelo[119].

À cabeça, os membros do órgão de administração dispunham de uma legitimidade indirecta, ao serem designados dos membros do órgão de administração, sendo designados pelo conselho geral – cujos membros por seu turno são designados pela assembleia geral. Este mecanismo aumenta a distância entre os accionistas e os representantes no órgão de administração, o que constitui uma solução de governação objectável[120].

Revelava-se, ademais, uma diferenciação forçosa entre a competência de aprovação de contas e a competência de aprovação da distribuição do dividendo anual – aquela atribuída ao conselho geral, esta confiada

---

[118] Retenham-se os seguintes exemplos: Alco – Algodoeira Comercial e Industrial, SGPS, SA (adopção do modelo dualista até 1994), BA – Vidro, SA (até 1995), Banco BPI, SA (até 1999), Banco Efisa, SA (até 2002), Banco Expresso Atlântico, SA (até 1997), Cipan-Companhia Industrial Produtora de Antibióticos, SA (até 1992), Companhia Portuguesa do Cobre – SGPS, SA (até 1994), Construtora do Tâmega, SA (até 2000), Deutsche Bank (Portugal), SA (até 2004), Dom Pedro – Investimentos Turísticos, SA (até 1998), Fábricas Triunfo, SA (até 2000), Fitor – Companhia Portuguesa de Têxteis, SA (até 2005), Público – Comunicação Social, SA (até 1996), Somague – SGPS, SA (até 1994), Sonae – SGPS, SA (até 2001), Telgecom – Telecomunicações, Gestão e Comparticipações, SA (até 1995), Varzim Sol – Turismo, Jogo e Animação, SA (até 1996) e Vodafone Portugal – Comunicações Pessoais, SA (até 2004).

[119] Para um rastreio exaustivo: CMVM, *Governo das Sociedades Anónimas – Propostas de Alteração ao Código das Sociedades Comerciais,* cit., 38-50.

[120] Em apoio do modelo dualista com eleição directa dos membros do órgão executivo pelos accionistas, tido como melhor modelo de governação, cfr. LYNNE DALLAS, *Proposals for Reform of Corporate Boards of Directors: The Dual Board and Board Ombudperson, Washington and Lee Law Review* (Winter 1997), 92-146.

à assembleia geral. Emergia daqui um quadro potencialmente desarticulado, forçando a uma dilatação temporal, em alguns casos excessiva, do processo deliberativo societário em matéria de distribuição de dividendos.

Os órgãos de administração e de fiscalização estavam ainda sujeitos a uma limitação máxima do número de membros, o que surpreendia num texto legislativo, criando injustificados constrangimentos à composição de órgãos, sobretudo em sociedades de elevada dimensão. Estas limitações eram agravadas, quanto ao conselho geral, dada a necessária qualidade de accionista para os membros deste órgão, e quanto à direcção, atenta a competência exclusiva do conselho geral para designar o presidente do órgão executivo e a exigência de um administrador encarregue das relações com os trabalhadores.

Os membros da direcção, aliás sujeitos a um restritivo regime de impedimentos, apenas poderiam ser destituídos com base em justa causa, em contraste com o regime da livre destituibilidade da administração vigente no modelo nacional clássico.

Por último, era patente uma designação desajustada do órgão executivo e dos seus titulares, permitindo uma indesejável confusão terminológica entre os membros do órgão de administração e os colaboradores de topo da sociedade – uns e os outros referenciados como "directores".

II. O regime actual promoveu um sensível afastamento em relação à configuração do modelo dualista dada pela lei germânica em relação a todos os pontos atrás notados. Esta alteração determina uma redistribuição de poderes nos órgãos sociais, que cumpre assinalar nos seus traços essenciais.

Quanto à designação dos membros do órgão executivo de administração, o modelo dualista pode agora conhecer duas fundamentais modalidades: a competência para designar administradores pode caber ao conselho geral e de supervisão ou, se os estatutos o permitirem, à assembleia geral (artigo 425.º, n.º 1)[121]. É interessante assinalar que a atribuição de uma escolha de forma de designação já houvera sido consagrada na Alemanha, segundo a redacção do *Handelsgesetzbuch* que vigorou entre 1884 e 1937[122]. O poder de fiscalização pode ser, nessa medida, mais ou menos

---

[121] Falando de uma alteração qualitativa do modelo com esta permissão: MENEZES CORDEIRO, *Manual de Direito das Sociedades*, II, cit., 783.

[122] § 236 HGB, alterado pela lei das sociedades em comandita e das sociedades anónimas de 31 de Julho de 1884.

concentrado no conselho geral e de supervisão, consoante a opção que em concreto for tomada. Porém, a substituição temporária dos membros da administração pertence sempre à competência do conselho geral e de supervisão, mesmo quando não lhe caiba a decisão última sobre a destituição (artigos 425.º, n.º 4 e 437.º, n.º 2).

Acresce que os membros do conselho geral e de supervisão deixaram de ter necessariamente de ser accionistas – graças à revogação do n.º 2 do artigo 434.º –, o que abre porta a uma maior profissionalização do órgão. O cumprimento da exigência pretérita, aliás, bastar-se-ia com a titularidade no limite de uma acção, o que traria escassa substância enquanto critério de aferição das qualificações dos membros de um órgão social.

Desaparece, ainda, a obrigatoriedade de designar um administrador encarregado das relações com os trabalhadores, o que incrementa o grau de autonomia na conformação do órgão fiscalizador.

O reforço do poder fiscalizador (do conselho geral e de supervisão ou da assembleia geral, consoante os casos) manifesta-se também na permissão de destituição dos administradores mesmo quando não haja justa causa (artigo 430.º)[123] – o que traduz novo afastamento em relação ao regime alemão.

Alguns acertos legislativos reforçaram o poder da assembleia geral. É o caso da aprovação de contas, que passou a ser necessariamente feita pelo colégio de sócios, tendo sido substituída a anterior alínea *f)* do artigo 441.º. Concentrou-se assim no mesmo órgão a competência para aprovação de contas e para a distribuição de resultados.

No mesmo sentido, tenha-se ainda presente que o poder de influenciar decisões de gestão deixou de poder ser unilateralmente exercido pelo conselho geral e de supervisão – devendo estar antes previsto nos estatutos (ou na lei) (artigo 442.º, n.º 1), o que garante maior previsibilidade ao perímetro de actuação do órgão de fiscalização e acrescenta importância à conformação do texto estatutário.

Por fim, o regime do modelo nacional sofreu algumas actualizações terminológicas, em duas vertentes: de um lado, a direcção passa a designar-se conselho de administração executivo e os seus membros passa a ser referenciados como administradores; de outro lado, o órgão de fiscalização foi rebaptizado como conselho geral e de supervisão, para facili-

[123] Expressando apoio em relação à solução alemã, cfr. porém KLAUS HOPT, *The German Two-Tier Board (Aufsichtsrat) – A German View on Corporate Governance*, cit., 2.

tar uma aproximação à tradução em inglês (*supervisory board*). É certo que estas alterações de designação forçaram diversos acertos legislativos – mas crê-se que esse é um preço justo a pagar para tornar o modelo mais utilizável. Aliás, nota-se que algumas grandes sociedades recentemente optaram por este modelo[124], anunciando-se idêntico passo por grandes sociedades de capitais públicos – o que por si confere justificação bastante à modificação feita.

III. Há regras constantes da regulação do modelo clássico que se aplicam identicamente ao modelo dualista. É o caso do rol de incompatibilidades constante do artigo 414.º-A, que se aplica ao revisor oficial de contas também no modelo dualista.

Aliás, deve entender-se que são aqui aplicáveis as regras do modelo clássico (como figurino legal paradigmático, nos termos já examinados) sobre administração que não sejam excepcionadas. Cabe aqui, nomeadamente, o disposto no artigo 393.º, n.os 1 e 2, sobre substituição de administradores.

Inversamente, nota-se que o conselho de administração executivo tem necessariamente a seu cargo a tarefa da gestão executiva da sociedade. Trata-se de uma tarefa indelegável, não podendo aqui aplicar-se o regime do artigo 407.º.

§ 5.º **Balanço**

11. ***Principais diferenças entre os modelos***

I. Apesar dos pontos comuns descritos, os modelos de governo recortados pela actual lei societária não são excessivamente iguais – porquanto há diferenças de regime que justificam a autonomização entre eles.

Detecta-se, em primeiro lugar, uma separação profunda que separa o modelo clássico simplificado dos demais modelos, em função de aquele não pressupor segregação entre fiscalização e revisão de contas[125]. Em

---

[124] É o caso do BCP – Banco Comercial Português – SGPS, SA e da EDP Energias de Portugal – SGPS, SA.

[125] Sobre o sentido desta segregação funcional entre revisão de contas e fiscalização, remete-se para *supra*, 6. III.

resultado deste contraste, há competências de fiscalização que não são exercidas no modelo clássico simplificado (referidas no artigo 420.°, n.° 2).

II. Entre os modelos mais garantísticos, há ainda a notar relevantes diferenças, abaixo consideradas.

Uma vez que as competências de fiscalização são atribuídas a membros do órgão de administração no modelo anglo-saxónico, esse modelo supõe tendencialmente um número mais elevado de administradores.

Além disso, o balanço quantitativo entre membros do órgão fiscalizador e do órgão fiscalizado só é injuntivamente regulado no modelo dualista (em sentido favorável à composição do conselho geral e de supervisão, que deve ter maior número de membros: artigo 434.°, n.° 1).

A designação de membros do órgão de fiscalização por accionistas minoritários, por seu turno, é diferente no caso do modelo clássico, em que depende de designação judicial, tornando-a mais remota (artigo 418.°), o que não sucede nos modelos restantes (artigos 392.° e 435.°, n.° 3).

É muito importante sublinhar que o modelo dualista permite uma maior interferência na gestão, seja em termos informativos (artigo 432.°, n.os 1-3), seja em termos decisórios (artigo 442.°) do órgão de fiscalização. Neste modelo, além disso, é claro o direito dos membros do órgão fiscalizador a assistir a reuniões do órgão fiscalizado (artigo 432.°, n.os 5 e 6). Este aspecto torna particularmente vigorosa a fiscalização no modelo dualista, o que pode ser reforçado se ao conselho geral de supervisão for confiado o poder de designação e de substituição dos administradores executivos [mesmo que tal não suceda, mantém-se sempre o poder de suspensão dos administradores, ao abrigo do artigo 430.°, n.° 1, alínea *b*)].

A estrutura federativa do modelo dualista resulta igualmente num regime diferente quanto ao exercício de actividades concorrentes por membros do órgão de fiscalização, que depende de autorização do colégio dos accionistas (artigo 434.°, n.os 5-7), o que contrasta com o regime de proibição patente nos outros modelos [artigo 414.°-A, n° 1, alínea *f*)].

Por fim, outra especificidade do modelo dualista é a de que nas sociedades emitentes de acções negociadas em mercado regulamentado, se exige uma dupla independência do órgão fiscalizador: não apenas o conselho geral e de supervisão deve ser composto por uma maioria de membros independentes (artigo 414.°, n.° 6 aplicável *ex vi* do artigo 434.°, n.° 4), como também os membros da comissão para as matérias financeiras devem ser maioritariamente independentes (artigo 444.°, n.° 6).

III. Estas diferenças indicam cambiantes importantes nas características gerais dos modelos.

Daqui resulta que o modelo clássico promove uma fiscalização externa através de estrutura tendencialmente tecnocrática, sem possível interferência na gestão; ao passo que o modelo anglo-saxónico consuma o paradigma da fiscalização interna, no qual os membros da comissão de auditoria desempenham uma dupla função, sendo a um tempo co-decisores e a outro tempo fiscalizadores dos actos praticados pela gestão executiva[126]. O modelo dualista assume, por seu turno, a fiscalização externa, não através de administradores não executivos, figura que é aqui interditada, mas através de uma estrutura orgânica autónoma de natureza híbrida – federativa de interesses e tecnocrática – que pode ser particularmente actuante nos casos em que ao conselho geral e de supervisão for atribuído o direito de nomear e de destituir os administradores [artigo 441.º, alínea *a*)] e de ter influência na aprovação de decisões de gestão (artigo 442.º, n.º 1).

12. *O direito de escolha do modelo de governo*

I. Uma das mais relevantes manifestações da autonomia estatutária das sociedades anónimas consiste no direito à escolha do modelo de governação.

Este direito funda-se na impossibilidade em decretar, de modo absoluto, um modelo preferível. Cada modelo de governo pode apresentar vantagens e deméritos: os modelos mais ágeis implicam processos decisórios mais expeditos mas podem por seu turno apresentar um risco maior de concentração de poder e de diminuição da eficácia da sindicabilidade dos membros executivos da administração; os modelos mais garantísticos, por seu turno, correm o risco de envolver maiores custos de transacção e de ser mais pesados. Designadamente, o reforço dos poderes de fiscalização pode servir de conforto institucional ao ambiente de confiança intra-societário[127] – mas também pode degenerar, no limite, em bloqueios decisórios entre órgão de administração e membros do órgão de fiscalização[128] que

---

126 Cfr. *supra*, 8, VI.

127 Ideia muito vincada em LAURA F. SPIRA, *The Audit Committee: Performing Corporate Governance*, Boston et al, (2002), 148-154, 165.

128 Cf., a propósito do modelo dualista, o aceno ao problema feito por YVES GUYON, *Les Sociétés. Aménagements Statutaires et Conventions entre Associés*, in JACQUES GHESTIN (dir.), *Traité Des Contrats*, (1993), 101.

podem não ser compensadores, sobretudo em sociedades de pequena dimensão[129].

Outro dos motivos pelos quais o legislador não se deve substituir às sociedades nessa selecção deve-se à necessidade de considerar idiossincrasias de cada sociedade. Cada sociedade deve ponderar qual o modelo que melhor se ajusta ao seu perfil – por ser mais adequado à estrutura de propriedade, à presença de accionistas estrangeiros, por poder minimizar o risco de "captura" dos membros de órgãos fiscalizadores, reduzir os custos de recolha de fundos do público ou por ser mais atractivo nos mercados onde a sociedade está cotada. A decisão sobre o modelo a acolher por cada sociedade envolve, nessa medida, um processo aturado de reflexão. A escolha pode vir a ser subsequentemente ajustada, ante a evolução dos mercados em que a sociedade se insere, do seu desempenho ou da sua estrutura accionista (artigo 278.º, n.º 6)[130].

Por fim, dado o espaço de conformação reconhecido em relação a todos os modelos, estes podem ser polifuncionais e visar, não apenas objectivos de eficiência, mas também servir valorações complementares. Tal é nomeadamente o caso dos modelos que sejam desenhados para contar com o envolvimento de outros sujeitos com interesses relevantes na empresa (trabalhadores, investidores institucionais, clientes)[131].

II. Este direito inscrito na esfera das sociedades tem concretizações em outros sistemas jurídicos.

Na Alemanha, a redacção originária do Código de Comércio de 1861 concedia a faculdade de escolha entre um modelo de administração unitário e um modelo dualista – regime que vigorou durante escasso período de tempo[132].

---

[129] Esse, *hélas*, o reverso do regime de destituibilidade vinculada dos membros dos órgãos de fiscalização.

[130] Documentando a instabilidade da estrutura de governo em sociedades cotadas nos Estados Unidos, a partir de observações empíricas extraída no período entre 1983 e 1992, reenvia-se para DAVID J. DENIS/ATULYA SARIN, *Ownership and Board Structures in Publicly Traded Corporations*, (1998).

[131] Sustentando, neste contexto, que os modelos de governo podem igualmente servir finalidades distributivas: FRANCESCO DENOZZA, *Le regole della globalizzazone tra (pretesa) efficienza e (finti) mercati: il caso dei modelli di corporate governance, Giurisprudenza Commerciale* (2006), 167-175 (171-174).

[132] § 225 ADHGB. Alterações posteriores introduzidas a este diploma em 11 de Junho de 1870 e em 18 de Julho de 1884 tornaram o modelo dualista obrigatório (cfr. *supra*, § 6.º e PETER BÖCKLI, *Konvergenz: Annäherung des monistischen und des dua-*

Quase um século mais tarde, no direito francês, a mesma opção foi conferida na lei de sociedades comerciais de 24 de Julho de 1966[133]. Aí se previa a opção entre, de um lado, uma estrutura composta por conselho de administração e *comissaire aux comptes* e, de outro lado, uma estrutura postulando a existência de *directoire* e *conseil de vigilance*[134].

Em Itália, com a reforma societária de 2003, a liberdade de escolha de modelo de administração e de fiscalização teve incidência, não sobre dois, mas sobre três modelos[135]. Assim, as sociedades italianas passaram a dispor da possibilidade de optarem por um modelo ordinário (compreendendo órgão de administração, *collegio sindacale* e órgão de revisão de contas), um modelo dualista (incluindo conselho de gestão, conselho de vigilância e órgão de revisão) e um modelo inspirado nas práticas anglo-saxónicas (assente no conselho de administração, que designa no seu seio uma comissão de controlo de gestão, e um órgão de revisão)[136].

III. Encontram-se ainda alguns elementos sobre o tema no direito comunitário das sociedades. Sabe-se que a Proposta de Quinta Directiva ambicionou harmonizar os modelos de governo à escala europeia. Na versão inicial, o texto propôs-se erigir como modelo único o dualista; o

---

listischen Führungs- und Aufsichtssystems, cit., 202; JULIAN FRANKS/COLIN MAYER/ /HANNES WAGNER, *The Origins of the German Corporation – Finance, Ownership and Control*, cit., 4).

[133] YVES GUYON, *Les Sociétés. Aménagements Statutaires et Conventions entre Associés*, cit., 99-103.

[134] Artigo 111.º da Lei n.º 66-537, de 24 de Julho de 1966. A matéria está actualmente tratada no Code de Commerce, artigo L-225-57. Cfr. a propósito GEORGES RIPERT/ /RENÉ ROBLOT, *Traité de Droit Commercial*[18] (actualizado por MICHEL GERMAIN), t. 1, vol. 2, Paris, 401-504.

[135] Cfr. artigo 2380 c.c. it., que todavia apresenta como supletivo o modelo tradicional.

[136] Decretos Legislativos n.º 6/2003, de 17 de Janeiro e n.º 37/2004, de 14 de Fevereiro. Cfr. a propósito GIAN DOMENICO MOSCO, *Nuovi Modelli di Amministrazione e Controllo e Ruolo dell'Assemblea*, in PAOLO BENAZZO/SERGIO PATRIARCA/GAETANO PRESTI (org.), *Il Nuovo Diritto Societario fra Società Aperte e Società Private*, Milano, (2003), 121-144; VINCENZO CALANDRA BONAURA, *I Modelli di Amministrazione e Controllo nella Riforma del Diritto Societario, Giurisprudenza Commerciale* (2003), 535-560; FRANCESCA MARIA CESARONI, *Il Collegio Sindacale nella Corporate Governance delle Società Italiane*, Torino, (2004), 59-63, 167-200; GUIDO FERRARINI, *Corporate Governance Changes in the 20th Century: A View from Italy*, ECGI WP n.º 29/2005 (2005), 24-26; LUCA ENRIQUES, *Uno sguardo cinico sulla riforma delle società di capitali: più rendite; meno rigidità?*, Indret n.º 3 (2004), 26-27.

que veio a ser subsequentemente abandonado. Na versão reformulada, era previsto o direito de escolha era previsto neste projectado texto comunitário que acabou por não ter nunca aprovação final.

O processo legislativo conducente à definição do regime comunitário sobre sociedade anónima europeia registou uma evolução semelhante. Com efeito, a Proposta de Regulamento da Sociedade Europeia redigido em 1970 propunha a adopção obrigatória do modelo dualista. Porém, a versão final do Regulamento, na sequência da reformulação de 1991, decidiu-se pela atribuição de um direito de escolha entre um modelo monista e um modelo dualista[137]. Este traço do regime comunitário, por si, serve de poderoso incentivo a uma alargada difusão geográfica do direito de escolha, mesmo nas sociedades anónimas.

Mais recentemente, o Relatório de Peritos sobre Direito das Sociedades recomendou que pelo menos as sociedades cotadas pudessem optar entre uma estrutura monista e uma estrutura dualista de governo[138].

Inspirado por esta sugestão, embora em termos mais prudentes, o Plano de Acção da Comissão Europeia sobre Direito das Sociedades enunciou, de entre as suas medidas de médio prazo, a cumprir entre 2006 e 2008, a análise da consagração de um direito de escolha entre modelos monistas ou dualistas de administração, preferencialmente sob a forma de uma Directiva[139]. O tema pode, pois, vir a sofrer evolução a breve trecho.

IV. No direito nacional, a permissão de escolha de modelos de governo era já prevista na versão originária do Código das Sociedades Comerciais[140], podendo as sociedades optar entre o modelo clássico e o

---

[137] Claudio Biscaretti di Ruffìa/Marianna Gurrado, *La Società Europea: un nuovo strumento per investire nell'Europa allargata*, *Giurisprudenza Commerciale* (2004), 372-375.

[138] High Level Group of Company Law Experts, *A Modern Regulatory Framework for Company Law in Europe*, Brussels, (2002), 59, 75.

[139] European Commission, *Modernizing Company Law and Enhancing Corporate Governance in the European Union – A Plan to Move Forward*, (2003), 25. O tema foi recuperado no processo de consulta pública de 2006: European Commission/Directorate General for Internal Market and Services, *Consultation on Future Priorities for the Action Plan on Modernizing Company Law and Enhancing Corporate Governance in the European Union*, cit., 9.

[140] O Decreto-Lei n.º 49.381 já permitia a escolha de outra estrutura de fiscalização em substituição do conselho fiscal ou do fiscal único: o artigo 4.º, n.º 1 abria a possibilidade de a sociedade confiar alternativamente as funções de fiscalização a uma sociedade de revisores oficiais de contas.

modelo dualista. Tratava-se, porém, de uma liberdade de escolha numa acepção sobretudo formal, devido ao enviesamento na disciplina do modelo dualista[141], que o tornou na prática quase inutilizado, reduzindo – com escassas excepções – a um único o espectro de modelos estatutariamente acolhidos.

Após a reforma, a lei passou a consagrar um direito de escolha irrestrito, com a excepção do sistema clássico simplificado, que não pode ser adoptado pelas sociedades emitentes de valores mobiliários ou pelas sociedades de grande dimensão [artigos 278.°, n.° 3 e 413.°, n.° 2, alínea *a*) CSC]. Frise-se que as pequenas sociedades fechadas mantêm intacto o seu direito de escolher o sistema que lhes convenha[142].

Convém notar que a selecção do modelo de governo se apresenta igualmente como *dever*. Uma vez que em Portugal não há um modelo supletivo de governação, as sociedades anónimas deve optar positivamente pelo modelo que preferem, e consagrar a sua escolha nos estatutos. Apesar disto, e para salvaguarda da continuidade societária, as regras de direito transitório do Decreto-Lei n.° 76-A/2006[143] prevêem que as sociedades constituídas antes de 30 de Junho de 2006 segundo o modelo clássico e dualista que não procedam à alteração do modelo de governo até 30 de Junho de 2007 passa a reger-se pelo novo enquadramento normativo do modelo clássico reforçado ou do modelo dualista, respectivamente.

V. O alargamento do regime comum aos modelos permite uma maior concorrência entre os modelos e uma maior liberdade de escolha entre eles. O fenómeno é paradoxal: o incremento de concorrência entre modelos leva inexoravelmente a uma diminuição de diferenças entre eles – mas implica, também, a permanência de especificidades.

VI. Este direito de escolha do modelo de administração e de fiscalização liga-se aos vectores profundos do governo das sociedades. Às sociedades cabe fazer a escolha do modelo – e essa opção é necessariamente reflectida no contrato de sociedade [artigo 272.°, alínea *g*)]. O contrato de

---

[141] Cfr. *supra*, 10.

[142] O mesmo sucede em Itália, em que o direito de escolha foi atribuído a sociedades cotadas e não cotadas. O modelo que mostra preferência no sistema transalpino, ainda assim, é de longe o modelo tradicional: ADELE LORENZONI, *Il comitato per il controllo sulla gestione nel sistema monistico: alcune reflessioni comparatistiche, Giurisprudenza Commerciale* (Janeiro/Fevereiro 2006), 67.

[143] Artigo 63.°, n.° 1 do Decreto-Lei n.° 76-A/2006, de 29 de Março.

sociedade constitui, assim, a sede própria para a consagração das principais opções de governação de cada sociedade. O processo deliberativo de alteração dos estatutos e as formalidades que lhe subjazem asseguram a legitimidade e a publicidade atinentes à escolha do modelo. Aos accionistas cabe contribuir para essa decisão e ao universo, mais amplo, dos investidores compete avaliar a decisão tomada. Caso os accionistas discordem das opções tomadas podem reagir na assembleia geral (*voice*) ou alienar as suas participações accionistas (*exit*)[144].

A liberdade de escolha dos modelos de governo societário irá determinar tendências, à data incertas, quanto aos modelos mais utilizados. Neste contexto, revelar-se-á exercício interessante a observação sobre se os modelos adoptados em Portugal irão traduzir uma aproximação às fórmulas organizativas anglo-saxónicas, mais utilizadas em mercados bolsistas estrangeiros (*convergência de modelos*); ou se, ao invés, marcarão uma preferência pelo modelo clássico (*divergência ou persistência de modelos*).

O direito de escolha, por seu turno, contribui para uma certa mestiçagem de modelos. Fruto do seu confronto electivo, as fórmulas de governação perdem as suas características originais, num processo darwinista de adaptação, ligado à sobrevivência do modelo e à correspondência a necessidades das empresas[145]. Este fenómeno detecta-se na última reforma nacional, nomeadamente nas alterações introduzidas aos modelos clássico e dualista, e em termos europeus pode ser potenciado pela nova Directiva sobre fusões internacionais, bem como pelo futuro diploma comunitário sobre alteração de sede[146].

---

[144] Recorde-se o clássico ALBERT HIRSCHMANN, *Exit, Voice, and Loyalty: Responses to Decline in Firms, Organizations, and States*, Cambridge/London (1970), 21-43.

[145] UDO BRAENDLE/JÜRGEN NOLL, *The Societas Europaea – A Step Towards Convergence of Corporate Governance Systems?*, Vienna (2005) < http://ssrn.com/abstract=704881 >, 5-15, sustentando que o regime da sociedade anónima europeia contribuirá para aproximar os principais elementos dos modelos monista e dualista.

[146] Não é improvável, aliás, antecipar futuras pressões à matriz germânica do modelo dualista, sobretudo na vertente da co-gestão, advenientes destes textos europeus (como prevêem ULRICH NOACK/DIRK ZEZTSCHE, *Corporate Reform in Germany: The Second Decade*, cit., 46-47).

13. *Plasticidade e equivalência funcional dos modelos*

I. Chegados a este passo, pode inferir-se que não é aparente, mas efectiva, a diversidade de modelos de governo encontrados na lei societária. Cada modelo propicia uma relação de forças potencialmente diferente dentro da sociedade. Tal não se traduz, todavia, numa disciplina integralmente dissemelhante entre cada modelo, já que é preservada uma zona comum transversal a todos os três modelos.

Também não é acertado falar aqui em convergência de modelos em sentido próprio, uma vez que o termo é usualmente empregue para significar a tendência histórica de aproximação dos modelos existentes em direcção a um padrão único, o que não encontra confirmação no direito português. A multiplicação de modelos e sub-modelos agora disponíveis na lei desenham, ao menos tendencialmente, a tendência inversa.

As qualificações que melhor servem para retratar o actual regime dos modelos de governação são antes outras: plasticidade e equivalência funcional.

II. Apesar das diferenças, resulta importante sublinhar a *plasticidade* (ou elasticidade) dos modelos de governação previstos no Código das Sociedades Comerciais. Tal significa que a exacta conformação de cada modelo depende das escolhas concretas formuladas nos estatutos das sociedades. A plasticidade dos modelos é, assim, uma decorrência do elevado número de normas permissivas vigentes agora nesta matéria.

O exemplo paradigmático é o do modelo dualista, que pode ou não aproximar-se do modelo clássico, consoante a opção de designação pela assembleia geral prevista no artigo 425.º, n.º 1 e da (não) interferência na gestão, ao abrigo do artigo 442.º. Por seu turno, a utilização do modelo clássico pode ser menos distante do modelo anglo-saxónico quando implicar a existência de comissão executiva. E o modelo anglo-saxónico pode ser na prática aproximado do modelo dualista, se o voto de desempate for atribuído a um membro da comissão de auditoria, para efeitos do artigo 395.º, n.º 4.

Esta asserção permite também extrair uma conclusão quanto à natureza dos modelos. Enquanto categoria jurídica, os modelos de governo são recortados por apelo a elementos concretos ao nível da determinação mínima dos órgãos sociais e respectivas competências mas são dotados de flexibilidade, ao pressupor uma margem ampla de conformação atribuída a cada sociedade[147]. Trata-se por isso de *tipos* organizativos. As marcas distintivas que singularizam cada modelo assumem, assim, uma certa gradatividade – sendo possível em concreto uma maior aproximação ou um maior distanciamento entre eles.

III. Quando em 1999, no rescaldo da crise asiática, a OCDE tomou o encargo de aprovar Princípios internacionais sobre governo das sociedades, a valer como indicação recomendatória para todo o globo, receou-se que daí resultaria uma indicação quanto aos modelos de governo. Contrariamente, porém, o texto aprovado não advogou nenhum tipo particular organizativo, limitou-se a concluir não haver apenas um modelo bom de governação (*there is no single model of good corporate governance*)[148].

Este traço dos Princípios da OCDE lançou as fundações para o reconhecimento de uma possível equivalência funcional entre modelos diferentes[149].

A equivalência funcional, entendida neste contexto, não pode assimilar-se ao puro relativismo na apreciação dos diversos modelos de governação. O certo é que nem todos os modelos de governo são equivalentes entre si: há que assumir, sem embaraço, que alguns modelos são indesmentivelmente superiores a outros[150]. Feito o esclarecimento, adianta-se que a equivalência funcional pode reconduzir-se a três acepções diversas:

– possibilidade empírica;

---

[147] Próxima é a ideia de ENGRÁCIA ANTUNES, que a propósito do regime anterior à reforma já afirmava que o importante era o equilíbrio decorrente do modelo real de cada sociedade (*the inner balance of the living models concerning the monitoring of managers by minority and outside shareholders*) (JOSÉ ENGRÁCIA ANTUNES, *An Economic Analysis of Portuguese Corporation Law – System and Current Developments*, cit., 38).

[148] A transcrição consta do preâmbulo do texto. Cfr. a propósito ULRICH SEIBERT, *OECD Principles of Corporate Governance – Grundsätze der Unternehmensführung und kontrolle für die Welt*, AG 8/99 (1999), 337-339 (338).

[149] A OCDE, aliás, acaba de aprovar um documento que desenvolve a metodologia de avaliação do grau de cumprimento dos Princípios, com base na equivalência funcional das soluções de governação (OECD, *Assessment Methodology*, (2006)). Em outras aplicações da mesma ideia fundamental, remete-se ainda para EDWARD B. ROCK, *America's Fascination with German Corporate Governance*, cit., 296.

[150] No mesmo sentido: DENNIS MULLER, *The Economics and Politics of Corporate Governance in the European Union*, in GUIDO FERRARINI/EDDY WYMEERSCH, *Investor Protection in Europe. Corporate Law Making, The Mifid and Beyond*, Oxford (2006), 20.

– critério de comparação dos modelos de governo;
– objectivo de política legislativa.

Na primeira acepção, admitir em termos teoréticos uma equivalência funcional corresponde à afirmação da possibilidade (que não a inevitabilidade) de dois modelos distintos servirem de modo identicamente eficaz problemas de governação. A esta luz, a equivalência funcional implica o reconhecimento de que problemas idênticos de governação societária podem merecer respostas normativas diversas[151]. A tal subjaz, por outras palavras, a ideia de um pluralismo de soluções de governação – em repúdio de um exclusivismo de mecanismos de governação das sociedades.

Na segunda acepção, a equivalência funcional serve como bitola para confrontar modelos diferentes, e medir proximidades na efectividade da resposta que cada um traz a problemas de governação. Previna-se que alguns modelos são mais equivalentes do que outros: por isso, a equivalência funcional entre uma pluralidade de modelos mede-se por graus.

Por último, a equivalência funcional pode apresentar-se como objectivo de política legislativa. É legítima a aspiração legislativa em aperfeiçoar um modelo com idiossincrasias que à partida o desfavorecem, para o tornar funcionalmente equivalente aos mais avançados. Tal leva, aliás, que muitas reflexões na literatura jurídica sobre modelos de governação se situem *de lege ferenda*.

IV. Em Portugal, como notado, depara-se uma dose razoável de simetria no regime de cada modelo de governação[152] – o que resulta de um dos objectivos assumidos da reforma. Este paralelismo explica-se por imperativos de segurança jurídica: deve evitar-se que as discrepâncias de regime entre os modelos de governo possam alicerçar fracturas no regime, tornando-o desequilibrado. Mas a autonomia dos modelos reclama a persistência de algumas notas diferenciadoras entre eles; a simetria na disciplina agora consagrada não é – nem pode ser – absoluta. É a partir

---

[151] Cfr. sobre a equivalência funcional RONALD GILSON, *Controlling Shareholders and Corporate Governance: Complicating the Comparative Taxonomy*, ECGI Working Paper n.º 49/2005, (2005) 19; Id., *The Globalization of Corporate Governance: Convergence of Form or Function*, in JEFFREY GORDON/MARK ROE, *Convergence and Persistence in Corporate Governance*, 128-158; RONALD GILSON/CURTIS MILHAUPT, *Choice as Regulatory Reform: The Case of Japanese Corporate Governance*, cit., 39-42.

[152] Cfr. *supra*, 4.

daqui que interessa avaliar o grau de equivalência funcional entre modelos à luz do direito português.

Uma vez que a escolha é livre salvo quanto ao sistema clássico simplificado (vedado em relação a sociedades cotadas e de grande dimensão), o regime é de equivalência funcional apenas entre o regime clássico reforçado, o regime dualista e anglo-saxónico. Remanescem, ainda assim, quanto a estes, algumas diferenças estruturais, nomeadamente quando confrontamos o modelo anglo-saxónico e os demais modelos, que pressupõem uma fiscalização através de um órgão totalmente autónomo. Mesmo entre o modelo dualista e clássico persistem diferenças estruturais, dado que naquele é proibida a existência de administradores não executivos, o que não acontece neste caso. Por fim, o modelo clássico aparta-se dos demais ao pressupor um irremediável afastamento do órgão de fiscalização em relação à influência na gestão societária.

V. A ponderação das características que singularizam cada modelo oferece oportunidade para algumas apreciações comparativas.

Nas sociedades dotadas do modelo anglo-saxónico, a coincidência entre funções de administração e fiscalização pode, em alguns casos, correr o risco de inibir uma acção fiscalizadora mais eficiente, ao favorecer um alinhamento (ainda que inconscientemente) tendencial com as posições dos co-membros do órgão de administração[153]. Tal aliás pode ser em certa medida alimentado pelo regime de solidariedade entre os membros do órgão de administração, entre nós vigente (artigo 73.º, n.º 1) – o qual, não impondo todavia uma equiparação do regime de responsabilidade entre os administradores executivos e não executivos (estes responderão, tão só, pelos danos a que culposa e ilicitamente derem causa, o que se restringe fundamentalmente a uma responsabilidade *in vigilando*, como decorre do artigo 407.º, n.º 8) pode vir a criar *de facto* indirectamente (e de modo perverso) um constrangimento adicional do lado destes.

Por outro lado, em resposta a esta apreciação, é usual alegar que as diferenças entre a estrutura unitária da administração e fiscalização e as estruturas dualistas se centram no diverso fluxo informativo entre membros do órgão de administração e de fiscalização[154]. No modelo anglo-

---

[153] SHANN TURNBULL, *Superior governance without audit committee*, International Institute of Self-Governance, Sidney (2004).

[154] CHRISTOPH H. SEIBT/CHRISTIAN WILDE, *Informationsfluss zwischen Vorstand und Aufsichtsrat bzw. Innerhalb des Boards, in* PETER HOMMELHOFF/KLAUS HOPT/AXEL

-saxónico, o fluxo de informação estaria facilitado, por tudo se passar no mesmo órgão, ao passo que nos restantes modelos surgiriam maiores dificuldades práticas[155]. Estas objecções, porém, são contrariadas pela simples circunstância de a circulação de informação entre comissão executiva ou os administradores delegados, de um lado, e os administradores não executivos, de outro lado, em alguns casos também se revelar dificultada. Daí, aliás, a nova disposição a impor ao presidente da comissão executiva deveres de garantia quanto à prestação, perante os administradores não executivos, de informação referente à actividade e às deliberações da comissão executiva (artigo 407.°, n.° 6). Por outro lado, os membros de órgãos de fiscalização são dotados dos mais amplos poderes na exigência de informação (artigo 421.°, n.° 1 – sem equivalente directo no modelo dualista). Ao secretário também são assinalados deveres de prestação aos membros não executivos e aos membros de órgãos de fiscalização [artigo 446.°-B, n.° 1, alínea *g*)], o que também contribui para a equivalência funcional de modelos no tocante à circulação de informação.

Também se dirá que os modelos latino e dualista servem de modo mais directo a vocação relacional do modelo de governo, ao conviverem mais facilmente com membros fiscalizadores designados em representação de grupos de interesses específicos. Tal não é, contudo, interditado entre nós no modelo anglo-saxónico, nomeadamente em relação à permissão de designação de membros da comissão de auditoria designados por accionistas minoritários, ao abrigo do artigo 392.°.

A partir daqui, percebe-se que é difícil impor argumentos definitivos nesta apreciação comparativa. E a equivalência funcional também deriva, em alguma medida, do carácter inconclusivo da discussão em torno da supremacia dos modelos.

VI. A equivalência funcional conduz a mitigar o relevo das diferenças entre modelos – mas também pode conduzir a relativizar a própria importância dos modelos em si. A adopção de um modelo, por avançado que seja, não garante, por si, boa governação: basta pensar na impondera-

---

von Werder, *Handbuch Corporate Governance*, cit., 377-403; Peter Böckli, *Konvergenz: Annäherung des monistischen und des dualistischen Führungs- und Aufsichssystems*, cit., 213.

[155] Paul Davies, *Unternehmensführung in Großbritannien und Deutschland: Konvergenz oder fortbestehende Divergenz?*, cit., 285. O argumento, porém, é rejeitado por J. E. Parkinson, *Corporate Power and Responsibility*, Oxford, (1993), 197.

bilidade dos factores humanos[156]. Demais, existem outros meios capazes de prevenir e de gerir conflitos de interesses e de contrabalançar a protecção dos accionistas minoritários ou de outros sujeitos com interesse na sociedade[157] – a conformação do direito de exoneração, o regime de nomeação e os incentivos pecuniários e não pecuniários dos titulares dos órgãos sociais, constituem exemplos a indicar a este propósito. Considere-se ainda nomeadamente os mecanismos de aprovação por accionistas ou de informação prestada perante estes – não esquecendo, neste âmbito, que a assembleia geral também constitui um órgão vocacionado para a fiscalização da sociedade (artigo 376.º, n.º 1, alínea *c*)].

Tudo conflui no pressuposto de que a governação societária constitui um sistema – postulando uma inter-acção de institutos jurídicos, em combinação com as práticas sociais e políticas reflectidas nas sociedades[158]. O que, a título conclusivo, serve para lembrar que a estrutura de administração e de fiscalização constitui uma solução de governação; *mas não a única.*

---

[156] Muito interessante, neste contexto: DONALD LANGEVOORT, *Taming the Animal Spirit of Stock Markets: A Behavioural Approach to Securities Regulation*, in JOHN ARMOUR/JOSEPH MCCAHERY (org.), *After Enron. Improving Corporate Law and Modernising Securities Regulation in Europe and in the US*, cit., 65-126.

[157] REINIER KRAAKMAN/PAUL DAVIES/HENRY HANSMANN/GERARD HERTIG/KLAUS HOPT/HIDEKI KANDA/EDWARD ROCK, *The Anatomy of Corporate Law. A Comparative and Functional Approach*, Oxford: OUP (2004), 34-35.

[158] AXEL VON WERDER, *Ökonomische Grundfragen der Corporate Governance*, in PETER HOMMELHOFF/KLAUS HOPT/AXEL VON WERDER, *Handbuch Corporate Governance*, cit., 17-18.

O REGIME SOCIETÁRIO DO ESTADO ENQUANTO ACCIONISTA

MARIA DE LURDES PEREIRA* **

SUMÁRIO: *1. Introdução. 2. As modificações ao regime societário do Estado enquanto accionista introduzidas pelo Decreto-Lei n.º 76/ 2006, de 29 de Março. 3. O que não foi atingido pela reforma: os direitos especiais ou* golden shares *do Estado.*

1. **Introdução**

O tema de que fui incumbida nestas jornadas é o do regime societário do Estado enquanto accionista. Como o objecto geral deste encontro é a recente reforma do direito das sociedades comerciais levada a cabo pelo Decreto-Lei n.º 76/2006, de 29 de Março, concentrarei a minha exposição naquilo que ela trouxe de novo para a disciplina aplicável ao Estado na qualidade de accionista e farei também uma referência breve e necessariamente superficial aos aspectos daquele regime que permaneceram inalterados.

---

* Assistente da Faculdade de Direito de Lisboa.

** O texto reproduz praticamente sem alterações a comunicação proferida nas Jornadas sobre a Reforma do Código das Sociedades Comerciais realizadas em 23 de Junho de 2006 na Faculdade de Direito de Lisboa. Apenas se actualizou a informação relativa à transposição da Directiva n.º 2004/25/CE do Parlamento Europeu e do Conselho, de 21 de Abril.

2. As modificações ao regime societário do Estado enquanto accionista introduzidas pelo Decreto-Lei n.º 76/2006, de 29 de Março

A presente revisão Código das Sociedades Comerciais trouxe duas alterações fundamentais ao regime societário do Estado enquanto accionista. A elas, segundo creio, presidiu a ideia geral de parificar a disciplina aplicável ao Estado e aos accionistas privados e, portanto, de instituir um tratamento igualitário entre os titulares de participações sociais, independentemente da sua qualidade de entes públicos ou privados.

A primeira das novidades traduziu-se na supressão da parte final do n.º 3 do artigo 384.º[1], que consagrava a isenção legal do Estado e entidades a ele equiparadas relativamente a tectos de voto estabelecidos nos estatutos de sociedades de que fossem accionistas. O privilégio do Estado decorria directamente da lei, não dependendo de consagração em cláusula dos estatutos da sociedade em causa. À luz da nova redacção, pelo contrário, o Estado passou a estar sujeito aos tectos de voto nos mesmos termos em que o está qualquer accionista privado.

Uma segunda modificação introduzida consistiu na eliminação de uma parte do n.º 1 e da totalidade n.º 4 do artigo 403.º/1. Com esta intervenção, os administradores nomeados pelo Estado em sociedades de que este seja accionista passaram a poder ser destituídos por simples deliberação da Assembleia Geral, nos mesmos termos em que qualquer outro administrador está sujeito a destituição. Os trechos revogados do artigo 403.º estabeleciam um regime bem diverso: os administradores nomeados pelo Estado não podiam ser destituídos pela Assembleia Geral; estavam apenas sujeitos a uma moção de censura, que depois seria transmitida ao ministro competente.

A alteração que mais problemas levanta é a primeira: a supressão da antiga isenção genérica do Estado relativamente a tectos de voto. É importante notar que o legislador se cingiu aqui a abolir a regra legal de não sujeição do Estado a limitações estatutárias do voto. Fora disso, a versão actual do artigo 384.º, n.º 3 continua a permitir, como sucedia até agora, a

---

[1] Por comodidade de exposição, os artigos citados, de ora em diante, sem menção do diploma de origem pertencem ao Código das Sociedades Comerciais, aprovado pelo Decreto-Lei n.º 262/86 de 2 de Setembro, com as alterações e aditamentos entretanto introduzidos, a última das quais resultante do já mencionado Decreto-Lei n.º 76/2006, de 29 de Março

estipulação de tectos de voto no contrato de sociedade. Mais ainda: autoriza que os tectos sejam fixados para todas as acções de uma sociedade ou apenas para acções de uma ou mais categorias, de modo que permanece intacta a possibilidade de, mediante disposição estatutária, dispensar certa categoria ou categorias de acções das restrições convencionais ao exercício dos direitos de voto.

Poderia pensar-se que a isenção do Estado relativamente a tectos de voto seria, a par de outros, um dos privilégios integrantes das chamadas *golden shares* do Estado[2] e que, nessa medida, a preocupação motivadora desta alteração não teria sido a de equiparar o regime societário do accionista Estado ao de qualquer outro accionista privado e mas antes a de obedecer às exigências de direito comunitário em matéria de liberdade de circulação de capitais. Não é assim, no entanto. A isenção do Estado em relação a tectos de voto que até há pouco tempo existia na legislação societária portuguesa não era desconforme ao direito comunitário, designadamente não atentava contra a liberdade de circulação de capitais. O que se poderá considerar um obstáculo à circulação de capitais são os próprios tectos de voto e não o facto de um sujeito – neste caso, o Estado – deles ser sistematicamente isento[3]. E o efeito inibidor ou constrangedor dos tectos de voto relativamente à liberdade de circulação de capitais já foi devidamente atendido na transposição da Directiva relativa às ofertas públicas de aquisição[4], pelo Decreto-Lei 219/2006, de 2 de Novembro, que introduziu diversas alterações ao Código dos Valores Mobiliários[5].

Olhando apenas para a nova redacção do artigo 384.°, n.° 3, se, por exemplo, o Estado for titular de acções representativas de 20% do capital social e se for estabelecida nos estatutos a regra de que não são contados votos acima de 10%, o Estado é atingido por esta limitação tal como qualquer outro accionista, o que não sucedia antes da reforma, independentemente daquilo que se previsse no pacto social.

---

[2] Porém, esse benefício (a dispensa do tecto de voto), não pode ser qualificado com rigor como *golden share* ou direito especial do Estado: cf. PEDRO DE ALBUQUERQUE/MARIA DE LURDES PEREIRA, *As "golden shares" do Estado Português em empresas privatizadas. Limites à sua admissibilidade e exercício*, Coimbra Editora, Coimbra, 47-48.

[3] Neste sentido PEDRO DE ALBUQUERQUE/MARIA DE LURDES PEREIRA, *As "golden shares"*, 90-91.

[4] Directiva n.° 2004/25/CE do Parlamento Europeu e do Conselho, de 21 de Abril.

[5] Cf. o novo artigo 182.°-A do Código dos Valores Mobiliários.

A nova lei traz, porém, uma dificuldade. É que o próprio diploma que aprovou as alterações ao Código das Sociedades Comerciais (o Decreto-Lei n.º 76/2006, de 29 de Março), na secção reservada às disposições transitórias, contém uma disposição enigmática, no seu artigo 60.º, que vem, em certa medida, repor a isenção legal do Estado relativamente a tectos de voto constantes dos estatutos. O artigo 60.º, cuja epígrafe é «*sociedades em processo de privatização*», estabelece que «*As acções a privatizar, nos termos da lei, constituem sempre uma categoria especial de acções, à qual, salvo disposição legal em contrário, não é aplicável a limitação de contagem de votos permitida na alínea b) do artigo 384.º do Código das Sociedades Comerciais*». Portanto, as «*acções a privatizar*» do Estado estão isentas de tectos de voto.

Parece evidente que uma das maiores dificuldades colocadas por este preceito é, a par da determinação da sua *ratio*, a delimitação do seu âmbito de aplicação. O que são acções a privatizar?

Uma interpretação amplíssima incluiria nas «acções a privatizar» todas as participações sociais detidas pelo Estado em sociedades que alguma vez tivessem sido públicas e em que, por conseguinte, existisse um processo de privatização não inteiramente concluído. Quaisquer acções pertencentes ao Estado em antigas empresas públicas estariam isentas dos tectos de voto, mesmo que não houvesse uma concreta decisão de alienação dessas participações e mesmo que o Estado não tivesse manifestado por qualquer outra forma a intenção de as vender a privados num futuro próximo.

Todavia, esta interpretação retiraria grande parte do alcance prático à alteração do Código das Sociedades Comerciais: mercê da interferência da denominada disposição transitória, o regime societário do Estado permaneceria afinal imperturbado, no plano dos tectos de voto. Mas a segunda objecção com que se defronta a leitura ampla assinalada está na dificuldade de fundamentar uma diferença de tratamento do Estado consoante seja titular de acções em sociedades que correspondem a antigas empresas públicas, por um lado, e em sociedades que sempre estiveram no sector privado, por outro. A diferenciação não se compreende sobretudo se se tiver em conta que se trataria aqui de uma dispensa genérica de tectos de voto e não de uma dispensa para esta ou aquela sociedade em processo de privatização em concreto. O artigo 60.º não consagraria, a esta luz, uma solução vinculada à defesa de um concreto interesse público cuja realização pudesse ser posta em causa pela actividade de uma determinada sociedade. A solução iria muito além do previsto Lei Quadro das Privatizações, onde apenas se autorizou uma atribuição individualizada de direitos especiais ao Estado em sociedades privatizadas e somente quando «razões de interesse nacional» o aconselhassem (cf. o artigo 15.° da Lei Quadro das Privatizações)

Uma interpretação menos ampla da expressão «acções a privatizar» consistiria em considerar que apenas se incluiriam aí acções detidas pelo Estado em relação às quais já existisse uma decisão concreta de privatização, um acto autorizativo da alienação e, eventualmente, definidor dos termos dessa alienação. Só que esta interpretação coloca igualmente muitas dúvidas no plano da fundamentação. Por que razão estaria o Estado isento de tectos de voto em relação a um número determinado de acções cuja alienação a privados já teria sido autorizada e em relação às restantes, inclusive da mesma sociedade, permaneceria sujeito a tectos de voto?

Perante estas dificuldades em fundamentar e em determinar do âmbito de aplicação do artigo 60.° do Decreto-Lei n.° 76/2006, de 29 de Março, o mínimo de que podemos suspeitar é de que a alteração ao artigo 384.°, n.° 3, por um lado, e a disposição transitória do artigo 60.°, por outro, são expressão de duas concepções valorativas muito distintas ou mesmo contraditórias: uma que pretende ao máximo equiparar a posição do Estado à de qualquer outro accionista e outra que pretende perpetuar um tratamento privilegiado do Estado, embora sem fundamento suficiente.

Para resolver os problemas daí decorrentes penso que se deve atender à natureza meramente auxiliar das disposições transitórias. A ter de prevalecer uma das regras, há-de ser a alteração legislativa ao artigo 384.°, n.° 3, sujeitando a disposição transitória do artigo 60.° a uma interpretação o mais restritiva possível.

No mesmo sentido aponta um imperativo de transparência do processo legislativo: se se queria manter o *status quo ante* então haveria que assumi-lo com clareza, não intervindo na redacção originária do artigo 384.°, n.° 3.

Refira-se, a terminar, que a alteração legislativa que acabamos de analisar já foi devidamente atendida numa recente alteração aos estatutos de uma sociedade privatizada em que o Estado continua a deter uma participação: a EDP. Os estatutos da EDP foram alterados e, aparentemente, com o objectivo de manter uma parte das acções aí detidas pelo Estado isentas do tecto de voto de 5% aplicável aos restantes accionistas. A intenção foi pois a de que a posição do Estado na empresa não fosse afectada pela revisão do artigo 384.°, n.° 3.

A solução adoptada consistiu em estabelecer nos estatutos da empresa o seguinte: um determinado número de acções são qualificadas como acções a reprivatizar; essas acções compõem uma categoria autónoma (são acções da categoria B) e são acções privilegiadas, tendo como único privilégio associado o estarem isentas do tecto de voto aplicável às acções ordinárias (foram modificados os artigos 4.º, n.os 2 e 3, e 12.º, n.º 3 dos Estatutos da EDP).

Teve-se em vista, repito, evitar que a alteração legal afectasse o privilégio ligado até agora à posição do Estado naquela empresa. A solução é, segundo creio, inteiramente lícita. A nova versão do artigo 384.º/3 deixou intocada a faculdade de se isentar de tectos de voto uma mais categorias de acções e foi precisamente desta permissão que, a meu ver, se fez uso nos estatutos da EDP. Uma parte das acções actualmente pertencentes ao Estado passou a constituir uma categoria autónoma de acções privilegiadas[6].

Por esta razão, considero desnecessária a qualificação que foi feita nos mesmos Estatutos das acções em causa como «acções a reprivatizar», numa clara alusão implícita ao regime transitório do artigo 60.º. A questão da aplicação desta disposição transitória não chega colocar-se no caso concreto da EDP, mercê da alteração estatutária ocorrida.

3. O que não foi atingido pela reforma: os direitos especiais ou *golden shares* do Estado

Mas se a reforma se traduziu em modificações relevantes no regime societário do Estado enquanto accionista, é igualmente importante esclarecer que houve aspectos daquele regime que permaneceram intocados. Com isto, não pretendo assinalar qualquer desvalor desta revisão do direito das sociedades, pois, como explicarei de seguida, não era seu propósito intervir nestas matérias. Trata-se apenas de esclarecer que há problemas relativos à disciplina jurídica da posição do Estado enquanto accionista cuja solução continua a ser controvertida e que esse estado de coisas em nada foi alterado pela reforma do direito das sociedades comerciais.

---

[6] Acções privilegiadas são todas as que conferem uma vantagem relativamente ao conteúdo essencial dos direitos e obrigações que a lei atribui ou impõe às acções em geral (cf. PAULO OLAVO CUNHA, *Os direitos especiais nas sociedades anónimas: as acções privilegiadas*, Coimbra, 1993, pp. 141 e ss.).

Não foram atingidos pela reforma os direitos especiais ou *golden shares* que o Estado português continua a deter em algumas empresas privatizadas[7].

Os direitos especiais do Estado português que tenho em vista podem ser definidos, ao menos provisoriamente, como permissões normativas de intervir na tomada de decisões de uma sociedade concreta ou de intervir na respectiva estrutura accionista, sempre que tais poderes sejam desproporcionais em relação ao montante da participação do Estado (ou ente público equiparado) no capital sociedade e sejam estabelecidos como um privilégio do Estado ou da categoria de acções que lhe pertencem. Rigorosamente os direitos especiais incluem ainda permissões normativas idênticas às que descrevi detidas pelo Estado quando não seja accionista ou independentemente da sua qualidade de accionista, no entanto, não vou ocupar-me desta extensão, uma vez que actualmente todos os direitos especiais do Estado português estão de algum modo associados à sua qualidade de accionista[8].

A presente reforma não constituiria, segundo creio, o contexto adequado para tratar dos problemas colocados pelas *golden shares*. Na verdade, à excepção de um caso[9], todos os direitos especiais associados às acções actualmente ainda detidas pelo Estado português correspondem a direitos de veto e, portanto, correspondem a prerrogativas que, nos termos do artigo 24.°, podem ser atribuídas, por meio de uma disposição específica no contrato sociedade, a qualquer accionista privado ou, mais rigorosamente, a categorias de acções pertencentes a accionistas privados. Aquilo que o Código das Sociedades Comerciais proíbe é a atribuição de direitos especiais que permitam de alguma forma aos titulares das acções correspondentes impor unilateralmente as suas decisões aos restantes sócios. Pense-se, por exemplo, em poderes especiais consistentes no direito de eleger administradores ou no direito de voto plural. (cf. os artigos 391.°/2 e 384.°/5). A lei proíbe-os. Os direitos de veto, pelo contrário,

---

[7] Sobre este assunto ver o já citado estudo de PEDRO ALBUQUERQUE/MARIA DE LURDES PEREIRA (*As "golden shares" do Estado português em empresas privatizadas*, Coimbra Editora, Coimbra, 2006) e a bibliografia aí referida.

[8] Cf. PEDRO DE ALBUQUERQUE/MARIA DE LURDES PEREIRA, *As "golden shares"*, 13.

[9] Só há uma excepção a assinalar a isto, que é o caso da EDP, onde o Estado tem o direito de nomear um administrador caso vote contra a proposta que fizer vencimento na eleição dos administradores (cf. o artigo 13.°, n.° 2 do Decreto-Lei n.° 141/2000, de 15 de Julho).

destinam-se a promover consensos dentro da sociedade e não relações de autoridade: têm, por isso, o beneplácito do direito societário.

Em suma, porque as *golden shares* do Estado integram direitos especiais que, na generalidade dos casos, podem ser associados a categorias de acções detidas por privados, não foram, nem tinham de ser consideradas numa reforma do Código das Sociedades Comerciais.

Acresce que, se é certo que as *golden shares* colocam problemas melindrosos de compatibilidade com o Direito, trata-se fundamentalmente de dificuldades oriundas do direito público português e do direito comunitário.

No plano do direito público interno, os direitos especiais que o Estado português mantém em certas sociedades comerciais defrontam-se com o princípio da prossecução do interesse público e com o princípio da proporcionalidade: as *golden shares* emprobrecem o desempenho empresarial ao dissuadirem seja o investimento directo, seja o investimento de carteira, funcionando assim em prejuízo daqueles que visavam proteger. Por isso, o seu exercício deve ser reservado para casos-limite, em que a actuação das autoridades reguladoras independentes ou os mecanismos jurídicos associados a contratos de concessão se revelem inoperantes ou insuficientes[10].

No plano direito comunitário, as *golden shares* do Estado português – que de modo algum podem ser consideradas uma originalidade nacional[11] – defrontam-se com a liberdade de circulação de capitais, consagrada no artigo 56.º do Tratado da Comunidade Europeia: ao reduzirem o poder dos sócios de participar na gestão da sociedade, ao implicarem, em regra, maior morosidade no processo decisório e ao tornarem a condução dos assuntos societários permeável a outros interesses que não apenas o da obtenção do lucro, as *golden shares* dissuadem os potenciais interessados de investirem na sociedade em causa, constituindo nessa medida uma

---

[10] Cf. Pedro de Albuquerque/Maria de Lurdes Pereira, *As "golden shares"*, 59-73.

[11] Segundo um relatório elaborado pela Comissão Europeia em Julho de 2005, existiam ainda nos países da União Europeia 141 sociedades em que os Estados continuavam a deter direitos especiais, não obstante os esforços de abolição levados a cabo pela Comissão Europeia ao longo dos anos. A este número haverá ainda que acrescentar os direitos especiais de Estados que não responderam ao inquérito ou que responderam de modo incompleto, de modo que o número real será aproximadamente de 165 sociedades no espaço da União. Cf. Pedro de Albuquerque/Maria de Lurdes Pereira, *As "golden shares"*, 39-41.

limitação não autorizada à liberdade de circulação de capitais no mercado interno[12]. Em consonância, o Tribunal de Justiça Europeu tem reiteradamente condenado os Estados membros pela titularidade de direitos especiais, considerando-os genericamente como obstáculos ilegítimos à efectiva e integral realização da liberdade de circulação de capitais. Só em casos excepcionais, e com fundamento no artigo 58.º do Tratado, tem aquele Tribunal admitido os direitos especiais: desde que sejam justificados por razões de segurança pública – como sucederia, por exemplo, com o fornecimento de bens ou serviços essenciais – e observem uma série de outros requisitos de validade decorrentes do princípio da proporcionalidade[13].

Em todo o caso, estas são matérias que estavam bem longe do escopo desta reforma.

---

[12] A liberdade de circulação de capitais não é apenas afectada por preceitos de direito nacional que impeçam ou condicionem de alguma forma a aquisição ou a aquisição substancial de participações sociais dentro do mercado interno, mas a também por aquelas disposições que se limitem a dissuadir a aquisição de acções em determinada sociedade: estas últimas não permitiriam tornar efectiva a liberdade em causa (cf. PEDRO DE ALBUQUERQUE/MARIA DE LURDES PEREIRA, *As "golden shares"*, 25-35 e 78).

[13] Cf. PEDRO DE ALBUQUERQUE/MARIA DE LURDES PEREIRA, *As "golden shares"*, 77-91. Sustentou-se aí que a generalidade das *golden shares* do Estado português não lograriam escapar a este juízo de censura do Tribunal de Justiça Europeu. De entre elas, só se salvaria um dos direitos especiais que Estado detém na Galp e que não foi suprimido na recente revisão dos estatutos da empresa: o direito de veto sobre quaisquer deliberações que possam pôr em causa o abastecimento do país de petróleo, gás ou produtos derivados dos mesmos.

VOTO POR CORRESPONDÊNCIA E REALIZAÇÃO TELEMÁTICA DE REUNIÕES DE ÓRGÃOS SOCIAIS

LUÍS MANUEL TELES DE MENEZES LEITÃO*

SUMÁRIO: *1. Generalidades. 2. O voto. 3. O voto por correspondência. 4. A realização telemática de reuniões dos órgãos sociais. 5. Conclusão.*

1. Generalidades

O tema que nos foi atribuído para esta conferência prende-se com o voto por correspondência e a realização telemática de reuniões para os órgãos sociais[1].

O tema respeita, conforme se sabe, ao processo de formação da deliberação social, a qual enquanto declaração negocial colectiva, necessita da determinação da vontade do órgão, a qual se expressa através da vontade da unanimidade ou da maioria dos seus membros. Ora, a expressão da vontade de cada membro é expressa pelo seu voto, cuja contagem permite determinar se o órgão se inclina num ou noutro sentido, consoante a maioria dos votos que faz vencimento. É, por isso, extremamente relevante a forma de votação, enquanto processo de determinação do sentido da declaração negocial.

Começaremos por determinar em que consiste a disciplina geral do voto, para depois averiguarmos com mais detalhe o regime do voto por correspondência e do voto emitido em reuniões telemáticas.

---

* Professor Catedrático da Faculdade de Direito de Lisboa.

[1] O presente artigo corresponde ao texto escrito da conferência por nós proferida na Faculdade de Direito de Lisboa em 23 de Junho de 2006.

2. O voto

O voto consiste na resposta dada a uma proposta de deliberação, resposta essa que pode ser no sentido da sua aprovação ou da sua rejeição. Neste sentido, o voto constitui uma declaração pelo meio da qual se exterioriza a vontade do titular do órgão social, no sentido de qual deve ser a posição a tomar por esse órgão. Essa declaração assume relevância para o processo deliberativo, uma vez que se o conjunto dos votos formar a maioria legal ou contratualmente exigida para a deliberação, vai permitir que a posição do órgão seja no sentido da declaração do votante. Em consequência, já se afirmou que o voto constitui um elemento integrante de um negócio jurídico complexo, a deliberação social. No entanto, o voto constitui igualmente um direito do sócio, uma vez que entre os direitos que compõem a participação social se inclui o de participar nas deliberações dos sócios, sem prejuízo das restrições previstas na lei [artigo 21.°, n.° 1, *b*), CSC].

A lei preocupa-se com a liberdade de voto do sócio, já que são inclusivamente nulos os acordos parassociais pelos quais um sócio se obrigue a votar: a) seguindo sempre as instruções da sociedade ou de um dos seus órgão; b) aprovando sempre as propostas feitas por estes: c) exercendo o direito de voto ou abstendo-se de o exercer em contrapartida de vantagens especiais (artigo 17.°, n.° 3, CSC).

Em relação à forma do voto, tem-se admitido a votação pelo método da assembleia e a votação pela forma do voto escrito ou referendário[2]. Em relação às sociedades anónimas, a lei apenas prevê, para além do caso especial das deliberações unânimes e assembleias universais, referidas no artigo 54.° CSC, a votação em assembleias regularmente convocadas e reunidas (artigo 373.°, n.° 1, CSC). Já em relação às sociedades por quotas é possível ainda a votação por escrito, seguindo o método referendário, em que os sócios são consultados por escrito em relação a uma proposta de deliberação, devendo responder também por escrito sobre se aceitam ou não essa proposta (artigo 247.°, n.os 2 a 8, CSC).

[2] Cfr. sobre esta distinção, Pinto Furtado, *Deliberações de sociedades comerciais*, Coimbra, Almedina, 2005, pp. 97-98.

3. **O voto por correspondência**

O voto por correspondência integra uma forma mista de deliberação entre os tipos legais do voto em assembleia e do voto escrito referendário, já que, apesar de ser formulado por escrito, destina-se a suprir a falta do sócio à assembleia, permitindo-lhe votar antecipadamente as deliberações que nela são propostas sem ter que estar presente. Nesse sentido, o voto por correspondência tem sido encarado como uma forma preciosa de evitar o abstencionismo dos sócios às assembleias gerais, que tem constituído um factor prejudicial ao correcto funcionamento das sociedades anónimas, ao permitir que minorias activas controlem a sociedade em lugar da maioria silenciosa, destruindo assim a correlação proporcional que deve existir entre o montante da participação social e o contrôle societário[3]. Não admira, por isso, que no âmbito da temática do governo das sociedades (*corporate governance*) tenha sido especialmente equacionada a introdução do voto por correspondência[4]. Efectivamente, embora essa solução ainda não apareça nos *Princípios da OCDE relativos ao Governo das Sociedades*, de 2004, a *Proposta de Directiva do Parlamento Europeu e do Conselho relativa ao exercício do direito de voto pelos accionistas de sociedades com sede social num Estado-Membro e cujos valores mobiliários estejam admitidos à negociação num mercado regulamentado e que altera a Directiva 2004/109/CE*, apresentada pela Comissão em 5 de Janeiro de 2006 (COM(2005) 685 final)[5], prevê no seu artigo 12.º a

---

[3] Cfr. Gonçalo Castilho dos Santos, "O voto por correspondência nas sociedades abertas", em *CVM*, n.º 7 (2000), pp. 133-158 (134).

[4] Cfr. as Recomendações da CMVM sobre o governo das sociedades cotadas, de Novembro de 2005, II, pp. 2-3, disponíveis em http://www.cmvm.pt/NR/exeres/D6E8EF3B-7D3E-4C08-A0DC-FE8BD01B05A9.htm , onde se considera que não deve ser restringido o exercício do voto por correspondência, considerando-se que ocorre uma restrição a esse exercicio, quando a sociedade não coloca à disposição dos accionistas boletins que permitam esse exercício. Sobre o exercício do voto por correspondência cfr. Nos *Princípios da OCDE sobre o governo das sociedades, de 2004*, p. 19, disponíveis em http://www.oecd.org/dataoecd/1/42/33931148.pdf não se prevê, no entanto, o voto por correspondência, determinando-se apenas que "os accionistas devem poder votar pessoalmente ou através de representante, devendo ser atribuído igual peso aos votos emitidos em qualquer um destes casos".

[5] Esta Directiva encontra-se disponível em http://eur-lex.europa.eu/LexUriServ/LexUriServ.do?uri=CELEX:52005PC0685:EN:NOT. Todo o processo legislativo preparatório, designadamente as consultas realizadas pode ser encontrado em http://ec.europa.eu/internal_market/company/shareholders/indexa_en.htm

possibilidade de os accionistas votarem *in absentia*, por carta ou por via electrónica[6].

Em Portugal, antes da Reforma do Código das Sociedades Comerciais, levada a cabo pelo Decreto-Lei n.º 76-A/2006, de 29 de Março, era controvertida a admissibilidade do voto por correspondência. Efectivamente, o artigo 384.º CSC, na sua versão original terminava no n.º 8, o qual se limitava a referir que "a forma de exercício do voto pode ser determinada pelo contrato, por deliberação dos sócios ou por decisão do presidente da assembleia". Daqui inferia Gonçalo Castilho dos Santos, que seria permitido, designadamente ao contrato social, estabelecer o voto por correspondência, cabendo à convocatória estabelecer os requisitos a que esse voto estivesse subordinado [artigo 377.º, n.º 5, *d*), CSC, na sua versão original][7]. Mas essa posição era rejeitada pela maioria da doutrina. Assim, Brito Correia, entendia que em relação às sociedades anónimas, a forma de deliberação em assembleia geral, prevista no artigo 373.º, n.º 1, excluía o voto por correspondência[8]. Também Pinto Furtado considerava que o artigo 384.º, n.º 8, CSC, ao se referir à forma de voto em assembleia geral apenas admitia as formas praticáveis por votantes presentes, pessoalmente ou através de representantes, como seja a votação por braço erguido, levantados e sentados, lançamento de voto em urna. Para além disso, se o CSC quisesse admitir o voto por correspondência, deveria tê-lo feito expressamente, sendo que ao regular o voto por procuração bastaria estabelecer que em lugar da designação do representante constasse da decla-

---

[6] É o seguinte o respectivo texto:

Artigo 12.º
Votação *in absentia*

1. Qualquer accionista de uma empresa cotada terá a possibilidade de votar por via postal antes da assembleia geral, desde que cumpra os requisitos necessários para assegurar a identificação dos accionistas e que sejam proporcionais à sua finalidade.

2. Os Estados-Membros proibirão os requisitos e condicionalismos que impeçam o exercício dos direitos de voto por via electrónica, por parte de accionistas que não estejam fisicamente presentes na assembleia geral, excepto na medida em que tais requisitos possam ser necessários para a identificação dos accionistas, para a segurança das comunicações electrónicas e sejam proporcionais à sua finalidade.

[7] Cfr. GONÇALO CASTILHO DOS SANTOS, *CVM*, n.º 7 (2000), p. 139.

[8] Cfr. LUÍS BRITO CORREIA, *Direito Comercial*, III – *Deliberações dos Sócios*, Lisboa, AAFDL, 1989, p. 176.

ração escrita o sentido do voto. O autor reconhecia, que se esboçava a nível internacional um tendência para admitir o voto por correspondência nas sociedades anónimas, corporizada na alteração do artigo 2379 do Codice pelo Decreto n.º 6, de 17/1/2003, mas entendia que ela implicaria uma modificação do CSC[9].

Fora do Código das Sociedades Comerciais, o voto por correspondência aparecia, no entanto, previsto em relação às cooperativas, sendo que o artigo 52.º do Código Cooperativo, aprovado pela Lei 51/96, de 7 de Setembro, o admitia "sob a condição de o seu sentido ser expressamente indicado em relação ao ponto ou pontos da ordem de trabalhos e de a assinatura do cooperador ser reconhecida nos termos legais".

Com a aprovação do Código dos Valores Mobiliários, o voto por correspondência passou a estar previsto apenas para as sociedades abertas, no artigo 22.º do CVM, cujo n.º 1 referia que "nas assembleias gerais das sociedades abertas, o direito de voto sobre as matérias que constem da convocatória pode ser exercido por correspondência", podendo essa permissão ser afastada "pelos estatutos da sociedade, salvo quanto à alteração e à eleição de titulares dos órgãos sociais" (artigo 22.º, n.º 2, CVM).

Nos termos do artigo 22.º, n.º 3, CVM, para efeitos de exercício do voto por correspondência, a convocatória da assembleia geral deve incluir:

a) Indicação de que o direito de voto pode ser exercido por correspondência;
b) Descrição do modo por que se processa o voto por correspondência, incluindo o endereço e o prazo para a recepção das declarações de voto.

Sendo o voto exercido por correspondência, a sociedade deve verificar a sua autenticidade e assegurar, até ao momento da votação, a sua confidencialidade (artigo 22.º, n.º 4, CVM).

A CMVM procurou concretizar esta disposição, tendo aprovado umas *Recomendações da CMVM Relativas ao Exercício do Voto por Correspondência nas Sociedades Abertas*[10].

---

[9] Cfr. Pinto Furtado, *Deliberações*, pp. 99-110 e nota (97).

[10] As *Recomendações da CMVM Relativas ao Exercício do Voto por Correspondência nas Sociedades Abertas* encontram-se disponíveis em http://www.cmvm.pt/NR/exeres/650F0A22-1E5B-45E0-BD8E-47A1A0EFE06B.htm .

Após a Reforma do Código das Sociedades Comerciais, levada a efeito pelo Decreto-Lei n.º 76-A/2006, de 29 de Março, o voto por correspondência, que apenas aparecia previsto no CVM em relação às sociedades abertas é agora previsto no artigo 384.º CSC, em relação a todas as sociedades anónimas. O artigo 384.º, n.º 8, CSC continua a estabelecer que a forma do exercício do voto pode ser determinada pelo contrato, por deliberação dos sócios ou por decisão do presidente da assembleia, mas agora o voto por correspondência encontra-se previsto no artigo 384.º, n.º 9, CSC, o qual dispõe que "se os estatutos não proibirem o voto por correspondência devem regular o seu exercício, estabelecendo, nomeadamente a forma de verificar a autenticidade do voto e de assegurar, até ao momento da votação, a sua confidencialidade, e escolher entre uma das seguintes opções para o seu tratamento:

a) Determinar que os votos assim emitidos valham como votos negativos em relação a propostas de deliberações apresentadas ulteriormente à emissão do voto.
b) Autorizar a emissão de votos até ao máximo de cinco dias seguintes ao da realização da assembleia, caso em que o cômputo definitivo dos votos é feito até ao 8.º dia posterior ao da realização da assembleia e se assegura a divulgação imediata do resultado da votação".

Para esse efeito, determina o artigo 377.º, n.º 5, *f*), CSC, que entre os elementos que devem constar da convocatória o de que "se o voto por correspondência não for proibido pelos estatutos, descrição do modo como o mesmo se processa, incluindo o endereço, físico ou electrónico, as condições de segurança, o prazo para a recepção das declarações e a data do cômputo das mesmas".

Parece assim que passou a ser permitida genericamente o voto por correspondência, sempre que não seja proibido pelos estatutos. A lei, no entanto, não esclarece o que sucede no caso de os estatutos não proibirem o voto por correspondência, mas também não regularem o seu exercício, ao contrário do que determina o artigo 384.º, n.º 9, CSC. A nosso ver, essa não regulação não pode ser interpretada como uma proibição tácita do voto por correspondência, parecendo que passa a ser deferida à deliberação dos sócios ou ao presidente da assembleia a decisão sobre o mesmo e a regulação do seu exercício.

Em termos probatórios, o voto por correspondência deverá obedecer aos requisitos dos documentos particulares, devendo ser assinado (artigo

373.º, n.º 1, CSC), não se exigindo que a assinatura seja reconhecida notarialmente[11].

Questionáveis são, no entanto, quais as condições de segurança que devem ser exigidas para o voto por correspondência no caso de ele ser emitido por meios electrónicos. Em princípio, e por força do artigo 3º, n.º 2, do Regime Jurídico dos Documentos Electrónicos e da Assinatura Digital, aprovado pela Decreto-Lei n.º 290-D/99, de 2 de Agosto, e alterado pelos Decretos-Leis nºs 62/2003, de 3 de Abril e 165/2004, de 6 de Julho, uma vez que o documento electrónico só se considera documento assinado no caso de lhe ser aposta uma assinatura electrónica certificada por uma entidade certificadora credenciada, em princípio será exigida essa forma para o voto por correspondência electrónico[12]. Nada impede, no entanto, que a sociedade tenha estabelecido outras formas de certificação da identidade dos votantes e da integridade do voto, ao abrigo do artigo 3.º, n.º 4 do mesmo diploma.

4. **A realização telemática de reuniões dos órgãos sociais**

Uma alternativa ao voto por correspondência é a realização telemática de reuniões dos órgãos sociais.

A realização telemática de reuniões dos órgãos sociais constitui uma importante inovação em relação à disciplina do voto por correspondência, cujo paradigma é completamente alterado[13]. Efectivamente, enquanto que a disciplina do voto por correspondência continua a ser construída em torno dos suportes escritos em papel, a realização telemática das reuniões dos órgãos sociais esses votos passam a ser expressos por via telemática. Ora, se as mensagens trocadas pelos participantes por via telemática podem não diferir essencialmente dos documentos escritos em papel, a verdade é que a comunicação telemática é muito mais célere, permitindo assim que o voto de cada membro seja emitido imediatamente (em tempo

---

11 Cfr. GONÇALO CASTILHO DOS SANTOS, *CVM*, n.º 7 (Abril 2000), p. 147.

12 No mesmo sentido, GONÇALO CASTILHO DOS SANTOS, *CVM*, n.º 7 (Abril 2000), pp. 150 e ss.

13 Seguimos neste âmbito MIGUEL JOSÉ DE ALMEIDA PUPO CORREIA, "Documentos electrónicos e assinatura digital: as novas leis portuguesas", na *AR: Revista de Derecho Informatico*, n.º 23 (Junho 2000), disponível em http://www.alfa-redi.otg/rdi-articulo.sthml?x=483.

real) perante a proposta apresentada, dispensando as soluções que se propõem para o voto por correspondência no artigo 384.°, n.° 9, CSC. Mas, quando a comunicação telemática não implica a transmissão da voz e imagem dos participantes, torna-se difícil o contrôlo da identidade do remetente, sendo assim necessário instituir regras que permitam efectuar o controlo dessa identidade.

A nível comunitário, tem sido admitida a possibilidade de realização telemáticaa de reuniões dos órgãos sociais, considerando-se que ela não difere muito do voto por correspondência, que inclusivamente pode ser realizado por meios electrónicos que se encontra igualmente prevista no artigo 8.° da referida Proposta de Directiva[14].

Após a reforma do Código das Sociedades Comerciais, a realização telemática de reuniões dos órgãos sociais aparece prevista no artigo 410.°, n.° 8, CSC, para o Conselho de administração, para onde remete o artigo 423.°, n.° 5, relativo ao Conselho Fiscal. Nos termos daquela disposição, "se não for proibido pelos estatutos, as reuniões do conselho podem realizar-se através de meios telemáticos, se a sociedade assegurar a autenticidade e a segurança das comunicações, procedendo ao registo do seu conteúdo e dos respectivos intervenientes". À semelhança do que se referiu para o voto electrónico, parece aplicável aqui o disposto no artigo 3.°, n.° 2, do Regime Jurídico dos Documentos electrónicos e da assinatura digital, caso a comunicação telemática assuma a forma escrita. No caso contrário, será aplicável o disposto no artigo 3.°, n.° 3, desse diploma, sendo que a assinatura electrónica qualificada por entidade certificadora credenciada permite atribuir ao registo da comunicação telemática os efeitos probatórios do artigo 368.° CC. Mais uma vez, nada impede, porém, a sociedade de estabelecer outras formas de certificação (artigo 3.°, n.° 4), como códigos de acesso, *passwords*, etc.

---

[14] É o seguinte o seu texto: "Os Estados-Membros não proibirão a participação de accionistas em assembleias gerais por meios electrónicos. São proibidos os requisitos e condicionalismos que criem ou possam criar obstáculos à participação de accionistas em assembleias gerais por meios electrónicos, excepto na medida em que sejam necessários para assegurar a identificação dos accionistas e a segurança das comunicações electrónicas e sejam proporcionais relativamente a essa finalidade".

5. **Conclusão**

Em conclusão, o voto por correspondência e a realização telemática de reuniões dos órgãos sociais constituem importantes meios para assegurar a participação efectiva nos órgãos sociais, suscitando-se assim um importante desenvolvimento na matéria do governo das sociedades.

O REGISTO COMERCIAL NA REFORMA DO DIREITO DAS SOCIEDADES DE 2006

CARLOS FERREIRA DE ALMEIDA*

SUMÁRIO: *I. Forma e registo comercial. II. O registo electrónico e a eliminação da competência territorial. III. Outros aspectos da técnica registral. IV. Os registos relativos a quotas. V. Balanço da reforma.*

I. **Forma e registo comercial**

1. *Dispensa da escritura pública como exigência formal dos actos sujeitos a registo comercial.* Nos termos da reforma empreendida pelo Decreto-Lei n.º 76-A/2006, de 29 de Março[1], o documento particular (com assinatura reconhecida presencialmente) é bastante para a validade formal do acto de constituição da sociedade, salvo quando o acto implique a transmissão de bens (v.g. bens imóveis) que exija forma mais solene (artigo 7.º, n.º 1, do Código das Sociedades Comerciais – CSC). O simples documento particular é requisito formal suficiente para outros actos estruturais, designadamente para os actos relativos a direitos sobre quotas (artigos 219.º, n.º 5, 221.º, n.º 2, 228.º, n.º 1, e 23.º, n.ºs 1 e 3) e sobre participações sociais em sociedades de pessoas (artigos 182.º, n.º 2, 474.º e 475.º).

* Professor Catedrático da Faculdade de Direito da Universidade Nova de Lisboa.

[1] No âmbito desta reforma e com incidência no registo comercial, foram aprovados mais dois actos normativos, o Decreto-Lei n.º 125/2006 e a Portaria n.º 657-A/2006, ambos de 29 de Junho, que, embora posteriores à comunicação oral em que se baseia o presente texto, foram agora tomados em conta.

2. Esta simplificação formal reforça a *importância do registo comercial*, colocando-o, quanto a tais actos, na posição de único meio de controlo público de legalidade. Era de resto já esta, na prática, a função do registo comercial, face à permeabilidade dos notários em aceitar, sem crítica, a mera autenticação de actos preparados pelas partes e pelos seus advogados.

A solução merece aplauso, conforme noutro lugar sustentei: "*O registo comercial assegura a publicidade, a legalidade, a certeza jurídica e a prova*". "*O documento escrito e assinado é suficiente para salvaguardar a reflexão e a possibilidade de apoio técnico*"[2].

Nada mais exige o direito comunitário, que, em relação à constituição de sociedades, dispensa a forma solene se estiver assegurada a "fiscalização preventiva", através de "controlo preventivo administrativo" (cfr. 1ª Directiva do Conselho sobre sociedades, a Directiva n.º 68/151/CEE, de 9 de Março de 1968, artigos 10.º e 11.º).

II. O registo electrónico e a eliminação da competência territorial

1. *Informatização integral dos registos e dos suportes documentais.* Os registos por transcrição são (desde já) lavrados em suporte electrónico (artigo 58.º, n.º 1, do Código do Registo Comercial – CRC). Os registos por depósito e as publicações obrigatórias serão efectuadas em suporte electrónico logo que as condições técnicas o permitirem (artigos 54.º e 55.º do Decreto-Lei n.º 76-A/2006).

A constituição de sociedades *on line* veio a ser admitida pelo Decreto-Lei n.º 125/2006, de 29 de Junho. O requerimento consta de formulário, enviado por via electrónica (artigo 6.º, n.º 1) e certificado por assinatura electrónica (artigo 5.º). O pagamento dos encargos é também efectuado por meios electrónicos [artigo 6.º, n.º 1, *f*)]. O registo do acto constitutivo é comunicado por via electrónica. A entidade registadora (Registo Nacional de Pessoas Colectivas) procede logo à emissão do documento de identificação, disponibiliza a prova do registo e promove as publicações legais, tudo por via electrónica (artigo 12.º).

---

[2] Parecer apresentado à Ministra da Justiça em 24 de Maio de 2004 sobre o "Novo sistema de informação empresarial", que subscrevi em conjunto com os advogados António Sampaio Caramelo e Filipe Vaz Pinto.

A tendência é naturalmente para alargar o processamento electrónico a todos os actos de registo comercial[3].

2. *Concentração da competência numa só entidade nacional.* A informatização do registo comercial público torna possível e conveniente a concentração dos registos numa só entidade nacional. Daí a eliminação das actuais regras de competência territorial, já concretizadas ou anunciadas pelo Decreto-Lei n.º 76-A/2006, nos artigos 33.º, 43.º e 44.º, na sequência dos quais foram revogados vários artigos do Código do Registo Comercial: artigos 24.º a 26.º, sobre competência territorial; artigo 21.º, sobre a inexistência de registos lavrados por entidade territorialmente incompetente; artigo 48.º, n.º 1, *a*), sobre a recusa de actos requeridos a conservatória territorialmente incompetente.

Para já atribui-se competência a "qualquer conservatória do registo comercial" para a prática dos registos e para a emissão de meios de prova. Não é arriscado prever que o registo comercial venha a evoluir para "registo universal, de âmbito nacional"[4], a cargo de uma entidade central, com competências múltiplas que aglutinem as competências actuais das conservatórias e de outras entidades públicas ligadas à actividade empresarial, que subsistirão apenas na medida em que sejam úteis como simples delegações. A solução adoptada no Decreto-Lei n.º 125/2006 para a constituição de sociedades *on line* (centralização no Registo Nacional das Pessoas Colectivas) adivinha-se ainda provisória.

---

[3] Este procedimento está ainda pouco difundido mesmo em Estados desenvolvidos: "É utilizado em França, onde está disponível uma página do *Greffe du Tribunal de Commerce de Paris* dedicada à prática de actos de registo comercial (endereço *www.greffe-tc-paris.fr*) e, muito limitadamente, em Espanha, para as *Sociedades Limitadas de Nueva Empresa*. Mas não está previsto, por exemplo, no Delaware, que é o Estado norte-americano onde mais sociedades estão registadas, nem corresponde à prática na Alemanha, embora a legislação o permitisse. Os obstáculos serão todavia mais de ordem técnico-informática do que técnico-jurídica" (Parecer, cit. na nota 2, onde se sustentava que tantos os requerimento como o registo de todos os actos relativos a sociedades se efectuassem em suporte informático e fossem disponibilizados por via electrónica, *on line*, na internet).

[4] Parecer cit. na nota 2.

III. Outros aspectos da técnica registral

1. *Registo por transcrição e registo por depósito.* O artigo 53.º-A do CRC distingue entre registo por transcrição (ou por extracto) e registo por depósito, que consiste, como antes, no mero arquivamento dos documentos que titulam factos sujeitos a registo. A grande alteração consiste em que, antes, o registo por depósito apenas se aplicava à prestação de contas[5] e, agora, aumenta exponencialmente o elenco dos registos por depósito, abrangendo, além da prestação de contas, os seguintes actos[6]:

- a totalidade dos actos relativos a quotas e participações sociais de responsabilidade ilimitada;
- a totalidade dos actos relativos a mandato comercial e agência;
- os actos relativos a relações de domínio e de grupo.

Acresce que a nova redacção do Código do Registo Comercial desvaloriza claramente o registo por depósito no que respeita à verificação da legalidade e à revelação das situações jurídicas actuais, em consequência das seguintes medidas legislativas:

- eliminação do princípio da legalidade em relação aos registos por depósito (cfr. artigo 47.º, que se refere apenas ao registo por transcrição) e consequente omissão, nos preceitos sobre recusa do registo e registo provisório por dúvidas (artigos 48.º e 49.º), de qualquer fundamento de recusa para o registo por depósito (visto que o n.º 2 do artigo 48.º, apesar de ambíguo, parece ter aplicação restrita aos registos por transcrição);
- revogação do artigo 60.º, que atribuía ao depósito a natureza da inscrição dos factos registados;
- omissão, no preceito sobre nulidades do registo (artigo 22.º), da referência ao registo por depósito, que, parece, não poderá sofrer de vício mais grave do que a inexactidão;
- restrição ao registo por transcrição da função registral de revelação das situações jurídicas (artigo 53.º-A, n.º 2, em comparação com o n.º 3);

---

[5] Também havia referência ao depósito de documentos, apenas complementar da inscrição registral.

[6] Sem esgotar (cfr. artigo 53.º-A, n.º 4, com referência aos artigos 3.º, 6.º a 10.º).

– revogação do princípio do trato sucessivo (artigos 31.º, 79.º e 80.º).

Este princípio do trato sucessivo, que assegura a legitimidade na transmissão e aquisição de direitos, só fazia sentido, no registo comercial, para os registos relativos a bens, isto é, relativos a quotas e a participações sociais de sócios de responsabilidade limitada. Desaparece agora também em relação a tais registos, para os quais era essencial.

2. *Registos provisórios*. Foram revogados quase todos os preceitos sobre registos provisórios (n.º 5 do artigo 35.º, várias alíneas dos n.os 1 e 2 do artigo 64.º), que passam agora a ser uma raridade (cfr. redacção actual do artigo 64.º).

3. *Averbamentos*. Foram revogadas várias alíneas dos n.os 1 e 2 do artigo 69.º, que previam averbamentos às inscrições. A conexão entre registos por averbamento passa a ser uma técnica de uso limitado.

4. *Promoção de registos*. Introduz-se uma nova técnica de iniciativa registral, aplicável ao registo de factos relativos a quotas e a outras participações sociais – a promoção do registo – que, pela sua importância, merece referência especial.

IV. **Os registos relativos a quotas**

1. *Inovações legislativas*. Total novidade advém da chamada promoção do registo das quotas, que é, em substância, um *pré-registo* pela sociedade dos factos jurídicos relativos a quotas (artigos 242.º-A e seguintes, CSC).

A promoção do registo é solicitada por "quem tenha legitimidade" (artigo 242.º-B, n.º 1), a saber, o transmitente, o transmissário, o usufrutuário, o credor pignoratício, o sócio exonerado[7] (n.º 2). A solicitação deve ser instruída com os "documentos que titulam o facto" (n.º 3).

[7] Se o transmitente e o sócio exonerado (titulares das situações jurídicas passivas) têm legitimidade, por que não a têm o devedor pignoratício e o titular da nua titularidade que constitui o usufruto?

A promoção dos registos está sujeita aos princípios clássicos e básicos dos registos públicos relativos a bens, que devem ser observados pela sociedade:

- princípio da prioridade (artigo 242.º-C);
- princípio do trato sucessivo, cognominado de sucessão dos registos, verificado através da intervenção do titular registado no acto transmissivo ou modificativo (artigo 242.º-D);
- princípio da legalidade, enunciado através de deveres da sociedade promotora formulados pela negativa: a sociedade não deve promover registos inviáveis, estando obrigada a controlar "a legitimidade dos interessados, a regularidade formal dos títulos e a validade dos actos neles contidos" (artigo 242.º-E, n.º 1), nem promover registos de actos desconformes com as exigências fiscais (n.º 2), sob pena de responsabilidade fiscal solidária (artigo 242.º-F, n.º 2).

A função conservatória da sociedade acentua-se ainda mais através dos seguintes deveres legais:

- de arquivo dos documentos (artigo 242.º-E, n.º 3),
- de acesso e cópia (poder-se-ia dizer "certidão") de tais documentos,
- mediante o pagamento de quantias (próximas afinal dos emolumentos) (artigo 242.º-E, n.º 4).

A natureza registral da dita promoção revela-se finalmente nos efeitos que lhe estão associados[8]:

- a necessidade da dita promoção para que os actos sejam eficazes em relação à sociedade (artigo 242.º-A, CSC);
- a responsabilidade civil quase-objectiva da sociedade pelos danos causados, tanto aos titulares dos direitos como a terceiros, em consequência de omissão, irregularidade, erro, insuficiência ou demora na promoção dos registos (artigo 242.º-F, n.º 1).

---

[8] Mas a linguagem, flutuante, revela a insegurança quanto à natureza do acto. Tanto se refere a promoção do registo pela sociedade – artigo 242.º-A e seguintes, CSC, artigo 29.º-A, n.ºs 1, 1ª parte, 2 e 3, artigo 29.º-B, ambos do CRC – como a promoção do registo pelo conservador (?!) – artigo 29.º-A, n.º 1, 2.ª parte, n.º 5 e n.º 6, CRC.

2. *Apreciação crítica.* Recapitulemos o que se passa em relação a tais registos perante o registo comercial público.

Como os registos relativos a quotas se efectuam por depósito [artigo 53.º-A, n.º 4, alínea *a*), com referência ao artigo 3.º, n.º 1, alíneas *c*) a *g*) e *i*), ambos do CRC], a legitimidade para requerer o registo recai, em exclusivo, sobre a sociedade a que as quotas respeitam, "a entidade sujeita a registo" (*sic*) (artigo 29.º, n.º 5)[9]. Se a sociedade não promover o registo, segue-se um complicado processo que pode culminar com o registo promovido pelo conservador (artigo 29.º-A).

O registo (por depósito) consiste no mero arquivo dos documentos respectivos (artigo 55.º, n.º 2, CRC). As menções específicas do registo de factos respeitantes a participações sociais (cfr. artigo 15.º, n.º 2, da Portaria n.º 657-A/2006, de 29 de Junho, que aprovou o novo Regulamento do Registo Comercial) fornecem alguma informação complementar, mas não permitem suficiente conexão entre registos nem a sua inscrição está sujeita a qualquer controlo de legalidade.

Mantêm-se as regras sobre obrigatoriedade do registo (artigo 15.º, n.º 1, CRC), sobre prioridade dos registos (artigo 12.º), sobre a presunção da existência dos factos registados (artigo 11.º, n.º 2) e sobre a necessidade do registo como requisito de oponibilidade (artigo 14.º) (salvo em relação à sociedade, para o que basta a solicitação de promoção do registo).

Foram todavia revogadas, como se viu, várias regras aplicáveis ao registo de factos respeitantes a direitos sobre quotas, com destaque para as que antes garantiam os princípios do trato sucessivo e da legalidade.

Foram, além disso, eliminados:

- a maioria dos registos provisórios relativos a quotas, v.g., a transmissão e o penhor de quota baseado em contrato-promessa ou declaração unilateral [artigo 64.º, n.º 1, *h*), artigo 35.º, n.º 5, ambos do CRC], penhora, arresto, arrolamento, já decretados por decisão judicial ainda não executada ou em recurso [artigo 64.º, n.º 1, *f*), *g*), *l*), *m*), n.º 2, *a*)];
- quase todos os averbamentos antes previstos no artigo 69.º, relativos, por exemplo, a penhora, cessão da posição contratual,

[9] A mesma expressão, tecnicamente incorrecta, é usada no artigo 78.º-A, n.º 2, *b*). Incorrecta é também a epígrafe da nova secção VII que antecede o artigo 242.º-A do CSC ("registo de quotas"). Não se registam pessoas nem objectos. Os registos têm por objecto factos que, pela sua conexão, revelam situações jurídicas.

trespasse do usufruto [n.º 1, *a*), *e*), *f*)], conversão de arresto em penhora [n.º 2, *a*)].

Sem observância do trato sucessivo, sem possibilidade de controlo da legalidade, sem utilização de conexões relevantes entre os documentos, sem registo provisório de situações judiciais e negociais em evolução, parece que a publicidade registral pública relativa a direitos sobre quotas sofreu um rude golpe na sua credibilidade e eficácia.

Como é possível efectuar a penhora de quotas, uma vez que o registo público relativo à quota, sendo um mero registo por depósito, não revela, com rigor e certeza, quem é o seu titular actual?

Que segurança podem oferecer as certidões relativas a registos efectuados por depósito [cfr. artigo 78.º, *a*), CRC] que, parece, apenas se limitam à fotocópia de documentos, sem indicação da conexão entre os factos registados (*rectius*, documentos arquivados) e sem a possibilidade de revelação das situações jurídicas subsistentes em cada momento? Será por isso que agora se prevê a passagem de cópias não certificadas (artigo 74.º), de discutível ou reduzido interesse prático[10]?

V. **Balanço da reforma**

No que respeita ao registo comercial, as inovações introduzidas por esta reforma de 2006 merecem, na minha opinião, valorações de sinal contrário:

São claramente positivas as alterações no sentido de:

- erigir o registo comercial em único meio de controlo público de legalidade dos actos estruturais das sociedades;
- caminhar no sentido da total informatização do processo de registo e da sua publicidade;
- concentrar a competência numa só entidade pública, alargada a actos que excedem o âmbito do registo comercial.

Estas medidas estão na senda do progresso, colocando o Estado português num estádio de modernização superior a vários Estados desenvolvidos.

[10] Pelo contrário, previa-se no parecer cit. na nota 2 a "certidão electrónica" com garantia de veracidade e completude e com força de documento autêntico.

Poder-se-ia, apesar de tudo, ter ido mais longe, através de duas medidas que em tempos propus[11]:

– a eficácia constitutiva do registo comercial em todos os actos de conformação estrutural das sociedades (e não apenas em relação ao acto constitutivo inicial);
– a equiparação plena entre sociedades uni- e pluripessoais, tanto no acto de formação como no regime de funcionamento.

Pelo contrário, parecem-me negativas as alterações aplicáveis ao registo de actos relativos a direitos sobre quotas. Julgo que esta (substancial) privatização do registo redunda em retrocesso.

Admito como possível a aproximação do sistema de registo de quotas ao sistema de registo de acções nominativas escriturais, regulado pelo Código dos Valores Mobiliários, uma vez que as quotas são também (e sempre foram) valores escriturais[12].

Mas a solução adoptada na reforma é imperfeita e inconveniente, na medida em que, em vez de uma faculdade concedida às sociedades, está concebida como sistema único e imperativo.

Seria admissível que o registo privado fosse acolhido, facultativamente, por algumas sociedade por quotas, designadamente sociedades integradas em grupos económicos, habilitadas a praticar os actos de "promoção" do registo, directamente ou por delegação em intermediário financeiro.

Mas para a maioria das sociedades por quotas com sede em Portugal e para os respectivos sócios será fonte de complexidade, de insegurança, de conflitos e de despesa.

Quem concebe que as sociedades por quotas titulares de pequenas empresas estejam em condições de assegurar o registo das suas quotas? Das duas uma: ou esse registo será muito imperfeito ou será muito caro, pela necessidade de recorrer a uma entidade privada estranha, advogado ou intermediário financeiro, que preste o serviço de "promoção do registo" que, como se viu, vem afinal a valer como registo. Em qualquer caso,

---

[11] Parecer cit. na nota 2.

[12] Os artigos 69.º (data e prioridade dos registos), 70.º (sucessão de registos) e 87.º, n.º 1 (responsabilidade civil) do Código dos Valores Mobiliários, aplicáveis ao registo de valores mobiliários escriturais, terão inspirado os artigos 242.º-C (prioridade da promoção do registo), 242.º-D (sucessão de registos) e 242.º-F (responsabilidade civil) do CSC, respectivamente.

acrescem para as sociedades por quotas conscientes da sua nova função as despesas inerentes ao seguro de responsabilidade civil decorrentes do citado artigo 242.º-F, n.º 1, CSC.

O Estado não se pode demitir desta função registral. Receio que, sob este aspecto, a reforma não tenha sido pensada pelas melhores razões, que tenha sido ditada pelo objectivo de aliviar as conservatórias de uma parte substancial do seu trabalho actual.

O registo por depósito, tal como está regulado, é um meio débil para a garantia da legalidade e da revelação da situação jurídica actual. A dispensa da intervenção notarial deve ter como compensação o reforço, não a diluição, do controlo registral.

Em relação aos registos relativos a quotas, não há norma comunitária que o exija. Mas a exigência resulta da segurança jurídica que não se compadece com a privatização da função, transferida para as pequenas e médias empresas.

A DISSOLUÇÃO E A LIQUIDAÇÃO DAS SOCIEDADES COMERCIAIS: NÓTULA

PAULA COSTA E SILVA*

1. Em 29 de Março de 2006 foi publicado o Decreto-Lei n.º 76-A/ /2006. O objectivo primordial deste diploma foi o de proceder a uma actualização do direito das sociedades comerciais, essencialmente através da intervenção em matérias como a da responsabilidade dos administradores e a do governo das sociedades.

Porém, muitas outras áreas mereceram a atenção do legislador, dando uma ampla envergadura à reforma, cujos efeitos práticos só lentamente se farão sentir em toda a sua amplitude. Até agora e porquanto temos conhecimento, são as regras respeitantes à independência dos titulares dos órgãos que mais intensa aplicação (e polémica) vêm suscitando.

Um dos regimes que mereceu intervenção através do *supra* citado diploma foi a da dissolução e liquidação das sociedades. É dos traços fundamentais da reforma deste regime de que aqui se dará brevíssima nota.

2. O traço mais impressivo da alteração do regime de dissolução e liquidação de sociedades consiste na desjudicialização dos procedimentos, dos quais resultará a extinção da pessoa colectiva. Integrada num movimento de concentração da actividade da magistratura judicial na resolução de litígios, veio a reforma do código das sociedades comerciais a distratar a competência para os procedimentos de dissolução e liquidação das sociedades comerciais da esfera do poder judicial, cometendo-a aos serviços de registo que, atendendo à sua projectada universalidade, deixarão de ter

* Professora Associada da Faculdade de Direito de Lisboa.

competências territorial e, eventualmente, objectivamente delimitadas. Quer isto dizer que, com o novo regime, a dissolução e a liquidação das sociedades serão decretadas através de procedimentos administrativos[1], tendo sido actualizadas todas as referências que, no anterior regime, eram feitas à dissolução e à liquidação judicial[2].

Poderia associar-se à alteração de competência para a tramitação dos processos de dissolução e liquidação uma convolação da natureza destes procedimentos. Não tendemos a subscrever esta perspectiva. Não sendo possível aprofundar aqui a natureza jurídica dos anteriores procedimentos (isto implicaria discorrer acerca da globalidade dos respectivos regimes jurídicos), certo é que, no respectivo contexto, o juiz exercia essencialmente a função de controlo da legalidade dos actos e de investidura em cargos. Se não estava imediatamente em causa a prática de actos reconduzíeis ao núcleo da função jurisdicional, não eram, evidentemente, funções pouco importantes aquelas que cabiam ao magistrado. Mesmo que não seja viável a identificação de um litígio, a dissolução e a liquidação da sociedade interferem com uma pluralidade de interesses. Não é apenas a vida da sociedade que está em causa. A dissolução e a liquidação colidem, igualmente, com a situação dos associados e dos credores da sociedade. Ora, a necessidade de tutela dos diversos interesses em tensão impunha o controlo das diversas actividades por um agente altamente qualificado, *scilicet*, um juiz.

---

[1] A lei veio regular de modo relativamente detalhado os procedimentos de dissolução e liquidação no Anexo III ao diploma. Um confronto com o regime anterior, devidamente enquadrado com a evolução sofrida pelo processo civil em geral, permite concluir que tais regimes processuais, se bem que inspirados na tramitação anterior, resolveram aspectos até aqui omissos.

Para uma análise do Regime Jurídico dos Procedimentos Administrativos de Dissolução e Liquidação de Entidades Comerciais, Armando Manuel Triunfante, *Código das Sociedades Comerciais anotado. Anotações a todos os preceitos alterados*, Coimbra Editora, Coimbra 2007, sub artigo 146.

[2] Chamando a atenção para a circunstância de a dissolução por procedimento administrativo operar em casos cobertos, não pelas disposições expressamente dedicadas à dissolução, mas em outras situações, Pereira de Almeida, *Sociedades Comerciais*, 4.ª edição, Coimbra Editora, Coimbra 2006, Título XII, Capítulo I, n. 2; Armando Manuel Triunfante, *Código das Sociedades Comerciais anotado. Anotações a todos os preceitos alterados*, Coimbra Editora, Coimbra 2007, sub artigo 142, n. 6. Indicando, também, causas de dissolução não previstas na parte geral, Menezes Cordeiro, *Manual de Direito das Sociedades*, II, *Das Sociedades em Especial*, Almedina, Coimbra 2007, n. 87.

A contracção dos meios afectos à magistratura vem determinando uma redução das situações em que ao juiz incumbia actividade diversa da decisória. Actualmente, temos como paradigma do juiz garante dos interesses relevantes de terceiro o processo de divórcio por mútuo consentimento quando há filhos menores. Mesmo que os cônjuges acordem em todos os aspectos do regime que regerá as suas relações, após a dissolução do casamento, relativamente aos filhos, ou seja, mesmo que não haja qualquer litígio, o procedimento é da competência de um juiz. Não é a existência de litígio que o justifica, mas o superior interesse dos filhos menores, entendendo-se ser este interesse de tal modo relevante e sensível que deve ser um magistrado a controlar os acordos realizados.

É evidente que os movimentos de desjudicialização assentam em dois pressupostos: o de que outros agentes terão qualificações adequadas ao exercício das funções até aqui cometidas a um magistrado e o de que as estruturas, para as quais se transferem competências, terão meios humanos e técnicos para desempenhar as novas funções. Nenhuma crítica substancial se poderá avançar contra a opção legislativa se ambos os pressupostos estiverem também substancialmente verificados. Fazer qualquer juízo acerca desta verificação seria temerário por falta de acesso aos dados relevantes. Mas, como sempre sucede, o tempo o dirá. Resta esperar que a opção agora tomada em matéria de dissolução e liquidação de sociedades não tenha os efeitos profundamente negativos que reformas assentes em pressupostos semelhantes vieram a revelar no curto e médio prazos[3].

3. Outro traço característico da reforma foi o de facilitar a dissolução de sociedades, não por ampliação daquelas que eram causas de

[3] Registando preocupação semelhante quanto à tramitação electrónica dos processos, ABRANTES GERALDES que, em intervenção em que demonstrou a inutilidade, não acatada pelo legislador, de consagração de um novo procedimento para a litigância de massas, escreveu que, se "não deve ser rejeitada qualquer inovação tecnológica que seja capaz de frutificar ao nível da celeridade processual", acrescenta que "não pode deixar de ser feita a reserva de que qualquer medida que envolva a substituição do processo físico (...) por processo exclusivamente informatizado, deve ser efectivamente monitorizada por pessoal devidamente apetrechado, abandonando a excessiva dose de amadorismo que vem acompanhando anteriores medidas". *Processo especial experimental de litigância de massas*, in *Novas exigências do processo civil. Organização, celeridade e eficácia*, org. Associação Jurídica do Porto, Coimbra Editora, Coimbra 2007, 153-173 (172).

dissolução judicial ou por deliberação[4], mas quer por se terem aliviado os pressupostos que permitem a dissolução [cfr., *v.g.*, artigo 142/1, *c*) e 4 do CSC na versão anterior e posterior à reforma], nomeadamente por se haverem dificultado os pressupostos de oposição à dissolução (cfr. o anterior artigo 143, que permitia suspender o procedimento judicial de dissolução quando esta fosse requerida com fundamento na redução, por período superior a um ano, do número de associados a número inferior ao mínimo legal, faculdade actualmente suprimida do texto do Código).

4. A sociedade dissolvida entra imediatamente em liquidação, sendo o seu estatuto o de ente personificado, mas em processo de extinção. Não obstante a possibilidade de um regresso à actividade, necessariamente deliberado pelos sócios (cfr. artigo 161 do CSC), este ente não se destina mais a continuar a actividade a que se propôs, mas a morrer. Esta fase deverá ser tão breve quanto possível para que se resolvam, definitivamente, as situações dos credores (entre eles, não podem ser esquecidos os trabalhadores) e dos associados. Esta razão terá determinado o encurtamento dos prazos da liquidação. Se, até à reforma, a liquidação deveria estar concluída em três anos, sendo o prazo prorrogável, por deliberação dos sócios, por tempo não superior a dois anos, com a reforma veio o artigo 150 a prescrever que o prazo da liquidação é de dois anos, prorrogável por tempo não superior a um ano.

5. Com uma louvável intenção de depurar o tecido económico de falsas sociedades ou de sociedades que não têm qualquer actividade, veio a lei consagrar causas de dissolução oficiosa da sociedade[5]. Estas constam

---

[4] Causas que, no nosso sistema, dificilmente se podem dizer sujeitas ao princípio do *numerus clausus*, referido por Karsten Schmidt, *Gesellschaftsrecht*, Carl Heymanns Verlag, Köln et alter, § 11.V.2. Com efeito, se as vias de dissolução estão sujeitas a tipicidade legal, ao admitir-se uma dissolução por deliberação dos sócios, sem tipificação das causas em que pode assentar essa deliberação, as causas da dissolução deixam de estar tabeladas na lei; os sócios podem dissolver a sociedade seja por que razão for. Referindo, *apertis verbis*, a dissolução discricionária da sociedade desde que deliberada pelas maiorias exigidas na lei, Pereira de Almeida, *Sociedades Comerciais*, 4.ª edição, Coimbra Editora, Coimbra 2006, Título XII, Capítulo I, n. 2.

[5] Esta uma das novidades da reforma, que no demais se conteve em alterar sensivelmente as causas de dissolução previstas no anterior regime. Fazendo um confronto entre o regime anterior e posterior à reforma, Armando Manuel Triunfante, *Código das Sociedades Comerciais anotado. Anotações a todos os preceitos alterados*, Coimbra Editora, Coimbra 2007, nas anotações 2 a 5 ao artigo 142.

do artigo 143, devendo os procedimentos ser desencadeados pelo serviço de registo competente com base em elementos probatórios que lhe sejam remetidos pelas entidades que tomam conhecimento da existência ou da inexistência de actividade social. Se a dissolução houver sido oficiosa, a liquidação será também ela promovida oficiosamente pelo serviço de registo competente (cfr. o novo artigo 146/6 do CSC).

O sucesso desta medida dependerá integralmente dos meios humanos e técnicos de que os serviços estejam dotados. Uma boa solução, que a realidade das estruturas não permita implementar, acabará por ser uma má solução.

6. Ainda num designado esforço de desburocratização, veio a reforma a suprimir a intervenção notarial nos procedimentos de dissolução. Esta intenção legislativa, concretizada já após a transferência daquele serviço da órbita da administração do Estado, determinou a alteração de todos os preceitos que impunham quer a consignação da deliberação de dissolução em escritura quando a acta da assembleia geral não houvesse sido lavrada por notário ou pelo secretário da sociedade (cfr. artigos 142/4 e 145/1, antes e depois da reforma).

Deixando de exigir-se a escritura, a dissolução da sociedade, quando não haja impugnação judicial da deliberação, produzir-se-á com a deliberação (cfr. artigo 142/4 antes e depois da reforma).

Julho de 2007

DISCURSO DO PROFESSOR DOUTOR JORGE MIRANDA

Senhor Secretário de Estado da Justiça
Senhor Professor Menezes Cordeiro
Senhor Dr. Paulo Câmara
Senhor Dr. Paulo Ventura
Senhoras e Senhores

Agradeço a presença do Senhor Secretário de Estado da Justiça, sinal de que, no Governo, continua ligado à nossa Faculdade e disponível para participar nas suas actividades.

Ao Senhor Professor Menezes Cordeiro e ao Senhor Dr. Paulo Câmara os meus parabéns por estas jornadas sobre a Reforma do Código das Sociedades Comerciais, levadas a cabo com tanto êxito.

E, porque elas tiveram como patrono o Professor Raul Ventura, quero saudar muito cordialmente o seu filho, Dr. Paulo Ventura, e dizer-lhe que a figura ímpar do seu Pai continua viva entre nós.

O Professor Raul Ventura pertenceu à segunda geração – se assim se pode dizer – de grandes Mestres que fizeram a Faculdade de Direito de Lisboa, que a fizeram no pleno sentido do termo como escola e como centro de produção científica.

Se com os Professores Marcello Caetano, Paulo Cunha e Cavaleiro Ferreira, a Faculdade, criada em 1913, atingiu nos anos 30 a maioridade e a originalidade, seria um pouco mais tarde, com os Professores Galvão Telles, Gomes da Silva e Raul Ventura que ganharia plena consistência e que viria a projectar-se sobre todos os ramos do Direito.

Justamente, o Professor Raul Ventura deu um contributo fundamental para o início do estudo do Direito do Trabalho em Portugal e um contributo, talvez ainda mais importante, para o aprofundamento e o desenvolvimento do Direito das Sociedades, conjugando uma rigorosa construção dogmática e uma atenta observação da realidade económico-social.

Tive o privilégio de ter sido seu aluno como dos outros professores que referi. A todos devo um profundo reconhecimento.

A primeira aula que tive na Faculdade foi de História do Direito Romano com o Professor Raul Ventura e essa aula, como as demais durante esse ano, marcaram-me profundamente, tal como aos meus colegas, pelas enormes qualidades pedagógicas do Mestre, que conseguia transformar matérias, à partida distantes e áridas, em matérias plenas de interesse, e de interesse até actual. Em particular, eram de brilho excepcional, as aulas práticas, dadas segundo o método socrático.

Senhor Secretário de Estado e Senhor Professor Menezes Cordeiro,

As jornadas que agora se encerram constituem um exemplo das realizações que o Governo e as Faculdades de Direito devem promover, tanto quanto possível em oportuna colaboração: o Governo vem até à Universidade apresentar as suas decisões ou os seus projectos legislativos e a Faculdade, sobre o acontecimento, pronuncia-se através da reflexão pública dos seus professores e assistentes e de uma crítica construtiva dirigida ao aperfeiçoamento dos textos.

Mas julgo que ainda se poderia fazer mais, julgo que, ainda antes das reformas estarem consumadas, os especialistas que temos em todas as áreas – com os institutos de investigação correspondentes – poderiam ser chamados a intervir ou até a ser eles a levar a cabo os estudos legislativos, em vez de, como, não raro sucede, esses estudos serem encomendados a escritórios de advogados.

Senhoras e Senhores,

Esta Faculdade não está fechada sobre si, pelo contrário – como tem mostrado sempre, por sua iniciativa ou quando chamada a intervir – está voltada, sim, para o serviço da comunidade – da portuguesa e da dos países de língua portuguesa.

Em nome do Conselho Científico, quero congratular-me, de novo, com este importante evento e formular sinceros votos por que todos os participantes, agora enriquecidos com as prelecções ouvidas, alcancem as maiores felicidades como obreiros do Direito.

Muito obrigado a todos.

ÍNDICE GERAL